U0628987

作者简介

杨机红　1985年华东师范大学中文系毕业；同年进山东大学威海文化传播学院中文系工作至今；1992年曾受学于复旦大学中文系。

大学经典文库

荀子浅绎

Xunzi Qianyi

杨机红／著

中国文联出版社
http://www.clapnet.cn

图书在版编目（CIP）数据

荀子浅绎 / 杨机红著 . -- 北京：中国文联出版社，
2016.12

ISBN 978 - 7 - 5190 - 2450 - 5

Ⅰ.①荀… Ⅱ.①杨… Ⅲ.①荀况（前313-前238）
—人物研究 Ⅳ.①B222.65

中国版本图书馆 CIP 数据核字（2016）第 315880 号

荀子浅绎

作　　者：杨机红

出 版 人：朱　庆

终 审 人：奚耀华　　　　　　　复 审 人：蒋爱民

责任编辑：胡　笋　贺　希　　　责任校对：傅泉泽

封面设计：中联华文　　　　　　责任印制：陈　晨

出版发行：中国文联出版社

地　　址：北京市朝阳区农展馆南里 10 号，100125

电　　话：010 - 85923062（咨询）85923000（编务）85923020（邮购）

传　　真：010 - 85923000（总编室），010 - 85923020（发行部）

网　　址：http：//www.clapnet.cn　http：//www.claplus.cn

E - mail：clap@clapnet.cn　　hus@clapnet.cn

印　　刷：北京天正元印务有限公司

装　　订：北京天正元印务有限公司

法律顾问：北京天驰君泰律师事务所徐波律师

本书如有破损、缺页、装订错误，请与本社联系调换

开　　本：710×1000　　　　　　1/16

字　　数：236 千字　　　　　印　张：15

版　　次：2017 年 1 月第 1 版　　印　次：2017 年 1 月第 1 次印刷

书　　号：ISBN 978 - 7 - 5190 - 2450 - 5

定　　价：68.00 元

版权所有　　　翻印必究

目 录
CONTENTS

下编　述论

绪　论

荀子研究由来已久,自《荀子·尧问》篇发端荀学,经清代汪中代表的乾嘉学派的"复活"荀学,至今荀学影响了诸多领域。

《尧问》篇认为,"孙卿迫于乱世""徒與不众""观其善行,孔子弗过",首开荀子生平时代、学派属性等学术研究之先,司马迁《史记》进一步以孟荀同传,简要介绍荀子的学术与思想渊源、师承等。此后直至清代,汪中、胡元仪始对荀子学统等作相对系统的研究,详致的荀子传记则出现于 20 世纪以后,通常以孔繁等的《荀子评传》为代表。《荀子》著作的整理研究则较早始于西汉末刘向的《孙卿新书》,东汉班固《汉书·艺文志》归之以儒家类。唐代杨倞首注《荀子》、北宋熙宁本的刊刻,以及自清迄今《荀子》诸多注释译本,无疑奠定了荀子研究的雄厚基础,至于《荀子》著作的真伪考辨亦是荀子学术研究的重要论题之一。清初理学家熊赐履的《学统》一书,明确以荀书"杂引物类""务驰骋于文词,而不能一轨于义理之域"的贬荀论,归荀子于"杂"学(《学统》卷四十三);其后或有现代郭沫若先生的"杂家"论,或有当代的儒法之争等;周炽成先生认为,"从 20 世纪 50 至 80 年代,荀子被作为'唯物主义者',而孟子被作为'唯心主义者',前者成为新的正统,后者成为新的异端",总体上存在荀升孟降的态势①;当今梁涛先生则提出"新四书"说,列荀子至新道统之位。由扬雄以"同门异户"评论荀子开始的孟学正统、荀学异端说,至当代的荀学正统、孟学异端论,荀学界于荀子的学术研究领域,以科学的辩证唯物论终结了荀学学统论发展的圆圈。

---

① 周炽成. 新的正统:"唯物主义视野下的荀子". 邯郸学院学报,2011(2):52.

　　《荀子·性恶》篇提出"人之性恶"的命题,于《正名》《礼论》《解蔽》《儒效》等篇,对人性的定义、性恶的内容、解决性恶的方法等问题作了详细的理论说明。后世对荀子性恶论的人性定义,或将之等同于当今的人性论范畴的人性定义,或认为是一种纯粹的生物性。考察荀子的人性定义大致有两层基本意义:一是人的自然属性;二是能化解人的自然之恶性至善的社会属性。廖名春先生认为荀子之人性含有自然之性一层和二层的情欲之性、知能之性二元的两层意义,荀子人性学说是"对人的自然属性和社会属性作了综合研究"①。荀子性恶论对后世中国人性理论的发展产生的主要影响,一是与孟子性善说比较而形成的荀孟比较传统;二是自董仲舒以后兴起的历代人性讨论,例董仲舒的《实性》篇以"圣人之性""中民之性"与"斗筲之性",分别人性作上中下三品:认为"圣人之性"是先天之善性;"斗筲之性"是生就的恶性,不能教化,只能刑治;只有"中民之性"经后天教化可变善,体现对孟荀人性论思想的继承和发展。韩愈的《原性》篇,明确提出性情的善恶分上中下三品的"性情三品"说。北宋李觏认为"退之之辨诚为得也,孟子岂能专之"(《礼论》),学界通常认为董仲舒、韩愈的"性三品"说,皆是封建的等级关系在人性理论上的反映。

　　宋代的人性理论主要以张载、二程和朱熹为代表。张载最早提出人的"天地之性"与"气质之性"的命题(《正蒙·诚明》),认为人的"天地之性"为善,是人的本质,同源于宇宙本源,因之与孟子的性善说相近;"气质之性"是人具形体后发生的,是可以变化的,可使人性合于善,又是荀子性恶论的不同表达。张岱年先生认为张载的人性论实"综合孟、荀学说"。二程亦讲人性,认为人性有"天命之性"与"气禀之性"之分:其中"天命之性"为善,又称为理性;而"气禀之性"则是人的"气质之性"因禀气清浊的不同而形成的,"气质之性"有善恶,禀气浊则恶而不知善。二程的人性论自是对张载的继承和发展。朱熹在张载、二程人性论的基础上,从"理"是宇宙的最高本体,人与万物都是理气结合的产物的哲学本体论角度,提出"天地之性"是理的体现、"气质之性"杂合理与气而生、"气质之性"又有合于天理的善与不合于理的恶,主要指人欲的两方面组成的理论,"天地之性"与"气质之性"由此在宇宙本体的"理"的高度合为一体。在张载、二程的人性论述里,二者是

---

　　①　廖名春.《荀子》新探.北京:中国人民大学出版社,2014:92.

割裂的关系,朱熹以"理"为本体合二者于一体,宋代"天地之性"与"气质之性"的人性理论由朱熹理学视阈的观照而得以最后完成。综观宋代的人性学说,其"天地之性"为善、"气质之性"有善恶等理论是对孟子、荀子思想成分的吸收;其"气质之性"使人有贤愚之别的观点论,则主要是董仲舒、韩愈诸人的性品级说的观点。所以宋代的人性学说实际是综合先前的人性理论基础上的发展。作为宋明理学客观组成部分的宋代人性理论,其影响直接延续至清代。

荀子提出"明于天人之分"的命题,于《天论》篇分别详列"天职""天功""天情""天官""天君""天养""天政"与"天命"等八类关于天的特性后,明确以"隆礼""重法"的思想,详致论述了人在政治、宗教祭祀、现实的日常生活等方面应尽的职责,以"制天命而用之"的理论诠释了天人关系的问题。根据冯友兰先生概括的古代五种天认识的分类,荀子之前亦全备,荀子偏重于物质之天与自然之天的意义;荀子之前关于天人关系的认识以天人合一的唯心论为主,荀子虽受影响但是明确提出"天人之分"的命题,学界通常释作天与人各有其职分的意义,该命题表达了荀子天人有别的唯物论思想;荀子之前在命运的问题上要求的是人或尊天或畏天的"天命"论,荀子首次提出人的职分是"制天命而用之"的知用"天命"论,在肯定天的职分的基础上充分说明人对天的主观能动作用。综观荀子在集成先秦天人关系论的基础上,首次自辩证唯物论的高度,科学诠释了天人关系的理论,汉代董仲舒"天人感应"的理论,既受到荀子天人理论的影响,又范式化中国古代传统的天人关系的论述;谭嗣同的"二千年之学,荀学也"之论,自当涵盖荀子天人关系的思想论。荀子的"天人之分""制天命而用之"等辩证唯物论思想,作为先秦辩证唯物主义哲学的集成,其影响深远,至今已为国际学术领域关注。

"虚壹而静"、知行合一而重行、"制名以指实"等思想是荀子重要的认识理论,而"制名以指实"中"实"是第一性、"名"决定于"实"的名实关系论,是荀子对先秦名实论思想的再发展。通常认为"名"的理论始于《论语·子路》的孔子"正名"说;发展于《墨子·贵义》篇"取实予名"的唯物主义经验论的名实论;虽然成型于公孙龙《名实论》中"夫名,实谓也"名实相符的逻辑学角度的名实论,但因其以名正实的名实关系论属于唯心主义,所以《荀子·正名》篇等予以批判的同时又作辩证唯物的纠正。《正名》篇继孔子"正名"说,详细论述正名的原因、正名的根据与正名原则,指出当时流行的"惑于用名以乱名""惑于用实以乱名""惑于用名以乱实"等三类不正确的名实论,提出"制名以指实""稽实定数"的制名原则,阐述了客观存在的"实"是第一性,"名"是对实的反映、是第二性的唯物主义认识论的名实关系论。荀子逻辑学角度的名实论既继承和发展了孔子、墨子的名实论,又从理论上批判了其前不正确的名实关系论,是对先秦名实关系理论所作的辩证唯物论高度的集成。荀子的名实论首先影响韩非名实观的提出,韩非以"循名实以定是非,因参验而审言辞"的"参验"方法论,发展了荀况的"符验"思想,既要求名实相统一,又将名实是否相合作为确定是非的标志,丰富了其前关于认识的真理标准的理论。《荀子·富国》曰:

"离居不相分则穷,群而无分则争。穷者患也,争者祸也。救患除祸,则莫若明分使群矣。"

廖名春先生释"分"作人类社会的组织结构和组织原则;学界通常多从社会历史领域解释"群"的定义,其"明分使群"则是确定上下职分和等级差别来组织社会之意。概括而言,荀子的"明分使群"思想,是对春秋战国社会转型时期社会新秩序等社会政治思想所作的理论上的探索。

孔子以前的社会政治思想主要是政权神授、天帝主宰国家政治命运等的宗教观念。孔子前后虽然道家"无为而治"的"人道"说、儒家的"礼"治说、墨家的"尚同"说等,皆部分地涉及对社会国家的起源、社会群体的组织,以及社会内部的等级、制度等的研究,但系统而深刻地论述社会组织等问题,确实由荀子完成,例荀子尝试从人类社会内部组织的角度说明国家政治制度的起源问题,认为"人生而有欲,欲而不得"是争战的原因和"乱""穷"等社会问题的原因;"先王恶其乱也,故制礼义以分之,以养人之欲,给人之求",认为"礼义"由先王制定且用以治乱;解决社会问题的主要方法是"隆礼""重法""礼法并重";时代久远,当以"法后王"为重,而"人君者,所以管分之枢要也"等(《富国篇》),概括荀子的社会历史论,有关解除社会民众诸祸的根本是"后王"能够"明分使群"的思想,是其重要的部分。荀子有关"群"的社会历史观成为学术的重要论题,章太炎先生《明群》一文,引荀子"百技所成,所以养一人也。一人不兼官,而离居不相待,则穷。此群义之所以立"之论(《富国》篇),说明其"群"的思想,并于"君者,群也"的观点后,以"希腊初立国雅典时,称曰市府。是其证"的事例说明之,随后又将中西方社会思想进行详细的比较研究①；郭沫若先生认为"社会观念"是荀子能够代表先秦诸子的一个特色学说（《十批判书·荀子的批判》）；当代亦多有社会学家将荀子称为"中国第一位社会学者"②。可见荀子有关"群"的思想对后世的重要影响。

辩证唯物主义思想家的荀子，关注到经济在社会政治等领域发展中的基础作用，于《正名》《王制》《君道》《王霸》《议兵》与《富国》等篇，系统研究以经济为中心的系列问题，集中表现于《富国》篇对富国根据、方法与意义等经济思想的论述。荀子认为富国之道在于"明分使群"；"群"治之策在于藏富于民；"富民"之要在于重农抑商；而重农之法在于"以政裕民"。综合荀书，"以政裕民"是重要的重农策略，概之以"计利以畜民"（《富国》篇），因地、因时以制宜（《王制》篇），合理利用自然资源以多种经营，兴修水利，加强田间管理，抑制工商业的过度发展等。荀子的诸多经济思想，主要以开源节流、"重事养民"与"礼法并重"等"富国""裕民"之方法为其核心。

荀子并非单一诠释其经济思想，而是善于以经济问题为中心，综合诸多领域问题的研究。以荀子特别关注的经济与政治问题的研究而论，《荀子》著作显然没有系统的政治经济学理论，却有丰富的综合政治经济思想于一体的论述内容。以荀书思想内容的布列而论，"春耕、夏耘、秋收、冬藏"等因时、因地制宜的农业生产问题，不以时则"斧斤不入山林""网罟毒药不入泽"等合理利用自然资源的多种经营问题，兴修水利等重农抑商的农业经济问题，见于《王制》篇等系统论述政治问题的文本；"有工贾，众农夫""务本禁末"等重农抑商的经济问题见于《君道》篇等的论述；"中试则复其户，利其田宅，是数年而衰，而未可夺也"等轻徭薄赋、减轻农民负担的"养民"等经济问题，精当地说明于《议兵》篇等军政事宜的论述里。综观荀书政治经济的关系问题研究，则主要表现于国政与经济、财政与经济，以及军政与经济等方面。首先，荀子认为国家的命运系于经济问题，《富国》篇曰：

"上好功则国贫""下贫则上贫""田野荒而仓廪实，百姓虚而府库满，夫是之谓国蹶"。

即国家的命运决定于民众的经济状况。其次，国家的财政关乎经济问题，基于国

---

① 姜玢. 革故鼎新的哲理——章太炎文选. 上海：上海远东出版社，1996：77-78.
② 卫惠林. 社会学. 台北：中正书局，1964：17.

家安危问题的思考,荀子分别国家财政建设问题为政府与百姓两部分,认为二者的经济是"下富则上富"的相互统一的关系,"富国"须首先"富民"。为此明确提出:

> "裕民则民富,民富则田肥以易,田肥以易则出实百倍。上以法取焉,而下以礼节用之。"(《富国》篇)

即藏富于民的国家财政建设策略。荀子尤为关注农业生产经济与国家财政之间的关系,认为:

> "田野县鄙者,财之本也;垣窌仓廪者,财之末也;百姓时和,事业得叙者,货之源也;等赋府库者,货之流也。"(《富国》篇)

即农业生产是本与源,余皆属末流,因之提出"节其流,开其源"的国家财政建设策略,汉代贾谊、晁错等的"本末"论思想当直接源自荀子。再则,荀书亦关注军政与经济的关系研究,例荀子评价魏国采用武卒"中试则复其户"的军事政策曰:

> "是故地虽大,其税必寡,是危国之兵也。"(《议兵》篇)

杨倞注"优复既多则税寡,资用贫乏故国危",即优待武卒多则税收少、财资乏等,而经济供给贫乏则兵弱国危。因此,荀子认为军政与经济是有机联系的整体。总之荀子既明确以"富国"命题,又明确用"以政裕民"的观点统率全文;若说"富"字代表普适性的经济范畴含义,则"国"无疑属于政治范畴,荀子综合政治经济于一体的研究特征,于《富国》篇亦可窥一斑。

荀子的经济思想集先秦其他思想家的经济理论而成自己的经济学说,对后世产生重要影响,北宋李觏作《富国策》十篇,是继荀子后第二位以"富国"为题,专论富国思想的重要人物;明代丘浚"富家巨室,小民之所赖,国家所以藏富于民者也"的思想当与《荀子》藏富于民的理论一致;而西晋的占田制,北魏、西魏、北周、东魏、北齐、隋、唐的均田制,授田都称百亩的授田制度,当源自荀子"农分田而耕"(《王霸》篇)、"家五亩宅,百亩田"(《大略》篇)的国家授田政策等思想[1]。荀子的经济思想即于当代的经济发展亦不无启发意义,可见其影响的深远。

《礼记·祭统》云:"礼有五经",郑玄注"谓吉礼、凶礼、宾礼、军礼、嘉礼也",则"军礼"在"五礼"之列。《论语·为政》子曰:"殷因于夏礼""周因于殷礼",说

---

① 廖名春.《荀子》新探. 北京:中国人民大学出版社,2014:186.

明礼起于三代;学界考证甲骨文有丰富的战争内容记载,则"军礼"至迟该出现于殷商时期;《周礼·春官·大宗伯》列有五类"军礼"的内容,首为"大师之礼,用众也",即指军队的征伐行动,则重视军事是古来的传统。春秋五霸争战,战争成为当时的时代主题之一,仅《左传》记载鲁隐公元年至鲁哀公 27 年的 250 余年间发生的战争,就有大大小小的 700 多场;《左传》直言其时"国之大事在祀与戎"(成公十三年),可见战争在春秋时期政治生活中的地位之重;战国七雄的争战,《战国策》等文献有"伏尸百万,流血千里"的记载。春秋战国时期的军事理论亦异常发达,代表性的专著即有《孙子兵法》《孙膑兵法》与《尉缭子》等;考察东周的军事思想并非仅存于兵家学派的论述里,先秦诸子多有丰富的阐释,大抵形成以孔孟等为代表的儒家正义战争观、以老庄等为代表的道家反战争观和兵家、墨家、法家等系统的军事与战争观等。《荀子》集成其前丰富的军事战争等思想,以《议兵》篇专论军事战争问题,此外《儒效》《王制》《富国》《王霸》与《强国》等篇亦有丰富的兵论思想。综观荀子的兵论,既有继承其前儒家禁暴除恶的正义战争观、兵墨法等学派的系统军事战术论,同时也有荀子自身对具体的军事问题的研究,例对赵孝成王、临武君的"问将",荀子即对以为将之道和王者之军制等详细的说明。但概括荀子的战争观,颇能代表其兵论等思想的当为"仁人之兵"命题的提出。荀子发展古代"壹民"的用兵之道作"附民"论,认为"仁人上下,百将一心,三军同力",即君臣上下统一作一个整体,方为用兵之道;"附民"之法在于"礼""法"并用,荀子因之明确提出"以德兼人而兵愈强"的以民为本的战争理念。可见荀子对"附民"的"仁人"兵法在战争中的作用的重视。荀子该思想还可窥迹于《议兵》篇之尾段以"凝"字为主的句群,内置 12 个"凝"字,以"兼并易能也,唯坚凝之难焉"作句群论点。杨倞注曰:"凝,定也,坚固定有地为难",当今"凝"字有"凝结"的释义,引申至社会层面的释义通常作"团结"义,依荀书列举的汤武以"百里之地也,天下为一,诸侯为臣"之事论,"团结"的释义较贴切,杨注"定"字的含义至少含有"定有地"的地方和地方上的民众之双重意义,其中民众之安定亦当客观涵有"团结"之意,因为荀书随后所言的"士服民安,夫是之谓大凝"之"凝"字,自是指人的方面。荀子以"凝"字概括表现其"附民"而胜的"仁人之兵"的军事思想。

荀子的军事思想对后来产生了重要影响,唐代李筌赞赏《议兵》篇提出的"仁人之兵"思想,指出"兵非道德仁义者,虽伯有天下,君子不取""唯荀卿明于王道而非之"等(《太白阴经·善师篇》卷二),既明确了荀子的战争思想不同于其前的诸多战争观之处,又体现了对荀子兵论思想的继承。宋代虽然有刘子翚"书生轻议兵,自荀卿发之""三至、五权、六术,虽略本仁义,然圣人不轻议兵""荀卿为之罪人也"的批评荀子兵论的意见(《屏山集·送翁德功序》卷五,明刻本),但陈造却认为"荀卿,儒者也。其论兵以附民为主""荀言为至论"(《江湖长翁集·武举策问十首》卷三十三),他赞同荀子以"附民"为兵论的核心思想的方面,认为荀子兵论没有"诈谋奇计"的成分,且以至理名言之誉给荀子兵论以认可。现代战争理论者常言的"仁义之师"等军事思想,当不无荀子兵论的影响。综观荀子的军事思想,于集结其前军事战争思想之同时,特别吸收《老子》"兵者,诡道"的以道议兵思想,综合宗教、伦理、政治、法律、经济与军事等领域的理论,首次将战争问题从仁道的角度系统论述,集成并发展了先秦的军事思想,对后世产生深远的影响。

综合以上论述,荀学内容涉猎学术论、人性论、天人论、"明分使群"论、经济论与兵论等诸多领域;此外,郭志坤先生《荀学论稿》中还涉及教育、自然科学、心理学、文艺思想等领域的论述,马积高先生的《荀学源流》中则对其文学观和辞赋成就等亦有系统说明。

综观古今荀学,不但内容丰富,而且不同领域的研究因其不断地发展变化,其研究方法及视阈等亦不相同。学界通常概括近代以前研究荀学的方法主要有章句训诂、义理和考证等类;考察近代以后,随着西学东渐在各领域的逐渐展开,中西结合的研究方法渐为学界接受。不同于郭沫若等先生善于运用马克思主义的实践唯物辩证法研究问题,章太炎先生以深厚的国学功底,"合中西之言以喻民"(《变法箴言》)①,尤其擅长中国传统哲学与西方分析哲学研究方法的结合使用。适值严复《天演论》将西学的进化论思想系统译介至中国,章太炎先生因之多以中西学融合的研究视阈,通过人的进化研究角度,贯通古今中西学有关人类进化问题的研究。尽管其本人曾放弃《序种姓》一文的"中国人种西来说"的假说,但其《播种》等文本有关中西民族的迁徙与华夏族的西迁说、《驳康有为论革命书》的民族同化等学说,不仅影响当时的学界,当今的中外考古学界业已证实其确切性,其诸多思想对全球化发展视阈下全面开放的当代学术领域的研究,依旧有深刻的

---

① 姜玢. 革故鼎新的哲理——章太炎文选. 上海:上海远东出版社,1996:6.

影响与重要的启迪。贺麟先生评价章太炎是"当时革命党唯一的哲学代言人,而且可以认作民国八年以来新思想运动的先驱","他不但反对传统的中国思想,他同样反对西方的新思想"(《当代中国哲学》)。侯外庐先生称其"运用古今中外的学术,糅合而成一家言的哲学体系,在近世他是第一个博学深思的人"(《中国近代思想学说史·反映十九世纪末叶社会全貌底章太炎哲学思想》)。

考察以往的荀学,自研究内容、研究方法至研究视阈等方面取得系列重要成就的同时亦有尚需关注的问题。

首先,荀学发展史角度系统而详致的论述,尚不多见。目前学界有关荀学史的研究较为薄弱,专著方面除《荀学论稿》《荀学源流》之外,只有牟宗三的《荀学大略》等,多数是研究荀学史的论文;现存的荀学史研究成果,多属于断代史的研究,至今尚无荀学通史的出现;《荀学源流》的研究止于清代,《荀学论稿》亦仅止于近代,荀学薄弱于整体性研究。荀学界的研究状态特点,表明史学视角的荀学发展历史的研究,于目前学界尚不发达。

其次,科学的研究理念有待发展。概括以往的荀子研究,多重视《荀子》文本的整理研究与荀子理论性研究,忽略荀子的应用性研究。在用的研究层面,重视荀子应用伦理等虚的方面研究,忽略经世致用等的实用性研究;多重视研究的主观目的,忽略实事求是的研究原则,例戊戌变法时期为申孔孟而绌荀所作的"大盗"论,20世纪70年代中期为适从"评法批儒"的需要而割裂荀子的礼法并重理论等。廖名春先生概之以"强荀以就我"当属客观实情。

最后,研究方法有待进一步更新。随着时代的发展、研究主体的不断变更及研究内容的不同,研究方法亦客观处于不断更新的状态。学界通常概括古代荀学的研究方法以汉学、宋学、清学等为代表;20世纪主要是继承古代传统法、马克思主义唯物辩证法与文化学方法等。新世纪荀学界虽然多关注中国传统法、西学分析法和马克思主义实践辩证法等多元化宏观研究方法的综合运用,于局部的、具体问题等的微观研究方法的使用尚不全备;以微观考证法的使用为例,目前多关注于地上材料的使用于文本文辞的训诂考证,于地下材料的关注使用于荀学全部的研究则不足。荀学是具有完整结构的能动的整体,它由基本的表层、中间转换层与核心层等组成,目前多关注其生平事迹、思想等表层的动态与整体的静态性分析,疏于对荀学作立体的动态性的建构研究。事物的发展变化实际上始于核心层,荀子思想的发展演变首先表现于核心层,真正影响荀学历代发展的也主要在核心层,所以荀子有关理想人格、价值取向、社会心理、人的性情欲和欲、利、礼等核心问题的研究,以及核心层与各层之间关系等的建构性研究,当应备受关注,而研究方法自是客观的需要进一步的更新。

鉴于以上的问题分析,依靠前修时贤丰厚的研究成果的先导,求证于已有的研究资料的同时,尽力求实于当代不断发现的考古资料等,对《荀子》等文本存在的部分歧义性的解读、荀子思想的建构性研究与荀子文学及荀学的发展等作不成熟的论述,稚字谨归前修时贤的指正。

上编

01

考　证

第一章

《荀子》等文献考证

学术的发展因时而变,许多固定性的结论亦出现歧义。《荀子》等文献出现的诸多歧义性的结论,客观有考证的需要。

第一节 《荀子》里的"祆"字考证

《荀子》作为诸子百家思想的集成著作、先秦说理散文的代表作品之一,为历代学界研读,迄今其研究视阈已呈全方位开放的状态。随着历史时代和研究环境的不断发展更新,荀子研究的诸多结论性意见,渐因其歧义性的显现而受到研究界的关注,同时被进行再解读,其中《荀子》作品里"祆"字的歧义性释义,亦当被关注。

一、《荀子》里"祆"字的几种古今释义

"祆"字是相对集中地出现于《荀子·天论》篇里的一个单音词,古今对它的释义呈显明的歧义状态,概括起来主要表现在对字音、字形和字义等的诠释上,有几种不同意见。

（一）字音的分歧

考察《荀子》"祆"字的古今注音,有字音的分歧现象,主要原因在于所用的注音法不同。概括古代主要有两种字音:一种是本字法标注的字音,即或用"祆"字本字注音法,或不译传统版本的原字的本字方法,主要以东汉许慎《说文解字》、唐

代杨倞为代表,北宋吕夏卿熙宁本和清王先谦集解本皆用本字①;另一种是通假法标注的字音,即以"祆""妖"二字通假注音的方法,主要以《韩诗外传》为代表,王先谦也时有用之②。现代也因之有两种字音(主要是现代初年兴起的汉语拼音注音法后出现的):一种读"祆"音"xiān";另一种读"祆"音"yāo",通假"妖"③。现当代普遍依"yāo"音读《荀子》文内的"祆"字:例梁启雄注曰"古书多以'妖'代'祆'"④,方勇释"祆(yāo),怪异、妖怪"⑤,《辞海》"祆"字条注音"yāo",释义"祆,同妖。《荀子·天论》'祆怪不能使之凶'。《汉书·眭弘传》'妄设妖言惑众,大逆不道'"⑥。所以古今对"祆"字的注音主要形成两种分歧意见。

(二)字形的分歧

"祆"字的分歧意见,同时表现于字形。古今皆主要体现为两种:一种"示""天"结构的"祆",主要以许慎《说文解字》⑦为代表,任继愈、廖名春等因用之,当代释读"xiān,拜火教所信之神在古代中国的名称,其教亦名祆教"⑧;另一种"示""夭"结构的"祆",具体的起始版本不详,根据王先谦《荀子集解》的传统本,古代主要有杨倞、吕夏卿、王念孙等,当代则主要以梁启雄、方勇、《辞海》等的释读为代表(见上)。所以古今"祆"的字形也有两种基本的分歧意见。

(三)字义的歧义

因字音字形的不同,《荀子》的"祆"字释读自然表现出字义的歧义。古今概括大致亦是两种意见:一种字"祆"音"xiān",字形"示""天"结构,释义中国古代的一种宗教祭祀,主要以《说文解字》的音、义释和杨倞、王先谦等的义释为代表;另一种字"祆"音"yāo",字形"示""夭"结构,释义通假"妖"字的妖怪义,古代以《外传》为代表多用之,当代《荀子》文里的"祆"字,主要用"祆"字形的"妖怪"义,主要见梁启雄、方勇和《辞海》等的注释。

---

① 王先谦. 荀子集解. 诸子集成(2). 上海:上海书店,1986:210.
② 同上。
③ 辞海. 上海:上海辞书出版社,1985:1582.
④ 梁启雄. 荀子简释. 北京:中华书局,1983:227.
⑤ 方勇,李波. 荀子. 北京:中华书局,2011:170.
⑥ 辞海. 上海:上海辞书出版社,1985:1582.
⑦ 许慎. 说文解字. 北京:中华书局,1990:9.
⑧ 辞海. 上海:上海辞书出版社,1985:1580.

综合以上的歧义性意见,《荀子》里"祆"字字义,尚待考证。

二、《荀子》里"祆"字的字义考证

《荀子》著作里的"祆"字,据不完全统计先后共出现9次。分别见于:

1.《天论》篇

(1)"故水旱不能使之饥渴,寒暑不能使之疾,祆怪不能使之凶。"(1次)

(2)"故水旱未至而饥,寒暑未薄而疾,祆怪未至而凶。"(1次)

(3)"夫星之队,木之鸣,是天地之变,阴阳之化,物之罕至者也;怪之可也;而畏之非也。物之已至者,人祆则可畏也。楛耕伤稼,楛耨失岁,政险失民,田秽稼恶,籴贵民饥,道路有死人,夫是之谓人祆;政令不明,举错不时,本事不理,夫是之谓人祆;礼义不修,内外无别,男女淫乱,则父子相疑,上下乖离,寇难并至,夫是之谓人祆。祆是生于乱。三者错,无安国。其说甚尔,其菑甚惨。勉力不时,则牛马相生,六畜作祆,可怪也,而不可畏也。"(6次)

2.《正名》篇

"辞让之节得矣,长少之理顺矣。忌讳不称,祆辞不出。"①(1次)

其中《天论》篇相对集中地出现8次。对文中"祆"字的释读古今不一:

《韩诗外传》:"何为人妖?曰楛耕伤稼,枯耘伤岁,政险失民"卢文弨曰:"枯与楛同,疑是也。";(《荀子集解》)

杨倞:"物之既至可畏,谓在人之祆也";(同上)

吕夏卿:"物之已至者,人祆则可畏也";(同上)

王念孙:"《群书治要》'至'作'生'是也,下文祆是生于乱即其证";(同上)

刘台拱:"修道不贰故祆怪不能使之凶";(同上)

刘师培:"《外传》二'则'作'最','也'下有'曰:何谓人妖?'五字及'曰'字";(《荀子简释》)

梁启雄:"古书多以'妖'代'祆',人妖,指人为的怪现象";(同上)

---

① 王先谦.荀子集解.诸子集成(2).上海:上海书店,1986:205,205,209 - 210,282.

张觉:原文——"物之已至者,人祅则可畏也",译文——"人事上的反常现象";(《荀子译注》)

方世豪:"祅怪,即妖怪,指自然灾害";(《荀子选注译》)

方勇、李波:"祅(yāo):怪异,妖怪""人祅,人事中的怪现象";(《荀子》)

周先进:"人祅""人为的灾祸,人为的怪现象";(《荀子全本注译》)

李锦全、肖萐父:"他强调天灾不可怕,'人祅(妖)则可畏也'";(《中国哲学史》)

任继愈:"荀子认为可怕的并不是自然的怪异现象,可怕的倒是'人祅'……这三祅如果发生,就会危及国家的安全";(《中国哲学史》)

廖名春:"他将'楛耕伤稼,楛耘失岁'和'田秽稼恶'都称为'人祅'";(《〈荀子〉新探》)

综合古今释义,《荀子·天论》"祅"字的解读中主要出现了三个关联字:"祅""祆""妖",三字中何为《天论》篇本字,当首先由《天论》文本的本意决定。对此可从《荀子》文本研究、文字学和古籍版本学研究等角度,通过三字的辨析决定《天论》篇的本字和字义。

(一)"祆""妖"辨析

依现存典籍记载,"祆"字的最早释义见于许慎《说文解字》:"祆,胡神也,从示天声,火千切。"依注音法,音"xiān"。杨倞《荀子》注以后,《荀子·天论》的"祅"字释读文里,出现不同的以字代释现象。其中以杨倞、王先谦等为代表,主要用不翻译原字的本字法释读之;而以《韩诗外传》为代表的则用"妖"字通假法释读之。"祅""妖"二字何为《荀子·天论》本意代表字,自然待定于对《天论》篇本意的解读和二字的辨析。

《天论》是一篇诠释荀子天人关系思想的专论。文中主要涉及自然规律、人与自然现象之间的关系和人的能动性等系列"明于天人之分"的思想。《荀子》认为"天"和"人"各有职分,天象的发生和人事没有必然的联系,所以只能"文饰"而不可"神"化天象。据《天论》文记载,当时现实生活里解释天象的形式主要有"祅""雩""卜筮"等。其中"雩"和"卜筮"等属于人事,是一种借以"文饰政事"的人事而已,不影响社会整体的运行,相反尚可提供一些应对天象的经验和方法,所以是一种吉利的人事;而"祅"则是一种视天为神、"神"化天象的天神崇拜行为,属于神事,旨在以"神"化式的理论解释方式而不是依靠人的实践方式解决自然天象问题,是一种凶险的人事,因此主张唯物论的《荀子》予以反对。

联系荀子对《天论》篇"人祆"问题的解释,"祆"的字义更清晰。《天论》篇认为:奇怪的天象问题并不可怕,可怕的是人为的以"祆"的形式对待。因为"祆"的形式有一系列的仪式规范,需要人投注众多的精力、财力和物力去做祆事以解释和解决奇怪的天象问题,所以此举势必影响人应该做的其他各种事情:农人不田、仕人不政、礼仪不修等;因此反而出现真的天灾人难:田荒人饥、民死政乱、家危寇侵等因生产力滞行而引起的祸事。对此《荀子》特别指出"其说甚尔,其灾甚惨":此"说"指的是"祆"说,意指以"祆"的形式说解天象问题越厉害,大众因之受到的灾难就越惨烈,因为更多的人因事"祆"说而不务工,因此形成更多的因滞工事件带来的一系列灾难性问题,总结最终造成所有实质性的灾难问题的原因:它不是由天象引起,而是因人的"祆"说亦即"人祆"引起的。所以《荀子》坚决反对该"人祆"之事。

综合以上的分析,《荀子·天论》里的"祆"字,其本意指称的应是当时的一种解释天象的学说。由此进一步辨析确定"祆""妖"二字的选择。

首先分析"祆"字:

依汉字造字法知"祆"字为左右结构,其中左"示"字象征祭祀。《说文解字》说:"神事也,凡示之属皆从示"①,即凡是指称祀神事物之类的字都从"示"字旁。所以《天论》"祆"说指称的生活现象,首先应属当时的一种宗教祭祀生活类属,亦即"祆"字实际指称的是当时的一种宗教祭祀仪式。

"祆"字的该义还可以用以荀文证荀文的方法,通过《荀子·天论》文本的语法结构分析进一步证明。《天论》篇说:

　　"故水旱不能使之饥渴,寒暑不能使之疾,祆怪不能使之凶。"②

对该处出现的"祆"字,王先谦引刘台拱说"修道不贰故祆怪不能使之凶",用的是本字释义法。本文谨以《荀子》行文的语法和字法结构分析,进一步考证此"祆"字的真实意义。

---

① 许慎.说文解字.北京:中华书局,1990:7.
② 王先谦.荀子集解.诸子集成(2).上海:上海书店,1986:205.

　　这是一个由三个对偶分句组成的排偶句群,整个句群语言现象丰富、语法字法结构谨严,其"水旱""寒暑""祆怪"三词属于名词对偶,分别表现现实生活中的不同现象。其中"水旱""寒暑"二词分别由两个反义字组成,由此知"祆怪"一词也是两个反义字,所以"祆"的意义由对"怪"字字义的分析可知。学界通常公认先秦时期"怪"主要指现实生活中不常出现,也不被大众接受的现象,例对《论语》"子不语:怪力乱神"①中的"怪"字,古今通常解作"怪异"义等,则"怪"的反义词当指现实生活中正常出现的,被大众普遍接受的不怪异的现象,《荀子》时代称这种现象是"祆"。由此得知"祆"的现象若译以"怪异"或"妖怪"义,其字法结构势必和其后的"怪"字构成同义词式,则全不符合此排偶句群的字法结构:即以反义字构成的对偶词。所以,"祆"在此不能译作"怪异"或"妖怪","祆""妖"二字也因之不能通假,通假法在此亦不成立。王先谦引用杨倞等人的本字法译"祆"字,一方面说明古人治学的严谨,另一方面则说明"祆"字自身就是对当时极其普通正常的一种现实生活现象的专门指称,无须翻译。至于后人和今人多用通假法的释读,多因年代久远而生发的对这种现象的误解而已。所以,根据汉字造字法知"祆"字的所指属宗教祭祀类属;根据上面所引《荀子·天论》排偶式句群和《天论》篇本意分析知,"祆"字应指当时现实生活中普遍流传的一种宗教祭祀行为。

　　综合上述,《荀子·天论》篇内的"祆"字,指的是战国后期出现于中原的一种宗教祭祀仪式,此仪式主要祭祀日月星辰等天象问题。王先谦集杨倞的注解说"淫祀求福则凶也"②,无疑认为"祆"指称的是一种祭祀仪式。所以《荀子·天论》的"祆"字指称的是当时的一种宗教祭祀仪式。

　　其次分析"妖"字:

　　依汉字造字法知"妖"字左"女"右"夭"结构,当代意指现实生活中不正常的一类人或现象,但《说文解字》不见收录此字,其中收录的是媄(许慎注"淤乔切",音 yāo)字,意"巧也,一曰女子笑儿",并引《诗经》"桃之媄媄(两个右'夭'旁皆为'芺')"句说明女子的娇美,其义不但和"妖怪"义截然相反,和"祆"字指称的祭祀活动之意亦不相关。所以"祆""妖"二字无论字音还是字义都不能通假。

---

①　杨伯峻.论语译注.北京:中华书局,1983:72.
②　王先谦.荀子集解.诸子集成(2).上海:上海书店,1986:211.

综合以上"祆""妖"二字的辨析,可以确定"祆""妖"二字不能通假。所以《荀子·天论》篇内的"祆"字不能译释"妖怪"义。

(二)"祆""祾"辨析

当代《荀子·天论》篇"祆"字又解作"祾",音"yāo",通假"妖"①。所以"祆""祾"二字的确定,尚需对二字作辨析。

首先依前述汉字结构和《天论》篇本意分析知"祆"字左"示"右"天",意指一种宗教祭天的仪式。

其次分析"祾"字:

"祾",左"示"右"芺",旨意不明。《说文解字》"示"字旁内不见收录此字,只收录禖字,许慎释义"地反物为禖也,淤乔切";释义右声旁的"芺"字:"草名,味苦,江南食以下气。……夭声,乌皓切"②。说明禖字专指一种和当时的植物祭祀有关的事物。许慎释义"夭"字:"屈也,从大象形,凡夭之属皆从夭,淤兆切",说明此字泛指事物的一种弯曲形状,和祭祀无关。因此"芺""夭"二字不能通假,因之"禖"和"祾"二字亦不能通用。至于因文字学发展过程中笔画省简而导致的二字通用,类似《诗经》"桃之夭夭"的"夭"字二变(由妖的原字,一变"妖",二变"夭")成今字的现象,则当别论。退一步说,即使二字能通用,例明代顾大韶认为"杜预所云祆神,盖即所谓地反物为妖者耳,奈何误读为祆",即"祆"字是"禖"字的误写,二字能通用,但考察"芺"字旁结构的字,至多只能代表一种祭祀天神等时所用的植物祭品,而"祆"字则直接代表被祭祀的对象天神,亦即施动时"禖"字服务于"祆"字。分析《天论》篇,旨在通过讨论自然天以批判存在宗教天的问题,不涉及祭品研究的内容;况且荀子根本否定天神的存在,"祆"在荀子只是被用于说明其天人关系问题的一类宗教现象而已,文章主旨似无关乎天神的祭品问题的讨论。由于两字本质上属于两类不同性质的祭仪事物,《天论》篇旨在谈天而不是谈祭品,因此荀书原则上当用"天"字旁,两字亦因之不能通用,亦不能通假。因此"祆""祾"二字因之也还是不能通用通假。

由以上说明知:"祆""祾"二字不能通假。所以《荀子·天论》篇内的"祆"字

① 辞海. 上海:上海辞书出版社,1985:1582.
② 许慎. 说文解字. 北京:中华书局,1990:18.

不能用作"祅"字。

其三"祅""祆"二字变易分析：

由前述文字学原理考证知，"祆"字主要是古文字发展过程中的变易所致；依《天论》篇的本意分析知，文中准确的用字应是"祅"字。然何以出现"祅"字变"祆"字的通假翻译法，对其中的原因，当从古代文字学发展和《荀子》版本源流等角度进一步考证"祅""祆"二字的变易情况。

总括古今对《天论》篇"祅"字的释义所出现的歧义性现象，主要表现在对字的形体和字音的歧义性释读，所以考辨"祅"字的形体和字音的变易过程是说明"祅"字释义的歧义性的关键。首先以字的形体角度考察，其原因当和古代文字学的发展有关。依据当今文字学界的研究，汉字形体自《荀子》著作产生的战国后期至宋代印刷术出现，主要经历了篆书、隶书、草书和楷书等字体由繁到简的演变历程，其中篆书变隶书过程中，笔画演变则主要用了"省略"和"偏旁变形、混同"等方法①。隶书变草书和楷书过程中，大约在东汉中期，从日常使用的隶书里又演变出了一种俗体："它还接受了当时草书的一些影响，如较多地使用尖撇等，呈现出由八分向楷书过渡的面貌"②，而南朝以后，楷书字体笔画的最大特点之一就是"以横画收笔用顿势的笔法"增加字体的端庄③。"祅"字大致就在此时段的汉字形体变化过程中出现了差变，首先一变："祦"字的右旁笔画省略成"祅"字（最早当在东汉许慎生活时代以后），进而二变：右"夭"字上部一撇为尖撇；其次"祆"字的右"天"字上部一横，采用楷书字体，变横画收笔用顿势的笔法。二字联合考察，变易特征显明：因二字之差只在一笔：即"夭"字上部的一尖撇和"天"字上部顿势收笔的一横画，在抄写中极易混同，或一撇变成"尖撇"，或一横变成"顿势收笔"的横画，辗转抄写过程中渐渐地"祅"字变"祆"字。笔画的这种变易，我们在汉魏之际的手抄本文字中极易发现，例熹平元年陶瓶文字中的"氏"字④，其上部的一撇所显现的撇横难分的情况，当适合本文的证明；晚明顾大韶指出了笔画的省略

---

① 阴法鲁，许树安．中国古代文化史．北京：北京大学出版社，2001：169.
② 同上，第168页。
③ 同上，第174页。
④ 同上，第168页。

问题,"按《说文》,祅,胡神也,从示,天声。祆,地反物为妖也,从示,夭声,字省作祅"①,所云无疑指"祅"字的省略和二字不能通假的情况;而林梅村先生认为的《崔玄籍墓志》中的"祅"为"祆"字②,则部分地说明二字的变易确实至迟在唐代就已经发生。

总括汉字形体由隶书至楷书演变的时间,大致经历了汉末魏晋六朝至宋代漫长的历史时期,所以至迟到宋代的活字印刷出现,《荀子》等著作的"祆"字字形就正式被确定成"祆"字字形而历代相传。

其次"祆"的字形变易,还可以从版本学的角度通过对《荀子》版本流传的考察进一步证明。古今《荀子》的不同版本流传下来的较多而复杂,高正考证《荀子》重要版本可"归纳为十八个系统"③。其中今人注本例梁启雄《荀子简释》、熊公哲《荀子今注今译》、章诗同《荀子简注》、北京大学注释组《荀子新注》、杨柳桥《荀子诂释》、方勇《荀子》、张觉《荀子译注》、周先进《荀子全本注译》等,"多以集解为底本,或略作校改",属清王先谦《荀子集解》本系统④;而王先谦主要依据清谢墉刻本系统、谢刻本主要依据唐杨倞注《荀子》二十卷写本系统⑤。王先谦于《例略》说明谢氏本中"卢所据大字本为北宋吕夏卿熙宁本所刊然未见吕刻本,仅取朱文游所藏影钞本相较",并特注该影钞大字本元刻纂图互注本是"当时坊间所梓,脱误差舛不一而足"⑥;而谢墉见到的最古的杨倞写本据杨说不但没注解,"亦复编简乱脱,传写谬误……至于文义不通,屡掩卷焉"⑦。综合以上考证:说明自杨倞注至王先谦集解,《荀子》版本的因时流变极其杂乱,篇章尚且往往阙漏,字句差误亦属常例,所以《荀子》"祆"字的变易实不足怪奇。其实古籍版本流变的特点普遍存在于古文献的流传过程中,例孙诒让《墨子目录》引毕沅曰"藏本云:阙者八篇,而有其目……当是宋本如此""藏本并无目,亦当是宋时亡之""《太平御览》

---

① 顾大韶.炳烛斋随笔(影印上海图书馆藏清初刻本).见《续修四库全书》第1133册:48.
② 林梅村.西域文明.北京:东方出版社,1996:462.
③ 高正.荀子版本源流考·目录.北京:中华书局,2010:1-8.
④ 同上,第108-110页。
⑤ 同上,第99-100页。
⑥ 王先谦.荀子集解·例略.诸子集成(2).上海:上海书店,1986:1.
⑦ 同上,第2页。

引有'备冲法',正在此篇,则宋初尚多存,南宋人所见十三篇"①等,一则说明宋代墨刊本流变之乱,二则指出宋代亦是墨版本流传的转关。根据当代学界考证,截至宋代以前,《荀子》著作的手抄本流传除主要依据唐代杨倞的《荀子注》等,另外还有《韩诗外传》对《荀子》的条释,例王先谦集解的《荀子》著作中所收录的"祆"字释"妖"条,主要来自《韩诗外传》。当今学界的研究统计已证明《韩诗外传》中引证《荀子》条的最多,其中便有《天论》篇的"人祆"条。又据当今学界考证,《韩诗外传》在西汉属今文经学,随东汉今文经学的衰微,至六朝基本不存,因为《隋书·经籍志》已不见记载,而《韩诗外传》的再度流传已主要是北宋吕夏卿的熙宁本了。所以从字的形体发展角度说,现传《韩诗外传》的字体主要来自草书向楷书演变过程中的手抄版本字体,因之"祆""妖"二字的通假极易形成,而"祆""祅"二字的变易也因之成文。至于刊刻之误更在所难免,例阮元刻《春秋左传》杜注"用鄅子于次雎之社"云"此水次有妖神",将"祆"刻作"妖"②;而同时代黄廷鑑刻的《西溪丛语跋》则认同姚宽同注的此杜注,刻作"火祆之神",且明确指出当时"雠校未精""因讹袭谬""祆皆讹祅"的情状③。历代刊刻情况的复杂恕不赘述。总之,尽管"祆""妖"二字的通假极其勉强(因为部首、字义都截然不同),但因右部声旁相同便有了通假的理由。因此,考察"祆""祅"二字的变易情况,版本流变之因不可疏论。

再则从字音的角度考察原因,主要和古代小学的发展有关。依当代中国小学界研究,小学从许慎到段王1700多年间,其指导思想"从主张以字形为依据阐明本义"变至"倡导以声韵为关键进行名物训诂"④,即使注解经子百家亦不例外,例段玉裁精结顾炎武、戴震的小学思想为"治经莫重于得义,得义莫切于得音"⑤,认为"异字同义,异义同字,'其源皆在音均'",王念孙更认为"绝代异语、别国方言,无非一声之转"⑥,他们都表现出用音韵文字通经子百家及异域方言的方法解读

① 孙诒让. 墨子闲诂(闲,原作"間",又写作"间"). 诸子集成(4). 上海:上海书店,1986:6.
② 杜预注. 春秋左传正义. 十三经注疏(下). 上海:上海古籍出版社,1997:1810.
③ 姚宽,陆游. 西溪丛语·家世旧闻. 北京:中华书局,1993:151.
④ 胡奇光. 中国小学史. 上海:上海人民出版社,1987:231.
⑤ 同上,第232页。
⑥ 同上,第233页。

古文献语言的共同特点。所以以声旁的相类而通假的注释法,发展至清代已成为主要通用的方法,例唐杨倞《荀子序》即曰"但以古今字殊……或取偏旁相近,声类相通"①,指出音韵训诂的注释法;清孙诒让《墨子闲诂序》则言"(《墨子》)非精究形声通假之原,无由通其读也"②等,也明确说明了字音通假法的重要。诸家之论皆从字音的角度对古字通假释读法的说明,表现在《荀子·天论》等篇"祆"字的释读上,也便将由字形变成的"祆"字用小学释读的方法,再变成能音通"妖"字、义同"妖怪"的"祆"字了。而《荀子·天论》等篇"祆"字的真正字形、字音和字义至此皆因之变成"祆"字所属系列。"祆"字变易和释义歧义现象的出现并非偶然,其因不完全是古代学者的治学不慎所致,其中祆教在中国的发展状态和考古发现的滞后也是不可忽视的原因:因为祆教于"宋以后,中国史籍不再提及"③;而依记载现存最早的证明祆教传进中国的考古发现时间是 1976—1978 年(新疆乌鲁木齐南山矿区阿拉沟东口一处古代塞人墓葬内的拜火教的宗教祭祀台)④。所以学术发展的客观条件实际上也限制了古今学者对"祆"字的释义。但擅长考据方法的清人,尽管尚不清晰祆教传进中国的时间,却能用本字法释读"祆"字,也因此显示了清学者严谨的治学态度,同时对后世的继续解读有重要的启示作用。其中特别是王先谦在集解杨倞的注释时,特别引用了杨注"淫祀求福则凶也",该注不仅十分精辟地提出了"祆"字代表一种祭祀活动的意见,同时说明自唐杨倞至清王先谦等已经认识到"祆"字是一种祭祀活动的专称,而不是"妖怪"义指代的泛称,为以后学界的研究展开新的研究视界。

古今学界实际皆曾注意到"祆""祅"二字之差;例宋姚宽考据杜预《左传》注的"祅神"指的"即火祆之神";⑤明顾大韶认为姚宽"不辨祆字与祅字之义",将祆"误读为祅";⑥黄廷鑑则认同且考察姚宽是因为当时"雠校未精""'祆'皆讹'祅'"而作的考证⑦。当今林梅村先生于《从陈硕真起义看火祆教对唐代民间的

① 王先谦.荀子集解.诸子集成(2).上海:上海书店,1986:2.
② 孙诒让.墨子闲诂.诸子集成(4).上海:上海书店,1986:4.
③ 任继愈主编.宗教词典.上海:上海辞书出版社,1985:920.
④ 新疆社会科学院考古所编.新疆考古三十年.乌鲁木齐:新疆人民出版社,1983:5.
⑤ 姚宽,陆游.西溪丛语·家世旧闻.北京:中华书局,1993:42.
⑥ 顾大韶.炳烛斋随笔(影印上海图书馆藏清初刻本).见《续修四库全书》第 1133 册:48.
⑦ 姚宽,陆游.西溪丛语·家世旧闻.北京:中华书局,1993:151.

影响》一文,明确指出记载此次起义的《崔玄籍墓志》中的"祆"为"祆"字,此时是唐圣历二年(公元699年),则"祆"字至迟于唐代已发生"祆"字的变易;王永平同意林梅村的意见,认为据图版订正此字原为"祆"字无疑;孙长凤等先生虽然分别考订的是当代工具书或教科书等出现的"祆""祆"误用①,但确实也注意到二字之差。

综合以上分析知:"祆""祆"二字不能通假。《荀子·天论》篇内的"祆"字不能用作"祆"字。

总括以上辨析知:"祆""祆""妖"三字不能通假。《荀子·天论》等篇内的本字是左"示"右"天"结构的"祆"字。

概括上述考证分析知:"祆"字变易主要经历了形体—字音之变,其中形体的本字之变表现为"祆"—"祆",译字之变表现为"祆"—"祆"—"妖";其字音之变表现为"xiān"—"yāo"。"祆"字变易的时间至迟大致是南宋以后。②

(三)"祆"字的字义分析

"祆"的古今释义目前主要有两种:一种是本字释义;一种是通假"妖"的"妖怪"释义,经考证分析知通假法的"妖"字解读不成立,所以应用本字法的"祆"字,但"祆"字究竟指称什么、指称的原因和渊源等问题都有待考证。

根据古今学界的研究情况,"祆"字的释义大致经历了古代、现当代和当今三个不同的发展时期。首先古代主要用本字释义,但其释义的指向不同:以许慎为代表的在释义"祆"字指称一种祭祀现象的同时,明确指出它属一种宗教类属即"胡神";而以杨倞、王先谦等为代表的则认为它属"淫祀求福"的迷信类属。两种意见对后世的解读都有影响,在祆教研究尚不明朗的现当代时期,学界主要受王先谦等意见的影响:主要表现为梁启雄、《辞海》、方勇等对《荀子·天论》的释词译文和思想界的诠释等。以哲学界的说明为例,"(荀子)强调天灾不可怕,'人祆(妖)则可畏也'""荀况用客观规律来解释自然现象,否定传统的宗教迷信观

---

① 林梅村. 从陈硕真起义看火祆教对唐代民间的影响. 西域文明. 北京:东方出版社, 1996:462;王永平. 论古代民间道教对陈硕真起义的影响——兼与林梅村同志商榷. 首都师范大学学报,1995(11);孙长凤. 莫把"祆教"当"祆教"——明末顾大韶的祆教考证. 中学历史教学,2007(11):47.

② 施宣圆等主编. 中国文化辞典. 上海:上海社会科学院出版社,1988:248.

念，……反对用祭祀来求雨解旱，反对'卜筮然后决大事'"（以上见《天论》），而"对于哀悼死者的各种祭祀仪式，则认为纯粹是表示'志意思慕之情'，是尽'人道'而非'鬼事'（《礼论》）。这是对宗教和祭祀所作的一种比较现实的解释"①，其中明确标明"祆"通假"妖"，其论述亦明显持"人祆"是一种宗教迷信类且更多迷信成分的祭祀观点。

随着祆教研究的逐渐发展，当今学界对"祆"字的释读已现新端倪，认为它是一种宗教类属，例任继愈先生论述说："荀子认为可怕的并不是自然的怪异现象，可怕的倒是'人祆'。他指出象农业生产的破坏，政治的昏庸，伦常秩序的混乱，都是'人祆'（见《天论》）""荀子从无神论的观点，对祭祀给予新的解释。……认为祭祀也只是一种仪式""举行祈雨（等）的宗教仪式……对于下雨不下雨毫无关系"。文中显现出对"祆"字释读的两个基本特点：第一不再以"妖"字释读"祆"字，而只用"祆"的本字法；第二认为"祆"是一种宗教祭祀仪式，此无疑受许慎等意见的影响。但文中没有说明具体的宗教类属。廖名春先生在引用《天论》篇时，亦用到"祆"字，例"他将'楛耕伤稼，楛耘失岁'和'田秽稼恶'都称为'人祆'（《天论》），认为是可怕的事"②，但没有解释其中的"祆"字。鉴于目前学界没有说明"祆"的宗教类属，所以"祆"的确指有待考证。

首先根据汉字结构分析知"祆"字属于一种以祭天为主的宗教仪式。其次许慎解释"祆"是"胡神也"，这里虽然"胡"的指称有基本的两种：一种主要泛指汉代生活于西北边境内外的以信奉祆教为主的少数民族"胡"族；一种专指祆教信奉祭祀的主神"胡腊玛达"，汉译依音译取首字音"胡"的简称指代，两类"胡"指称的范畴都属于祆教。又据当今学界考证，"祆教是最早传入新疆的外来宗教之一"③，所以杨倞、王先谦等指称的《天论》篇的"祆"式"淫祀"，该含有指称祆教类的祭祀。对此当代祆教研究界已确切证明早在荀子（生卒年不详，他的学术活动年代约在公元前298年—公元前238年）④生活时代以前，祆教就已经传进中国内地：

---

① 肖萐父，李锦全. 中国哲学史（上）. 北京：人民出版社，1983：212.

② 任继愈. 中国哲学史（1）. 北京：人民出版社，1996：222；廖名春.《荀子》新探. 北京：中国人民大学出版社，2014：188.

③ 李进新. 祆教在新疆的传播及其地域特点. 西域研究，2007（7）：81.

④ 任继愈. 中国哲学史（1）. 北京：人民出版社，1996：218.

"在新疆的阿拉沟东口,一九七七年也发现了春秋、战国时期的丝织物和漆器。出土的菱纹链式罗是战国时内地刚刚才有的丝织珍品,由于外销,已经沿着丝绸之路运到了天山山麓"①,"克里米亚半岛库尔·奥巴出土公元前三世纪希腊制作的象牙版上的绘画'波斯的裁判',将希腊女神身上穿着的纤细衣料表现得十分完美……这种衣料只有中国才能制造"②,它说明:"斯基泰人在公元前六至前三世纪时充当了中国丝绸最大的中介商和贩运者"③;"考古发现表明,至迟在公元前 4 世纪时,随着一部分信仰袄教塞种人的活动,袄教已经在新疆的大地上开始留下了自己的踪迹"④。

根据以上的考证分析,可以确定《荀子·天论》等文内"袄"字的字义:它指称的是当时传进中国的以解释天象问题为主且主张天神崇拜的外来的宗教学说——袄教。目前宗教学研究界已对"袄教"作了详致的解释,"袄,中国古代对琐罗亚斯德教信奉之神的统称。琐罗亚斯德教既崇拜火,又崇拜日月星辰。中国人认为该教是天,故称之为火袄。袄者天神的省文,不称天而称袄,说明他是外国的天神。……称琐罗亚斯德教为袄教"⑤。

三、《荀子》里"袄"字产生的渊源考证

考证《荀子》里"袄"字的字义,"袄"字产生的渊源也是不能疏视的问题。依据现存典籍记载,《荀子》里"袄"字的产生有历史文化背景,其现象早在《荀子》时代之前就已出现,因为袄教传进中国,不但见证于当代的考古发现,相关记载亦较早出现于战国时代的文献典籍,亦即《荀子》里"袄"字的产生至迟可以溯源到战国时代的文献记载。其中主要表现在《左传》和《墨子》等著作,主要以《左传》的"大夏"、《墨子》的"胡说"等为代表。

(一)《左传》"大夏"的指称

《左传·昭公元年》记载:

---

① 沈福伟. 中西文化交流史. 上海:上海人民出版社,1988:22 - 23.
② E H Minns. Scythians and Greeks. Cambridge:1913,P204. Figure101.
③ 沈福伟. 中西文化交流史. 上海:上海人民出版社,1988:23.
④ 李进新. 研究与探索文集. 乌鲁木齐:新疆人民出版社,2011:311.
⑤ 任继愈主编. 宗教词典. 上海:上海辞书出版社,1985:705.

　　"昔高辛氏有二子,伯曰阏伯,季曰实沉……迁实沉于大夏,主参,唐
人是因。"①

对文中"大夏"的指称,古今意见不一,概括以地域的角度论主要有三种观点:晋西
南说、西域说和中亚古国大夏说。其中第一种晋西南说,主要以杜注《左传》②《吕
氏春秋》③《史记·秦始皇本纪》和《李斯列传》(两文皆有"禹凿龙门,通大夏"之
语),以及余太山④等人为代表;第二种西域说,以王国维⑤、张星烺⑥和李希霍
芬⑦等人为代表;第三种中亚大夏说,目前主要以宋亦箫⑧等为代表。三种观点尽
管各有侧重,但都共同内涵一个客观的历史事实说明:春秋战国时代文献中出现
的"大夏"一词,其地域所指实际上或直接或间接地都与中亚古国大夏有关,《荀
子》里"祆"字的指意因之有了确凿的历史渊源的实证,因为只有中亚大夏和中国
建立了畅达的交通、中西文化交流,祆教才有传进中原并被中国典籍记载的可能。
依《左传》等古籍记载,以及当代学界的研究证明,"大夏"和中亚古国大夏确有直
接关系,它意谓早在战国后期之前,即《荀子》时代以前,中亚和中国的交通就已经
开始。所以随着祆教传进中原,《荀子》等著作中出现的"祆"字指称祆教的字义,
依《左传》"大夏"的记载,首先具有历史的可能性,亦即《荀子》里"祆"字的产生不
是偶然的,它首先有深厚的历史渊源。

　　(二)《墨子》"胡说"论

　　《墨子·节葬上》说:

　　"厚葬久丧,其非圣王之道也。今执厚葬久丧者言曰,厚葬久丧,果
非圣王之道。夫胡说中国之君子,为而不已,操而不择哉。子墨子曰此
所谓便其习,而义其俗者也。"⑨

---

①　(战国)左丘明撰,(西晋)杜预集解.左传.上海:上海古籍出版社,1997:1196.

②　同上。

③　陈奇猷校释.吕氏春秋(2).上海:学林出版社,1944:74.

④　余太山.古族新考.北京:中华书局,2000:7-10.

⑤　王国维.西胡考·下.观堂集林.石家庄:河北教育出版社,2003:310-311.

⑥　张星烺.中西交通史料汇编(1).北京:中华书局,2000.

⑦　Richthofen. China, volI. Berlin:1877, P440.

⑧　宋亦箫.大夏(吐火罗)新探.武汉文博,2010(1):15.

⑨　孙诒让.墨子闲诂.诸子集成(4).上海:上海书店,1986:115.

对文中"胡说"的释义,孙诒让引用毕沅的观点,释为疑问词"何说",但根据《节葬》篇上下文的意义分析,该论有商榷之处。所以若要确定"胡说"的意义,尚要从《墨子·节葬》篇文本的整体意义和该句群的语法特征等角度分析。

其一,从文本的整体意义角度分析。墨子于《节葬》篇,主要通过比较当时"中国"和周边"三国"的丧葬制度风习的不同,评说当时中国的"执厚葬久丧"说的人和"三国"的人之间各依其习而互难的现象,以此说明《墨子》自己的丧葬理论:"当若节丧之为政"①。句群内所言"三国"中的仪渠国位于"秦之西",依当今学界考证他们属"(春秋后期)出没边塞、战国时崛起于漠北的匈奴,(他们都)和他们西邻的月氏、塞人(塞种人)在经济上和文化上关系密切"。②依《节葬》文记载他们的丧葬制度风习和当时中国截然相反,所以《墨子》在文中引他们对"中国之人"的评说,以证明自己的节葬理论,而这种以引用法说明问题的说理形式是当时百家争鸣的理论家亦即诸子散文普遍使用的说理方法。所以此"胡说"该不是泛指的疑问词,该是特指的一种涵盖丧葬内容的学说。

其二,从该句群的语法结构分析。该句群虽然只有三句话,却主要由论点、引用说理的证据和"子墨子曰"的结论三部分组成了一个严密的逻辑判断,其中引用的证据部分有"中国"的"执厚葬久丧"人之言和"胡说"。从语法结构分析,"胡说"既和上句的"执厚葬久丧者言"成对偶结构,又和下文出现的"三国者"呈前后呼应的链接之势。因为下文的"三国者观之"和"中国之君子观之"是对偶结构,因之"胡说"和"执厚葬久丧者言"也一定是对偶式。所以此"胡说"不能是疑问词,否则不仅上下文意因链接部分的差缺不成立,而且《节葬》篇的整体意义表达也因之不清晰。因此从该句群的语法结构分析,"胡说"应该不是疑问词,而有其专门的指称。

考察《墨子·节葬》篇时代的"胡说",有基本的两种理解:一种泛指胡族(后来指称的匈奴)的学说;二种专指流传胡族中的祆教,因该教信奉的胡腊玛达神的波斯文是 AhuraMazda,其汉语首字音是"胡"音,所以墨文用直译法以"胡"字简称该神,并以"胡说"称其教义,亦即祆教教义。墨文的直译法非只此一处,李绍昆

---

① 孙诒让. 墨子闲诂. 诸子集成(4). 上海:上海书店,1986:117.
② 沈福伟. 中西文化交流史. 上海:上海人民出版社,1988:21.

《墨子研究》认为《墨子·备城门》篇"城的四面四隅,皆为高磨褷"句的"高磨褷",在希伯来文读作 mochesh,中国读音正为"磨高褷",义指圈套或陷阱,墨经"高磨褷"或系传抄之误①;冯承钧《西域南海史地考证译丛》则指出《墨子·节葬下》的"'登遐'二字是译音,乃西域死亡的代辞"。② 两位先生的考论可再佐证以上对"胡说"的释读。

依当今学界考证,《墨子》的成书时代主要在战国初中期之交,此时的祆教已经传进、影响了当时的西北部分胡族,所以此"胡说"既可指胡族的学说,又可指胡腊玛达教义,而从根本上说则是合而为一的祆教的总称,信奉该教教义的胡族有自己相对独立的截然不同于中国的丧葬风俗。其"胡说"所在的句子的意义当是:信奉胡腊玛达教义的胡族,根据其本族的丧葬法批评"中国之君子"的葬埋法,而该句之后《墨子》则在分别批评了"胡"的学说和"中国之君子"的观点基础上,建立了自己的节葬理论。

以上对《墨子》"胡说"的论证有相关的学术依据。考察中国的古籍记载,祆教传进中国之前,中国还没有出现能和中国思想文化相抗衡的系统的外来学说,同时可依之说明的基本事实是:《墨子》时代的中原地区已经出现了一种抗衡中原传统思想文化的系统的外来文化理论;它主要来自"秦之西"的胡族;依当今考古发现和祆教学术研究界证明,此时影响胡族生活最大、内容最系统的外来学说,只有产生在中亚大夏古国且主要由塞种人传进中国的琐罗亚斯德教,亦即祆教,所以《墨子》"胡说"一词实际已经内涵了祆教学说的内容;它意谓早在《荀子》里"祆"字产生之前,至迟在战国中期,古文献的记载就已出现祆教学说的印迹。

综合以上论述,《墨子》的"胡说"实际上为《荀子》里"祆"字在当时的产生和后世的释义提供了真实的理论性依据,它说明《荀子》里"祆"字的产生有真实而深刻的理论渊源。

(三)《荀子》里"祆"字的产生

虽然由上述考论知《荀子》里"祆"字的产生有深厚的历史发展渊源和真实文献记载的思想理论渊源,但其命名原因和当时的使用情况亦即"祆"字的产生还需

---

① 苏雪林.《天问》之部.武汉:武汉大学出版社,2007:349.
② 同上,第453页。

进一步说明。

《荀子》著作出现的"祆"字非偶然现象,归结主要原因大致有三方面:

其一,从文学传媒客观发展的角度说,因时代生活丰富发展的需要,文学传媒在战国时代表现在文字发展方面的特点鲜明,即文字数量的增多和大量新字新词的被创造,从而为"祆"字的产生提供了客观条件。

其二,从思想文化主观发展的角度说,百家争鸣发展至战国后期,已处在思想理论集成的综合阶段,它需要以准确的命辞,诠释当时客观存在于现实生活里的系列思想文化现象,以便诸子论辩、记载争鸣理论之用,"祆"字的产生因之具备主观条件。

其三,当时文字学理论的发展给予"祆"字的产生以直接条件。据古籍记载,战国后期文字学理论不断发展,其中已形成了相对固定的造字法,以规范新字词的创造和使用,当时的文献对此各有不同记载,例《墨子》即已涉猎命名问题;《尹文子》记载了当时因命名之需而形成的造字法:"形以定名,名以定事,事以验名",其中命名则有"命物"等三种形式①;《荀子·正名》则更详致地以"散名"原则说明"远方异俗之乡"等外来学说事物的命名:"从诸夏之成俗曲期"②,即"形以定名",亦即依其表现形式而命名。《荀子》时代,生活于中原的胡族以宗教祭祀生活为主,祭祀的神主要是天神,所以对此系列事物的命名自然依他们的宗教祭祀生活形式而定,但是当时的中原也有祭天仪式,因此为了别于中原的天祭仪式,便以"祆"字命名胡族的天祭仪式,"祆"字因此而产生。

总之,《荀子》里"祆"字是在当时现实生活的丰富、思想理论诠释的需要、文学传媒的发展和文字学理论的形成等条件兼备的情况下产生的。

《荀子》作品产生的"祆"字,在当时和后来的中国文化发展史上有着丰富的意义:

首先,它在当时就具有一定的学术理论价值。它实际上不同程度地代表了当时学术界发展的一种状态:较早由《墨子》文本隐含的祆教学说,其在中原的流传经战国初中期被中原思想界的开始认识,发展至战国后期逐渐上升到被学术界正

---

① 王先谦. 荀子集解. 诸子集成(2). 上海:上海书店,1986:274.
② 同上.

视的高度,亦即它已成为当时思想家论辩中原思想理论问题时必须观照的外来学说。此状态说明祆教至此已初步具备了不同程度地抗衡中原思想理论的学术价值,亦即它同时体现中西文化早期交流过程中思想文化交流的系列表现特征。

其次,它在当时的中原已经有实际应用的功用。考察战国后期"祆"字的使用,不只是孤立地出现于《荀子》等学术理论著作,同时也出现于当时的史籍记载,例《战国策·楚策四》记载楚襄王反对庄辛"郢都必危"的谏言,说"先生老悖乎?将以为楚国祆祥乎?"传统的释读此"祆"字主要依通假"妖"字法,释作自古所称的反常怪异的事物。其中"祆"的字形是"祆"、字音"yāo"①,但经上述考证,确切的释解"祆祥"当作:以"祆"(xiān)的本字释音;释"祆"义作古代的一种祭天仪式;"祆祥"则意谓以祆的形式解决楚国面临的灾祸问题。因为以当时楚国的一国之君的身份来说,能发现灾祸的预兆不是目的,解决灾祸才是执政根本;处在"国之大事在祀与戎"(《左传·成公十三年》)的春秋战国时期的楚国,更以"好淫祀"著称于史,所以选择祭祀的形式解决楚国当时的灾祸问题亦是自然的首选之举。这种祭祀仪式该是当时早已内传中原、为《荀子》等著作所批评的祆教祭仪。所以《荀子》时代的史籍记载情况也不同程度地说明了祆教在当时的中原,已经由初期的传进发展至具有实际应用的功用阶段。至于经秦汉两代理论学术研究和现实应用不断发展的、至东汉许慎正式列进权威辞书《说文解字》条目的"祆"字,当今学界已释解为祆教,同时研究成果丰硕,本文不作赘述。

综合以上论述,《荀子》里"祆"字的产生原因有诸多因素,其渊源主要归结为:《左传》等文献提供的深厚的历史积淀、《墨子》等典籍记载的深刻的理论依据和《荀子》等作品客观著录的丰富的学术背景。

总之,尽管《荀子》里"祆"字的释义目前学界尚存歧义,但综合以上考证和其产生渊源分析,《荀子·天论》等篇的"祆"字当有实际指称,其音"xiān"、其义专指祆教,亦即专指已为当今思想文化研究界公认的琐罗亚斯德教。

谨以稚论归学界前修时贤的指正。

(部分内容发表于《黄海学术论坛》第 23 期)

---

① 缪文远,缪伟,罗永莲. 战国策(上). 北京:中华书局,2012:460.

第二节 《荀子》里的"琐"字考证

"琐"是《荀子》著作出现的一个含义相同的字系列,古今学界的释义不一。目前学界存在几类解读意见,因此荀书里"琐"字的确切含义需商榷。

一、《荀子》里"琐"字的几种古今释义

《荀子·非十二子》等文本出现的"琐"字释义,概括古代学界主要有"邪说""奸言"[1]和细行之人[2]等;《韩诗外传》侧重阐发其"奸言"义指[3];《说文解字》释"琐,玉声也"[4];清郝懿行进一步说"琐者,细碎声也"[5]。当代至今则有梁启雄的"按:琐,小也"[6];方勇释"琐,卑微"[7];张觉[8]、周先进[9]则译作"委琐,鄙陋庸俗",等等。依汉字形声结构分析,"玉声"当是"琐"字本义。许慎以后古代对《荀子》里"琐"字的释义就多以琐碎细小之玉声为本义进行引申释义,其引申义主要有以下几类:

(一)指琐碎的言论

古注主要以《韩诗外传》为代表,释"琐"字作琐碎的言论,例《韩诗外传》于"矞宇嵬琐"文后特加"欺惑愚众",其意明确指言论说;郝懿行曰:"嵬琐,所谓小言詹詹也"[10],俞樾曰:"此谓作世俗之说者不详"[11]等,皆直接以"言""说"指称"琐"字义。当代主要以梁启雄等为代表。

---

① 王先谦. 荀子集解. 诸子集成(2). 上海:上海书店,1986:57.
② 同上。
③ 同上。
④ 许慎. 说文解字. 北京:中华书局,1990:12.
⑤ 王先谦. 荀子集解. 诸子集成(2). 上海:上海书店,1986:57.
⑥ 梁启雄. 荀子简释. 北京:中华书局,1983:245.
⑦ 方勇,李波. 荀子. 北京:中华书局,2011:68.
⑧ 张觉. 荀子译注. 上海:上海古籍出版社,2012:54.
⑨ 周先进. 荀子全本注译. 北京:中国文史出版社,2013:280.
⑩ 王先谦. 荀子集解. 诸子集成(2). 北京:中华书局,1986:57.
⑪ 同上。

（二）指卑琐的行为或形象

古代又释"琐"字作卑琐的行为或形象，例杨倞为代表曰"琐者谓为奸细之行也"①，释"琐"字作卑琐的行为；王先谦引《史记·司马相如传》"委琐龌龊"的《索隐》义释作"学者之嵬容"②，其义则指卑琐的形象。当代主要以方勇、张觉和周先进等为代表。

（三）指细行之人

古人还释"琐"字作细行之人，例杨倞注"言嵬琐之人"③；王先谦案曰"嵬琐尤委琐也……委曲琐细之尤，言小人极不足道者也"④等，其义皆指细行之人。当代主要以方勇为代表。

总括当代学界对《荀子》里"琐"字的释义主要沿用古代的引申义：一指卑琐的行为，例"怪癖猥琐"；二指细行之人，例"狂怪之人"⑤"卑鄙小人"⑥。

综合古今"琐"字的释义有共同义，皆指《荀子》时代现实生活里一类有特殊生活习俗的人，但也皆无确指对象。因此《荀子》里"琐"字究竟是否确指和确指对象等问题无疑成为待解之题。

二、《荀子》里"琐"字的字义考证

古今《荀子》里"琐"字的解读脉络相对清晰，主要由汉代侧重言论指称逐渐发展至清代以后侧重人的指称，它既代表了古今荀学研究界对《荀子》思想认识的逐渐深化，但确指对象的失考也显示出解读的相对不彻底。所以需要从《荀子》文本分析、古文献考证和当今文化界的研究等角度，对《荀子》里"琐"字是否确指和确指对象的确定等问题作进一步论证。

（一）《荀子·非十二子》里"琐"字考证

《荀子》里"琐"字据不完全统计先后出现5次。分别见于：

---

①　王先谦. 荀子集解. 诸子集成（2）. 北京：中华书局，1986：57.

②　同上.

③　同上.

④　同上，第224页.

⑤　辞海. 上海：上海辞书出版社，1985：794.

⑥　方勇，李波. 荀子. 北京：中华书局，2011：291.

1.《非十二子》篇

"假今之世,饰邪说,文奸言,以枭乱天下,矞宇嵬琐。"(1 次)

2.《儒效》篇

"(大儒)其穷也俗儒笑之,其通也英杰化之,嵬琐逃之。"(1 次)

3.《正论》篇

"(世俗之为说者曰:尧舜不能教化。)尧舜者,天下之英也;朱象者,
天下之嵬,一时之琐也。……尧舜者,天下之善教化者也,不能使嵬琐
化。何世而无嵬,何时而无琐。"①(3 次)

"琐"字虽然相对集中于《正论》篇,但首先出现于《非十二子》篇。对《非十二子》篇
"琐"字的解读,古今多以琐碎玉声的本义合《荀子·正论》等篇的引申义释作琐碎的
言论或细行之人,其诠释视阈则多以作者的主观思想倾向为主。但接受美学的文学
交流理论要求文本的解读还应从文本自身和读者的角度进行,所以依接受理论解读
的《荀子》里"琐"字,其解读程序由读者决定。读者首先关注的则不是"琐"的象征
意义,即它能代表的作者主观思想倾向的引申意义,而是"琐"字符号确指的对象意
义。根据许慎等释解的"琐"字符号,其本义是"玉声",此义明显和《非十二子》文本
的思想内容不符,因此说明《荀子》该处的"琐"字符另有确指,其对象的确定尚需对
文本自身的分析。考察传统的文本分析法,自汉学至清学皆注重以文学内容的角度
作局部的章句训诂法或义理法的研究,现谨依前贤的研究,进一步从文学语言的角
度对《荀子》里"琐"字所在句群的语法结构和意义等作辩证而系统的辨析。

　　依《非十二子》篇"琐"字所在的文本整体分析,"琐"字首先从属一个完整的
句群:"假今之世,饰邪说,文奸言,以枭乱天下,矞宇嵬琐;使天下混然不知是非治
乱之所存者有人矣?……是它嚣魏牟也(等十二人)。"②该句群的语法结构较复
杂,整体上主要由两部分组成:第一部分是"假今之世",属时间叙词用以引出下
文;余下的属第二部分,又由两个在意义上相互对偶的句式组成,即"饰邪说,文奸
言,以枭乱天下,矞宇嵬琐"句和"使天下混然不知是非治乱之所存者有人矣:……
是它嚣魏牟也(等十二人)"句,是对偶关系以引出正文。虽然两句实非严格的文

---

① 王先谦. 荀子集解. 诸子集成(2). 上海:上海书店,1986:57,87,224 - 225.
② 同上,第 57 页。

字对偶,但意义上对偶的语法结构特征不容置疑,其中"矞宇嵬琐"对偶"十二子"。"十二子"都是确指历史中的人和理论,所以"矞宇嵬琐"也有确指性,其确指对象需进一步说明。

传统释义的共性特征都释"矞宇""嵬琐"作两种不确指的文化现象,但接受美学角度的解读则要求必须进行对象的确指,即两者确指对象的确定。所以本文谨依接受理论辨析"矞宇""嵬琐"的对象确指。

首先,"矞宇"的确指对象分析。

典籍记载的"矞"字符意义主要有几种:一指器物的穿透功能,例"以锥有所穿也"①;二指姓名,例"楚范巫矞似"②,此"矞似"是人名;三指职业,例《左传》注"矞似"作"范邑之巫也"③"矞似善相人"④,说明此"巫"和"相人"都指一种职业;四指神名,颜师古注《汉书·司马相如传下》"前长离而后矞皇"引服虔曰"皆神名也"⑤。综合分析典籍记载的"矞"字符,其本义指器物的穿透功能;发展义指能透过人的面相等看到人的命运的行巫之人,即古代的相面人;确指《左传》时代的巫人矞似。由此可知《非十二子》篇里"矞"字符虽然不一定就指矞似,但和职业"矞"有关则无疑。所以《非十二子》篇里"矞"字有确指《荀子》时代先后的相人的意义,而该意义再可佐证以《荀子·非相》篇。《荀子》的两个"非"字命名的文本,不仅讨论理论问题的思想内容相关联,而且文句也紧密相连,因为《非十二子》篇一则紧接批判相面人的《非相》文本之后,二则"矞"字就出现在其首句。《非相》篇批判相人的言辞是"奸言",紧接《非十二子》篇的首句就称"矞宇"是"邪说""奸言",可见文中"矞"字实质和《非相》篇批评的相人有关。所以无论是"矞"字的字符意义,还是其在《荀子》内的文本意义,都和相人有关。因此,《荀子》里"矞"字有确指,其确指对象指的是《荀子》时代先后的相面人。

依《说文解字》释义"宇"的内容有"籀文宇,从禹"⑥,说明三代时秦国"宇"字

---

① 许慎.说文解字.北京:中华书局,1990:50.
② 杜预注.春秋左传正义.十三经注疏(下).上海:上海古籍出版社,1997:1848.
③ 同上。
④ (明)冯梦龙,(清)蔡元放.东周列国志.北京:华夏出版社,2012:294.
⑤ 辞海.上海:上海辞书出版社,1985:1813.
⑥ 许慎.说文解字.北京:中华书局,1990:150.

和大禹崇拜有关,此崇拜情结一直延续到六朝以后,例《周书·帝纪第一·文帝上》记载"(太祖文皇帝姓宇文氏)其先出自炎帝神农氏,为黄帝所灭,子孙遁居朔野……。其俗谓天曰宇"①,其中既说明上古时期两河流域即有"天""宇"二字义通的语言风俗,又内隐了当时的"宇"神崇拜风习,此宇神或和禹神崇拜有关,或和天神崇拜有关,但二者都在《荀子》的反对之列:一是,荀子继承孔门"不语怪力乱神"的传统,尊禹为真实圣贤的历史人物,自然反对神化禹的崇拜;二是,持自然天论思想观的荀子,自然反对天神崇拜抑或宇神崇拜,"矞"人的宇神崇拜因之在《荀子》的非难之列。

综合以上考证知,继承孔门道统、主张"天人之分"和人能"制天命而用之"的《荀子》,反对相面术且视相面之人的宇神崇拜即"矞宇"作"邪说""奸言"而非难之。所以"矞宇"二字是专称,其确指对象该是《荀子》时代相人的宇神崇拜说。

其次,"嵬瑣"的确指对象分析。

由"矞宇"二字的确指对象分析知道,"嵬瑣"二字也应有确指对象。

《说文解字》释"嵬,高不平也",②说明此字的本义是指事物高而尖的形状。对此古文献有丰富的记载,例形容山貌,《诗经·卷耳》"陟彼崔嵬"指的是高山;形容人的体貌,宋亦箫引用沈兼士考论的"崔嵬"意义,指人的体形高大③;形容帽子,屈原《九章·涉江》曰"冠切云之崔嵬"④,古今学界公认此处"崔嵬"形容的是高而尖的帽子。依《非十二子》篇"吾语汝学者之嵬容,其冠绒"论,则《荀子》"嵬"字当是形容帽子的形状,即义指高而尖的帽子。据当代学界考证此类帽子传自外国,《荀子》时代的士阶层普遍喜欢佩戴⑤,但是此类仪饰为传统礼制所禁止,因为《荀子》时代的礼制明确规定,士阶层"其冠进",⑥"绒"冠只限大夫以上的官员佩戴⑦。身居卿位且持等级制思想的荀子自然坚决反对士阶层佩戴,称士阶层佩戴

---

①　(唐)令狐德棻等. 周书. 北京:中华书局,2000:1.
②　许慎. 说文解字. 北京:中华书局,1990:189.
③　沈兼士. "鬼"字原始意义之试探之附录. 沈兼士学术论文集. 北京:中华书局,1986:201－202.
④　洪兴祖. 楚辞补注. 北京:中华书局,1983:128.
⑤　宋亦箫. 鬼方种族考. 晋阳学刊,2008(4):35.
⑥　王先谦. 荀子集解. 诸子集成(2). 上海:上海书店,1986:64.
⑦　辞海. 上海:上海辞书出版社,1985:1406.

的仪饰作"嵬容"。① 所以"嵬"字有专称,指的是外国人戴的尖帽,亦可代指戴尖帽的外国人。由"嵬"字符的确指性知道"琐"字符也有专指,而不能皆泛指细行之人。所以"琐"字符的确指对象尚需考证。

依当今学界研究,战国以后随秦国的统一治理西戎八国,中国和西亚的交通畅通②,商贸中国和西亚的各种塞种人同时传进了他们的宗教信仰③。至《荀子》时代前后,琐罗亚斯德教因为理论的相对系统性而随戴尖帽的外国人一起传至并影响了中原思想界(见前所述)。由《荀子》著作和古今荀子思想研究知荀子是"天人之分"的自然天论和人的性恶论者,主张以人的主观能动性"化性"之恶为善;而琐罗亚斯德教则主张世界有善恶二本原、天有意志且由天以善制恶。琐罗亚斯德教的天神理论无疑和荀子的人本理论相矛盾,所以《荀子》坚决反对琐罗亚斯德教,同时以"嵬说"④的名义"非"难该教学说。由于该教创始人的古波斯语中作 Zarathustra,汉译作琐罗亚斯德,所以《荀子》以汉译摘字命名法,用"琐"字简称琐罗亚斯德的教派和学说。由以上考证知"琐"字也有专称,其确指对象是琐罗亚斯德教及其学说。持中国文化中心论的《荀子》时代,琐罗亚斯德教相对于中国文化自然被视作小道和琐碎之言,久之"琐"字也便成为后来思想学术界对不被重视的理论等的代词,其本来的确指义反而不用以至于被误读。

由"嵬""琐"二字的考证知《荀子》著作里的"琐"字不能只释以泛指性意义,而当有专称,其确指对象是琐罗亚斯德教及其学说。《荀子》认为该教"不合先王,不顺礼义",亦即不合中国传统的主流思想特别是"舜禹"制度、"仲尼子弓"的思想⑤,因此和产自中国的"矞宇"说一样同属"邪说""奸言"而予以"非"难。

综合以上考论知,《荀子》里的"琐"字虽有代表荀子思想的引申意义一面;但其引申意义首先是依从"琐"字符的确指对象为本义而形成的。其确指对象指的是琐罗亚斯德教及其学说。该结论还可见证于先秦其他相关的典籍记载。

---

① 王先谦. 荀子集解. 诸子集成(2). 上海:上海书店,1986:64.
② 沈福伟. 中西文化交流史. 上海:上海人民出版社,1988:18.
③ 李进新. 祆教在新疆的传播及其地域特点. 西域研究,2007:81.
④ 王先谦. 荀子集解. 诸子集成(2). 上海:上海书店,1986:224.
⑤ 同上,第61页.

(二)屈原《离骚》里的"灵琐"考证

"灵琐"一词出现于屈原的《离骚》诗,历代释义不一,概括古今主要有几种释义

1. 器物说

古今学界大多释"灵琐"作某类器物义,其中大致有三类:

一类指琐细精美的装饰物,进一步又可将"琐"通假"锁",直称门锁,例朱熹注"琐"为门扇上所刻的花纹①;《系传》曰:"系人琅当以铁为连环,其形相似,故亦谓之琐,其后因易金旁,作锁。"②二类指门,例王逸注"琐,门镂也,文如连琐","灵琐"指神灵境界中的门。朱熹义同王逸,认为这里"琐"即作为门的代称③。三类指金刚钻链的维索,例苏雪林先生称"笔者谓灵琐者指系悬圃之维索"④。

虽然古今持器物说的观点相对集中,但较难贴切于《离骚》诗文本的意义。

2. 神界说

古今学界又有认为"灵琐"指神界的观点。较早提出神界说的是王逸:"灵以喻君,琐,门镂也,楚王之省阁也。一云神灵之所在也。"⑤楚人谓神为灵,屈原作品又称楚王为灵修,意谓楚王亦是神,则"灵琐"当是楚王所待之神界;洪兴祖曰:"上文言夕余至乎县圃,则灵琐,神之所在也。"蒋骥、闻一多等先生亦持同之⑥。

神界说虽另辟蹊径,但其中所指的几位神:王逸认为是楚王;苏雪林先生解作楚怀王;"屈复谓指舜庙"⑦即指舜帝等,因颇径庭于事实而被质疑。

3. 琐罗亚斯德说

近代还有"灵琐"是琐罗亚斯德的观点,例章太炎先生著作每每出现"琐氏""琐者"等词,其中的"琐"字主要有二指意:一指苏格拉底,例"琐格拉底辈,以身殉道"⑧,"中国之孔、老,希腊之琐格拉底、柏拉图辈,皆以哲学而为宗教之代起

---

① 马茂元. 楚辞注释. 咸宁:湖北人民出版社,1985:55.
② 苏雪林. 楚辞新诂. 武汉:武汉大学出版社,2007:104.
③ 马茂元. 楚辞注释. 咸宁:湖北人民出版社,1985:55.
④ 苏雪林. 楚辞新诂. 武汉:武汉大学出版社,2007:104.
⑤ 同上,第103页.
⑥ 同上,第104页.
⑦ 同上,第103页.
⑧ 姜玢. 革故鼎新的哲理——章太炎文选. 上海:上海远东出版社,1996:154.

者,琐氏、柏氏之学,缘生基督"①,近代"琐""苏"的译文相通,琐格拉底即苏格拉底。另一意尚需据文意进一步证论。

章太炎先生作于1900年的《公言下》曰:

"古之言虚,以为两卢之间,当其无卢,百家蒐琐而拾之,鳅触无协。

释迦贯之以卢间,琐者一其言归于公,非制之,亦不曰因袭也。"②

文中"百家"指先秦的诸子百家;而"蒐琐"一词书中没有确指。考察该词本出《荀子·非十二子》等篇,古今注其词性主要是在句中起修饰作用的形容词等,通常释作琐屑与猥琐等贬义词意,但在该文似另有所指。首先将"蒐琐"和"百家"并列,其语义当非指诸子百家皆思想琐屑、行为猥琐之辈,因此语法角度论"蒐琐"一词,当非修饰性词语,其与"百家"实际属于并列关系。百家是专有名词,"蒐琐"亦当是专有名词。其次依该段文意,"蒐琐"之"琐"与下文"琐者"之"琐"同名,"琐者"指的即是"蒐琐";又依该段的语法结构,"琐者"意对偶于"释迦","释迦"是确指的思想家,则"琐者"亦该有实际人名的确指。再则该文明确指出"琐者一其言归于公",即"琐者"有统一的以"公"理思想为中心的理论体系,亦即"琐者"也是同"释迦"一样的思想家,但该思想家的确指尚待证论。

首先,就章太炎先生提出的"公"的思想而言。"公"理曾经是中国近现代之交时期的重要时代论题之一,虽然戊戌维新的代表康有为、谭嗣同等人都阐释过"人类公理",章太炎先生亦作《公言》篇专论"公"理,但追本溯源有关"公"的思想,早在先秦已产生:孔子说"有国有家者,不患寡而患不均",《吕氏春秋》以"贵公"篇专论之,曰"公则天下平矣"等,从而将"公"的问题和治理天下的政治问题结合,体现了先秦丰富而深刻的"公"理思想。根据相对系统的论述"公"理的《礼记·礼运》篇所言的"大道之行也,天下为公……是谓大同",则西汉已正式将公的思想和儒家大同的社会理想结合,成为儒家的社会政治思想的组成部分。此后"公"理便成为儒家描述其大同的社会理想的基本理论之一。尽管儒家大同理想的原型主要以原始社会公有制为基础,但不可否认它对后世特别是戊戌变法运动中提出的"人类公理""大同"等思想的影响;同时尽管儒家所言之原始公有制理

---

① 姜玢. 革故鼎新的哲理——章太炎文选. 上海:上海远东出版社,1996:212.
② 同上,第60页。

论和来自马克思的科学社会主义、共产主义的公有制思想有本质差别,但自公平、平等等角度论之,二者"天下为公"的公有思想自有一脉相承的关系。若说中国的公有思想主要源自孔子等先秦思想家,则马克思的公有理论源自欧洲贤哲。马克思、恩格斯曾在《德意志意识形态》里引用了法国人卡贝之言:"请听:我不来对你们谈及许多实行财产共有制的古代民族! 也不来谈及希伯来人……莱卡古士和毕达哥拉斯……孔夫子和琐罗斯德,最后两人之中,前者在中国宣布了这个原则(共产主义原则——引者注),后者在波斯宣布了这个原则。"①马恩在此明确提出了孔子和琐罗亚斯德共有制思想的一致性。孔子的共有制思想是后世儒家"公"理之源,则琐罗亚斯德的共有制思想亦与儒家"公"理、大同等政治思想内容不矛盾,亦即马恩所言之琐罗亚斯德的共有制思想当是《公言下》所言"归于公"的"琐者"的思想。总括以上证论知《公言下》所言"琐者"之指当不是琐格拉底,而是依马恩说的主张财产共有制、章太炎先生称"一其言归于公"的琐罗亚斯德。

其次,以词语结构和词义分析论之。总览章太炎先生著作,又称琐格拉底作"琐氏"、嵬琐作"琐者",则"琐氏""琐者"一字之差,显示作者的审慎:依汉语构词法,两词皆分别由两单音词"琐"和"氏"、"琐"和"者"组成。以词义论,则"氏"既是实词,又是汉语人名的专用表示法,意谓以中国的命名习惯,琐格拉底人名里的"琐"字,表示该人的姓,所以"琐氏"一词只能专指琐格拉底一人(至多含指琐格拉底家族,一般不含非琐格拉底家族之人);"者"字则是虚词,其词义多是概指,所指对象可单指、多指和实指、虚指等,该文的"琐者"一词则既可专指琐罗亚斯德个人,也可虚指理论角度的琐罗亚斯德教,以及实指诸多信仰该教的教众和教派组织等。因此,由词语结构和词义分析知"琐氏""琐者"两词的词义有别,所以"琐者"不能释作琐格拉底。

综合以上论述知,章太炎先生《公言下》的"嵬琐"和"琐者"之两"琐"字,同名且有确指,即同指琐罗亚斯德。

对古今"灵琐"的诸种不同释义,可试从屈原文本分析、古今学界研究和文化学等角度论证。

首先,屈原文本里的"灵琐"意义分析。

---

①　马克思,恩格斯. 马克思恩格斯全集(3). 北京:人民出版社,1965:617.

　　屈原作品里的"灵琐"构词特殊,主要由"灵"字组成固定的灵字词组,当今楚辞学界认为词组里的"灵"字是楚人的习惯用语,"楚人谓神为灵"①,而古今学界一般皆释词组里的"灵"字作神(又代表"善"义),例王逸、洪兴祖皆曰"灵,神也"②。《楚辞》里的灵字词组主要表现在屈原作品里。

　　虽然屈原作品的真伪问题是古今学界的重要论题,至今仍有二十六篇说③、二十五篇说④、二十七篇说⑤和二十三篇说⑥等不同意见,但目前学界主要持郭沫若先生的二十三篇说⑦。初步统计屈原的二十三篇作品,灵字词组有十个左右:其中出于《离骚》的六个,分别是"灵均"(1)、"灵修"(3)、"灵琐"(1)、"灵氛"(1);另《山鬼》"灵修"(1);《哀郢》"灵魂"(1);《抽思》"灵魂"(1)和《思美人》"灵盛"(1)等。古今学界考证上述词组的意义分别是:"灵均",公认指屈原;洪兴祖谓"灵修"指楚怀王⑧(马茂元先生持同之)⑨;"灵氛",公认卜筮之人名;殷光熹先生考证"灵魂"是人的第二个"我",则学界公认的屈原自传体组诗《九章》里的"灵魂"是屈原的第二个"我"⑩;洪兴祖引《史记》证"灵盛"词义曰:"帝喾高辛者,黄帝之曾孙。生而神灵,自言其名",则文中"灵盛"指帝喾⑪。综合以上十个灵字词组中的九个皆确指人的名称,说明屈原作品里的灵字词组主要用于指称人的,若只用"灵琐"一词指器物,当矛盾于屈原作品灵字的固定词法。因此,根据以上分析认为,屈原文本里"灵琐"一词亦当指人名。

　　其次,"灵琐"所在句的语法结构分析。

　　屈原《离骚》曰:

①　马茂元.楚辞注释.咸宁:湖北人民出版社,1985:20.
②　洪兴祖.楚辞补注.北京:中华书局,1983:4.
③　同上,第1页。
④　梁启超.屈原研究.饮冰室文集(6).昆明:云南教育出版社,2001:3408.
⑤　陈子展.楚辞直解.南京:江苏古籍出版社,1988.
⑥　郭沫若.屈原研究.上海:新文艺出版社,1951:50.
⑦　袁行霈.中国文学史(1).北京:高等教育出版社,2005:112.
⑧　洪兴祖.楚辞补注.北京:中华书局,1983:9.
⑨　马茂元.楚辞注释.咸宁:湖北人民出版社,1985:20.
⑩　同上,第527页。
⑪　洪兴祖.楚辞补注.北京:中华书局,1983:147.

　　*"朝发轫于苍梧兮，夕余至乎县圃。欲少留此灵琐兮，日忽忽其将暮。"*①

其中首二句对偶句式中的"苍梧"对"县圃"，古今学界公认"苍梧"指代舜帝，则"县圃"亦当有确切的指代对象。洪兴祖称"县圃，神山，在昆仑山上"②，既是神山则该有确指神的名称，但洪书无说明。闻一多先生在神山说的基础上，进一步通过"琐""璅""薮"的音转分析认为"灵薮"即是"县圃"，亦即"灵琐""县圃"互为指代。苏雪林先生亦言"屈原以灵琐指县圃，在修词学上乃以部分代表全体之例"③。综合古今学界，大致认同"县圃""灵琐"同指一物的意见，然确指何物，尚待考论。依汉语构词法和屈原作品的灵字词组分析，"灵琐"一词属偏正结构的词组，其中"灵"是修饰语，则"琐"为中心语；依楚语，"灵"指神，则作为中心语的"琐"当有确指神的名称。屈复说"灵琐"指舜庙，则"县圃"之神当指舜帝，但"苍梧"已然指代舜帝，依对偶法屈原于该句当不能再以舜帝重复对偶，所以"灵琐"指舜的意见有待商榷。

　　最后，古今学界有关神和人名称的观点分析。

　　"灵琐"是人名的意见非本文孤论，古今学界皆有论及：王逸说"灵琐"是楚王之省阁和神灵所在；苏雪林先生释王逸的楚王是楚怀王说，又曰"屈复谓指舜帝"；洪兴祖补曰"神之所在，以喻君也"④，其义概指"灵琐"为君王一族。综合古今学界观点虽皆认为"灵琐"不单指器物，而含有确指神或人的名称之意，但苏雪林先生反对楚怀王说；屈复的舜帝说待商榷，余皆不详。因此"灵琐"的确指对象有待证论。

　　近代西学东渐、中西学交融之际，章太炎先生于《播种》《东方盛衰》《序种姓》等文，系统地从种族学、中国文化多源说等角度诠释了中华民族的古今种族与文化的存在和延续问题："雪霜既降，枝叶既解，而根荄不枯于下""自季汉以至今……元气敛于下，然后上炎，其必有俟以昭昌暗，无疑也"⑤，"叶""根""元气"等

---

①　马茂元．楚辞注释．咸宁：湖北人民出版社，1985：52.
②　洪兴祖．楚辞补注．北京：中华书局，1983：26.
③　苏雪林．楚辞新诂．武汉：武汉大学出版社，2007：104.
④　洪兴祖．楚辞补注．北京：中华书局，1983：26.
⑤　章太炎．章太炎全集（3）．上海：上海人民出版社，1984：56，59.

词语形象地比喻了近代华夏民族的存亡问题。该类认识较早出现于先秦的《管子·侈靡》篇，管子答桓公"运之合满安藏"问曰："二十岁而可广，十二岁而聂广，百岁伤神。周郑之礼移矣，则周律之废矣，则中国之草木有移于不通之野"，戴望释"周律"作"周之法则"①；"中国之草木"通常比喻中国的民族和文化；管仲在此概括周朝作为统一的整体，裂变后的变化状态。《诗经》有周朝统一时代"普天之下莫非王土，率土之滨莫非王臣"等特征的记载，意谓周朝的法则于周统一时代的境内无有不通达之处，而《侈靡》篇则言周朝命运变化后中国的民族和文化有迁移于不通达之处的，则该处当属于周朝的辖境之外。章太炎先生《"中华民国"解》言，"以先汉郡县为界者，则蒙古、回部、西藏之域不兼职方"，属于"荒服"之地。其中西藏、回部"其在先汉，三十六国虽隶都护，比于附庸，而非属土"，自属于周律不通之处。周朝裂变后的周民和中国文化当有迁徙于该地区等的，学界对此多有论述，恕不赘言。章太炎先生于《变法箴言》一文引《侈靡》篇曰：读之"中国之草木有移于不通之野"等，则"竦然而流汗曰，是何古之睿圣哲人，不视图谶而能知百世以后也"，一则借以抒写其种族国家的兴衰存亡、历史文化的不断变更之思，同时说明其了然于先汉中华民族与中国文化等的域外迁徙涵盖迁徙"西膜"的情况。其中"大夏"古国或属于或比邻于该类地区。章太炎先生认为华夏民族的存亡不是一时一世、一国一姓与一地之事，而是不以时空为限的整个中华民族的问题，所以于《播种》一文曰：

> "今是闵于诸夏，于昵其所事相扶持者，虽有奇偏，故不以为询。不然，不哀灵琐，以及其黔黎；不哀今日之黔黎，而以及其苗裔；其曰非吾灵琐而置之也，则得矣。其将骈吾诸夏之民而加之腐刑熏胥焉？斯亦不如殖胞之计也夫！"②

文内"灵琐"一词若释作门锁一类的器物意义，则不仅使下文"以及其黔黎"和"非吾灵琐而置之"的语意不详，且与《播种》等篇诠释种族存活延续的重要旨意不通。章太炎先生于近代中国危亡关头提出了种族的存活延续是民族存亡的关键问题，认为华夏族的种族观念非指一国一姓，而是指整个中华民族，亦即文中论及的"诸

---

① 戴望. 管子校正. 诸子集成(5). 上海：上海书店，1986：206.

② 章太炎. 章太炎全集(3). 上海：上海人民出版社，1984：58.

夏"。因此,"灵琐"在文中作为中华民族的客观组成部分,不可能指器物,而是指称一个与华夏族有特殊血缘关系的族群,亦即"灵琐"在该文无疑指代一个人的类群体。该群体的确指对象尚需考论。考察该句群的前后有两个"诸夏"词组,则"灵琐"当与"诸夏"一词有关。

迄至近代,汉语中的"诸夏"主要指整个中华民族,其内大致含有"大夏""华夏""中夏""西夏""东夏"等称谓,其中"大夏"的确指意见不一。自古及今虽大致有晋南说、西域说和中亚大夏古国说等众多说法,但自1976—1978年学界在新疆考古发现祆教遗迹后①,学界渐多倾向于中亚大夏古国说②。章太炎先生的《原人》篇,曾从种族与文化学等角度,提出"如欧美者则越海而皆为中国""古者称欧洲曰大秦,明其同于中国"的观点,即"大秦"等主要因文化的相同而同于"中国";王国维先生则直言"大夏"等为西徙之族:"窣利、睹货逻既同出东方,则其同语系之种族,若印度、若波斯、若大秦,当无一不出自东方。特其迁徙,当远在有史以前。"③章太炎先生等类推"大夏"等亦主要或因荒服、或因夏族的西迁而与"中国"的血缘和文化皆相同,亦即中亚大夏古国从血缘和文化的角度说,部分地同源于华夏民族,即在"诸夏"之列。文中因此认为无论是身在大夏本土的古今华夏子民,还是迁徙至中国或世界各地的大夏国的华夏子民,因为他们同血缘于中华民族而皆应"闵""哀"之。虽然历史的角度说"大夏"只是中亚当时一个被后来的亚历山大灭亡的古国之一,但种族的角度论,"大夏"族并未销迹于世,相反因其产生的琐罗亚斯德教超越时空的传播而永驻史册。所以追本溯源,琐罗亚斯德虽生活在中亚大夏古国,但因"大夏"同血缘同文化于华夏民族,因此种族与文化的角度说琐罗亚斯德教亦当属华夏族的宗教,因之大夏国当时及后来信仰琐罗亚斯德教的"黔黎""苗裔"等,亦当属于华夏族即中华民族。

综合以上分析,概括该文"不哀灵琐以及其黔黎"和"其曰非吾灵琐而置之"等句意,则"灵琐"一词当不能指器物类,应专指一个人的类群体。虽然该群体和当时域内的华夏族有别,亦即"灵琐"指代的群体和华夏族不同域、不同国和不同

---

① 新疆社会科学院考古所编.新疆考古三十年.乌鲁木齐:新疆人民出版社,1983:5.
② 宋亦箫.大夏(吐火罗)新探.武汉文博,2011(1):15.
③ 章太炎.章太炎全集(3).上海:上海人民出版社,1984:166;王国维.西湖考·下.观堂集林.石家庄:河北教育出版社,2003.

姓,但血缘与文化上是同一族属的关系。联系其所在的上下文意和文中体现的华夏观,则该词指代的民族群体实际隶属诸夏,亦即属于中华民族的一部分;依据屈原作品的灵字词组分析,"灵"指神,则"灵琐"一词当和原始的宗教崇拜有关;考察诸夏的宗教发展,既产生域外又同血缘同文化于华夏族且传至域内的原始宗教,只有中亚大夏古国的琐罗亚斯德教,该教认为琐罗亚斯德是受最高天神胡腊玛达委派至下界传教的神①。所以若依楚语的"灵"字指称神,则"灵琐"的"琐"字当指琐罗亚斯德。对此可以再印证于章太炎先生《人无我论》表现的宗教观:"海外诸教,释氏先入于汉室矣,天方继入唐世矣,基督晚入明世矣。"②其中于外传中国的宗教之中,既不列琐教,更不提琐教是最早传入中国的宗教一事。事实上早在20世纪20年代左右,中国学科意义上系统地研究琐罗亚斯德教就已开始③,它意味着学界当时已公认该教产生于波斯,属海外宗教,但适值时代发展中流的章太炎先生,却于"海外"传海内的外国宗教中不列琐教,从文化渊源的角度说,当主要归因于章太炎先生的琐教实属同种族于中华民族的海内宗教的观念。所以《播种》的"灵琐"与《公言下》的"嵬琐"之"琐",当同指琐罗亚斯德。

当今持同章太炎先生观点的是任继愈先生,变《荀子·天论》里传统版的"祆"字为"袄"字,认为袄事属宗教行为④。目前宗教界公认祆教简称"祆",亦是琐罗亚斯德教的简称。"嵬琐"一词本出于《荀子》,宗教学权威的任先生亦当熟稔荀文以该"琐"字指称琐罗亚斯德教或祆教的叙法。

综合古今学界对"灵琐"所指称的神或人的名称的诸多考论,当可认同章太炎先生从考古学、种族学、人类学、宗教学和文化学等角度系统阐述的"嵬琐""琐者""灵琐"之"琐",实指同一群体的名称之观点公允而精当。本文根据章太炎先生的考论和当代考古、宗教学界的研究,认为该未被确指的群体当指琐罗亚斯德及其教派。

以上通过屈原作品的文本分析,综合古今学界有关"灵琐"的释义,特别是对

---

① (伊朗)杜斯特哈赫选编,元文琪译. 阿维斯塔·琐罗亚斯德教圣书. 北京:商务印书馆,2005;399.
② 姜玢. 革故鼎新的哲理 – 章太炎文选. 上海:上海远东出版社,1996;233.
③ 林悟殊. 20世纪中国琐罗亚斯德教研究述评. 欧亚学刊,2000;243.
④ 任继愈. 中国哲学史(1). 北京:人民出版社,1996;222.

古今学界所涉"灵琐"指代的神或人的名称考论,认为屈原作品"灵琐"一词当指琐罗亚斯德。

(三)《荀子·天论》和《战国策》里的"祆"字考论

《荀子》里"琐"字的确指对象考证不是孤论,因为它在战国文献记载中以信息群的形态存在,主要表现在《荀子·天论》和《战国策》等文献的"祆"字记载。

首先,《荀子·天论》里的"祆"字论。

《荀子·天论》指称当时民间出现的一种现实生活现象作"人祆":

> "夫日月之有蚀,风雨之不时,怪星之党见,是无世而不常有之。上明而政平,则是虽并世起无伤也;上暗而政险,则是虽无一至者无益也。夫星之队,木之鸣,是天地之变,阴阳之化,物之罕至者也,怪之可也,而畏之非也。物之已至者,人祆则可畏也。"①

尽管古今学界对此"祆"字的释义不一,但王先谦集杨倞的注解曰"淫祀求福则凶也"②,说明自唐至清代对此"祆"字的释义之一有指称《荀子》时代的一种祭祀现象之意。当代世界宗教学研究专家任继愈先生则从理论的角度认同为宗教祭祀说③,其主编的《宗教词典》里"祆"字条有详致的说明,称该宗教是祆教,亦即琐罗亚斯德教。(详细的考证见前文)

其次,《战国策·楚策》里的"祆"字论。

"祆"的现象在《荀子》时代当是普遍存在的,因为《战国策·楚策》也记载了出现在楚国的"祆"事,例《战国策·楚策》记楚襄王答庄辛的谏说:

> "将以楚国为祆祥乎?"④

该句意指将要以"祆"的形式为楚国祈祷祥安吗?尽管学界对此"祆"的释义至今不确指,但"祆"字的结构首先说明它指称一种祭事,而处"国之大事在祀与戎"的春秋战国时代,又以"信巫鬼"称著的楚国,楚王于国家危难之际首选祭祀的形式解决问题是自然的政治举措;此外"祆"字的祭祀类属还可以见证于古文献说明:《汉书·地理志下》对楚国有"重淫祀"的史评,《礼记》释义"淫祀"是一种"非其

---

① 王先谦. 荀子集解. 诸子集成(2). 上海:上海书店,1986:209.
② 同上,第211页.
③ 任继愈. 中国哲学史(1). 北京:人民出版社,1996:222.
④ 缪文远,缪伟,罗永莲. 战国策(上). 北京:中华书局,2012:460.

所祭"的祭祀仪式,依此说明楚国重视的有些祭事属"非其所祭"类①。春秋战国时的楚国,政治文化上已隶属于中原集团,因此政治文化内容之一的祭祀,其形式自然也当使用中国祭礼,但许慎《说文解字》里"祆,胡神也"的释义和古今学界的研究,都称"祆"事属于外来系统。尽管春秋战国时代诸侯争霸,但文化上始终只隶属于中原一个系统,因此表现在祭祀上也当一统于中国系统,而此时楚国却使用外来系统的祭礼即"祆"的形式,自然有违中国的祭礼规范,"淫祀"一词当客观含有对"祆"类等外来祭事的指称,因为以中国人的族属却行外国的祭礼,自然也是"非其所祭"的宗教行为,所以,经《汉书》史评了的楚国的"淫祀"现象也当含指《战国策·楚策》里该"祆"字指称的祭仪。按《续资治通鉴》所言,"邕州俗尚淫祀,被病者……徼福于淫昏之鬼",则"淫祀"内含"淫昏之鬼"的祭仪②;《左传》称"用鄫子于次雎之社"属于"用诸淫昏之鬼",孔颖达疏解杜预注《左传》曰:"'用诸淫昏之鬼',则此祀不在祀典,故云(杜预云)此水次有祆神。"③宋姚宽续曰"此即火祆之神"④,亦即祆教,则祆教亦属于"淫昏之鬼",类推之则"祆"亦属于"淫祀"。所以楚国的"祆"事该属于"淫祀",其所指代的宗教当属祆教。

综合上述知,《战国策·楚策》出现的"祆"字指的是一种宗教祭祀。当代宗教界公认祭祀类属的"祆"字指的是祆教,即琐罗亚斯德教。所以《战国策·楚策》里该"祆"字指称的也是琐罗亚斯德教。

《荀子·天论》和《战国策·楚策》记载的"祆"事,一则说明了"祆"教在战国中后期对中原的现实生活和思想界影响之重;二来说明战国时代琐罗亚斯德教就已传至中原;三使《荀子》里"琐"字的确指对象是琐罗亚斯德教的考论再有据可依。

三、《荀子》里"琐"字的文化学视阈的考证

依上述《荀子》里"琐"字考证和琐罗亚斯德教有关,则琐罗亚斯德教的产生与传进中原的时间问题,就成为论证的关键。对此文化学视角的多元论证,当可

---

① 辞海.上海:上海辞书出版社,1985:965.
② (清)毕沅.续资治通鉴(1).北京:中华书局,1957:155.
③ 杜预注.春秋左传正义.十三经注疏(下).上海:上海古籍出版社,1997:1810.
④ 姚宽,陆游.西溪丛语·家世旧闻.北京:中华书局,1993:42.

说明《荀子》时代琐罗亚斯德教已经产生且传至中原。

首先，依当代宗教学界研究，琐罗亚斯德教产生于公元前 6 至前 7 世纪的中亚大夏古国①，亦即远早于荀子生活的公元前 3 世纪时代。《荀子》里"琐"字的确指首先有了充足的时间依据。

其次，依当今中外考古发现和中西文化交流学界的研究，琐罗亚斯德教至迟在公元前 4 世纪已传进中国②，其时间也早于荀子生活的时代。《荀子》里"琐"字的确指因之又有充分的空间依据。

最后，依考古学界和史学界等的研究，传进中国的中亚人的风习和学说对《荀子》时代中原思想界的生活和思想都产生重要影响，例宋亦箫等学者论述的表现在生活上的"喦容"时尚，《荀子》等批评的表现在思想上的"喦说"等认识，其中特别是对中原传统的礼制风习影响至重，以至于代表传统的尧舜文化不能同"化"之③。其实《荀子》著作出现的"琐"字不是孤立的文字和文化现象，它产生的直接原因之一主要是琐罗亚斯德教传进中原后客观形成的中西文化的交融。虽然中西文化的交流不始于《荀子》时代，但西方思想文化首次以相对系统的学说理论和中国传统思想文化产生相互抗衡式的碰撞，的确始自琐罗亚斯德教传进中原后，亦即《荀子》时代的前后。所以《荀子》著作出现的"琐"字实归因于中西思想文化的早期交流而已，后世因年代的久远、文化传媒的发展和文化典籍解读诸条件的受限等而相对迟滞了对它的解读而已。该稚论实非臆测，早自"胡适、刘复、魏建功诸先生讨论'帝''天'二字之形状与发音，与巴比伦楔形文字完全相合，即与印度、希腊亦颇类似"④始，开了中西文化交流视阈下的古文献研究之先，此后该领域有傅斯年、王拱、张星烺等先生的致力沿波讨源⑤，当代苏雪林、沈福伟、李进新与宋亦箫等先生则已从不同角度，将研究纵深发展至专论之境，例苏先生的屈原和楚辞等专论、沈先生的中西文化交流史等专论，以及李先生的祆教研究等。学界中西文化交流研究的硕果，恕不赘举。

---

① 任继愈主编. 宗教词典. 上海：上海辞书出版社，1985：920.
② 李进新. 研究与探索文集. 乌鲁木齐：新疆人民出版社，2011：311.
③ 王先谦. 荀子集解. 诸子集成（2）. 上海：上海书店，1986：225.
④ 苏雪林. 屈原与九歌. 武汉：武汉大学出版社，2007：11.
⑤ 同上，第 12 页。

综合以上有关"嵬琐""灵琐""祆"字等的考证知,《荀子》著作出现的"琐"字有确指对象,其确指对象当指琐罗亚斯德教及其学说。

一隅之见,旨归学界前修时贤的指正。

（部分内容发表于《赤峰学院学报》2015 年第 12 期）

第三节　《墨子·天志中》里的"胡"字考证

"胡"是墨子著作出现的指意相对复杂的字系列,历代释义不一,对此通过《墨子》里的"胡"字系列的指意分析和学界的解读等角度,简要考证《天志中》里"胡"字的确切含义。

一、《墨子》里的"胡"字系列分析

墨子著作出现指意相对复杂的"胡"字系列,历时性是其多义的主要原因。考察《墨子》之前"胡"字即以不同的词性用诸众典籍。

依现存可靠的典籍记载,"胡"字作为单音词在《墨子》之前的词性主要有疑问词和名词两类:其中作为疑问词的"胡"字较早出现于《诗经》,例《大雅·生民》的"胡臭亶时"、《邶风·式微》的"胡不归"①等;作为实词性则在《左传》就内涵多种意义,例"虽及胡耇,获则取之"②中的"胡"意指九十岁的高寿人,而"二月,楚灭胡"③句的"胡",依古今学界考证主要指当时邻近楚国、公元前 495 年被楚国灭亡、战国时成为楚邑的胡国④。古文字发展至《墨子》时代,"胡"字的使用更为丰富而复杂,以至形成了《墨子》里的"胡"字系列。概括《墨子》里的"胡"字使用主要有以下几类:

---

① 孔颖达. 毛诗正义. 十三经注疏（上）. 上海:上海古籍出版社,1997:305.
② 杜预注. 春秋左传正义. 十三经注疏（下）. 上海:上海古籍出版社,1997:1814.
③ 同上,第 2152 页.
④ 辞海. 上海:上海辞书出版社,1980:1503.

1. 疑问词性的"胡"字

《墨子》作为疑问词使用的"胡"字使用频率最高,其主要代表:《尚同下》篇的"然胡不审稽古之治、为政之说乎"①;《非命中》篇的"然胡不常考之百姓之情"②等。其中的"胡"字主要作为疑问词,释"何"意。

2. 作为西北少数民族指称的"胡"字

依历史记载,墨子主要生活在约公元前476年至前390年之间,此时西北方的少数民族中出现一个体貌、文化等特征迥异当时其他戎族的民族,《墨子》著作专称之为"胡",例《兼爱中》篇"以利燕代胡貉,与西北之民"(郑注《考工记》云胡,今匈奴)③、《非攻中》篇"其所以亡于燕代胡貉之间也,亦以攻战也"④,可见两句"胡"字皆主要指当时的西北少数民族。在此所以说是《墨子》专称,主要依典籍记载和学界的考证而言。根据《墨子》前后的典籍记载,"胡"有"南胡"(见《左传》)与"北胡"(见《墨子·非攻中》的孙诒让注)之别;根据《山海经》记载,北胡概又有"东胡"(见《海内西经》)与"西胡"(见《海外东经》)之分。学界考证《墨子》时代中原的胡姓主要有两大类:汉胡姓和西亚胡姓,两者的差异主要表现在体貌、语言及文化风习的不同等;《墨子》时代的典籍例《周书》(已佚)、《左传》等皆以"豹胡"或"不著何"称汉胡姓(孙诒让注北胡)⑤,而《墨子》则只以"不著何"称汉胡姓⑥、以"胡"字专称西亚胡,以表明汉胡和西亚胡的不同;《海内西经》的"东胡"主要位于今东蒙古一带,当今学界认为以蒙古族群特征为主,因此《墨子》的"不著何"当主要属于"东胡";《墨子》的"胡"字虽属于东胡、匈奴、氏羌等北方与西方少数民族的泛称,但由于墨书特注以"与西北之民",自当以之专称西北胡抑或西亚胡的成分为多;《海外东经》的"西胡",王国维先生的《西胡考·上》考证其主要位于今喀喇昆仑山附近,尽管其确指地域尚存歧义,但多主西北方位。因此以"西胡"为主的西亚胡,当是墨子时代主要生活于西北方的少数民族之一、戎族

---

① 孙诒让. 墨子闲诂. 诸子集成(4). 上海:上海书店,1986:169.
② 同上,第85页。
③ 同上,第68页。
④ 同上,第85页。
⑤ 同上,第85页。
⑥ 同上,第115页。

中的胡族。

所以说，《墨子》书中的"胡"字又作为西北少数民族胡族的专称。

除以上的"胡"字字义，《墨子·天志中》《墨子·节葬下》初步统计还各出现1次指意相对复杂的"胡"字。分别是：

1.《墨子·天志中》篇

"且吾所以知天爱民之厚者，不止此而足矣。曰：杀不辜者，天予不祥。杀不辜者谁也？曰：人也。予之不祥者谁也？曰：天也。若天不爱民之厚，夫胡说人杀不辜而天予之不祥哉。此吾所以知天之爱民之厚也。"①(1次)

2.《墨子·节葬下》篇

"今执厚葬久丧者言曰：厚葬久丧，果非圣王之道。夫胡说中国之君子，为而不已、操而不择哉。子墨子曰：此所谓便其习，而义其俗者也。"②(1次)

据不完全统计，墨书类似"胡说"的叙法仅此两处。对其中"胡"字的释义，古今大都依孙诒让的解读，释作"何"意③，细究该释义有商榷之处。对此以文本分析的方法为主，佐以《墨子》思想分析、学界研究和文化学角度的考证等方法，通过对墨子《法仪》《天志》等篇的主旨、"胡"字所在句群的特征，以及《墨子》的语言逻辑分析等，对"胡"字的释义作尚不成熟的说明。

二、《墨子·天志中》里的"胡"字考证

古今学界对《墨子·天志中》的"胡"字释义基本释作疑问词"何"义，但皆无确切说明，因此若要确定"胡"字在该语境下的涵义，对"胡"字所在的句意和文本的解读是关键；若要解读"胡"字所在的句意，则"胡"字句的"人杀不辜，天予之不详"部分的解读是管键。基于此可分该句作"人杀不辜，天予之不详"和"胡说"两部分解读之。

---

① 孙诒让. 墨子闲诂. 诸子集成(4). 上海：上海书店，1986：126.
② 同上，第115页。
③ 同上，第126页。

（一）"人杀不辜，天予之不详"考论

"人杀不辜，天予之不详"句的解读是考证"胡"字的管键。初步统计该句完整的出现于墨书的大致有四次，主要表现于《法仪》篇和《天志》上中下三篇。其中首次出现于《法仪》篇：

> "故曰：爱人利人者，天必福之；恶人贼人者，天必祸之。曰：杀不辜者，得不祥焉。夫奚说人为其相杀而天与祸乎？是以知天欲人相爱相利，而不欲人相恶相贼也。"《法仪》①

该句群由四个相互粘连且呈诠释关系的分句组成，即每个置后的句子都是对其前句句意的解释，因此该句群的前三句都客观具有诠释和被诠释的双重性。其中"杀不辜者，得不祥焉"句，既是对其前"恶人贼人者，天必祸之"句的诠释，又被其后的"夫奚说"句诠释。考查该句与后句的叙词明显不同，表现为主语的更变：即由"（人，主语省略）杀不辜者，（人，主语省略）得不祥焉"的"人"一个主语，变作"人为其相杀而天与祸"的"人"和"天"两个主语，其旨归无疑在于强调"天"的作用，以彰显"以天为法"的《法仪》篇主旨，进而说明墨翟的天人关系理论。所以该"杀不辜者，得不祥焉"句当为《墨子》特置的理论观点，旨在说明墨子的思想。为了确切地论述其理论，墨子又以其后的"人为其相杀而天与祸"句注释了该特设句。综合以上论述概括该特设句的性质，当属于墨书诠释其思想的理论证据。该句此特征还可以从四个分句的句意表达和该句的特点分析加以说明。概括四个分句的句意表达特点：该句之外的其他三个分句的句意都具有强调表达该句句意的叙述特征；而该四句组成的句群则自然接承该句群之前的《法仪》篇文本自身的逻辑论述而来。它意谓：第一，该句群的实际意义只有立论、论证两部分；第二，说明该句群内容的重点唯在"杀不辜者，得不祥焉"句的立论。进一步以该句群的角度论，作者旨在借该句的立论以点明所在句群的意旨；从《法仪》篇整体角度说，该句群的论证属性具有《法仪》篇的理论证据的性质。所以该四句的表达是《法仪》篇不可或缺的部分，而该句的特点便由其在该篇的出现状态、功用和性质等得以确定：统计该句在《法仪》篇的出现仅此一次；其功用主要是说明《法仪》篇主张的"以天为法"的思想；其性质则相对复杂。从其论证属性说，它属于《法仪》篇的理

---

① 孙诒让. 墨子闲诂. 诸子集成（4）. 上海：上海书店，1986：13.

论证据；但从墨文的行文逻辑说，该理论证据的来源之一又具有引用的理论证据的特性。古今学界公认墨文向以严密的逻辑论述见长，但凡对待重要的理论观点，或皆须经墨子的"三表法"①进行缜密的论证后方作为其著作的理论证据使用，或直接说明引证源，但该句在该篇出现的颇显突兀：它仅以宗教祭仪的概括而简单立论，却没有《墨子》逻辑程式的论证，所以不似墨子自己提出的理论观点；其性质虽然该属于墨子化用的引用观点类，即"三表法"里的"原之"类，但又没说明引证源。

综合以上论述，该句有虽是引证类性质但引证源不清晰的特点。概括《墨子》"三表法"的"原之"亦即引证源部分的说明，主要涵盖"察百姓耳目之实"和"征以先王之书"两部分。总观墨书引用"先王之书"时基本皆点明出处，而该句则只引用却不明示其出处，因此其引用的内容固然有传统通行的天命论思想的部分，但应更多地关联"百姓耳目之实"。考查墨书"百姓"一词的指意主要涵有古今"四海之民"和"远灵孤夷"之人的意义，即相当于现在的海内海外之民的意义。其中海外之民含指生活于海外的华夏人和生活在中国的异国或异族人。则该句引证源的具体所指尚待考证。

"人杀不辜，天予之不详"句的余三次相对集中的出现于《天志》篇上中下的三个句群里。例：

> "且吾言杀一不辜者，必有一不祥。杀不辜者谁也？则人也。予之不祥者谁也？则天也。若以天为不爱天下之百姓，则何故以人与人相杀，而天予之不祥？此我所以知天之爱天下之百姓也。"《天志上》②

> "且吾所以知天爱民之厚者，不止此而足矣。曰：杀不辜者，天予不祥。杀不辜者谁也？曰：人也。予之不祥者谁也？曰：天也。若天不爱民之厚，夫胡说人杀不辜而天予之不祥哉？此吾所以知天之爱民之厚也。"《天志中》③

> "今天下之国，粒食之民，杀一不辜者，必有一不祥。曰："谁杀不

① 孙诒让. 墨子闲诂. 诸子集成（4）. 上海：上海书店，1986：169.
② 同上，第 121 页。
③ 同上，第 126 页。

辜?"曰:"人也。""孰予之不祥?"曰:"天也。"若天之中实不爱此民也,何
故而人有杀不辜,而天予之不祥哉?"《天志下》①

比较三个句群,大致有几个鲜明的特征:

第一、《墨子·天志上》首次点明"杀一不辜者,必有一不祥"的出处是"吾
言",由此可知该句所论是墨子个人的观点。

第二、《天志上》的文字表达明确显示墨子"吾言"的观点应来自《法仪》篇。
考查该句的语法结构:"杀一不辜者,必有一不祥"的主语只有被省略的"人"一
个,但"人与人相杀,而天予之不祥"的主语则变更作"人"和"天"两个。其中一
个主语的观点是墨言,则两个主语之论依《法仪》篇分析当有引言部分。因该引言未
注明引证源,则当属于被墨子化用了的言论,墨文旨在以该引言加强说明墨子的
"吾言"进而证明墨子天有意志的思想。

第三、虽然三个句群除个别字句外基本以复沓的反问语气的形式出现,但其
句式和词语的使用有差异。其中:

差异一:三个复沓的反问语气的句式不同。"上"篇是陈述句,旨在以更变主
语引出墨文的正言;"中"篇是感叹句,此时出现两个重复的双主语句,若说前一个
是墨子更变了的正言,后一个则是对墨子正言的补充说明;"下"篇是陈述加感叹
的综合句式,所用观点是墨子的"吾言"和墨子的更变之言。因此从语气的角度
说,三个复沓句群虽分别出现于三篇文字里,但相互间却以因果关系而贯通系联,
即三个句群主要为说明《墨子》的"天志"思想而设置。它们都具有双重身份性,
即它们既同属于各自所在《天志》上中下三篇文本的基本证明类内容之一,又同属
于《天志》篇整体证论的逻辑内容:其中首句群"吾言"句于《天志》篇整体相当于
分论点,依"三表法"墨书要对之进行逻辑论证;所以中间句群是以引用的证据对
之进行证明;而最后一句群则是归结前两个句群的论证句,因墨书于此句之后,就
分别以"发以为刑"、"政"的"用之法"合以"原之法",对"人杀不辜,天与之不幸"
作了"以天志为法"的最终归结。

差异二:三个复沓句虽各有一个特置的词语,但首尾两句同用"何故",中间句
则用"胡说"。学界一般将之一同释作疑问词性。

① 孙诒让. 墨子闲诂. 诸子集成(4). 上海:上海书店,1986:131.

第四、三个句群虽都有以"爱"字引出的句子,但句子之间的关系却因各句涵义的不同而呈递进关系。其中首句"爱天下之百姓",泛指爱天下所有的人;中间"爱民之厚"句则受"厚"字限定,根据墨书"厚"字意同"兼"字,例"且天之爱百姓厚矣,天之爱百姓别矣。……顺天之意者兼也,反天之意者别也",①因此句中"厚"字意指"顺天之意",所在句意特指爱顺天之意的人。按《墨子·兼爱中》篇的证论,众顺天之意的百姓不分时代、地域、种族和国别皆在"兼爱"范畴内,②所以中间句意相较首句无疑由泛指向特指的限定层递进一步;"兼爱"是墨子重要的政治理想之一,由此可知尾句"爱此民"所在的《天志下》篇,其前后论述所涉之"民",则主要涵指古今的"大国"和"远灵孤夷"之国民,所以尾句之意相较第二句无疑又从时间和地域上再次递进一层。综合三个"爱"字句意:其对象由首句的泛指天下之百姓,递进至中间句特指其中的"顺天之意者",尾句再进一层限定说明"顺天之意者":即含指时间不分古今、国别无分大小、地域无论远近、种族同属华夏族的"顺天之意者"。若此层层递进,文意直达天有意志、人应"以天志为法"的《天志》篇天人关系论的总主题。

综合以上三句群的特征,尚有几个直接关涉"胡"字释义的待解之题:

问题一、《墨子》更变命题的问题;

问题二、三个复沓句的三个代词词语的不同问题;

问题三、墨子于三个句群间设置递进关系的问题。

因为以上三个问题主要出现于《天志》篇,所以可用以墨证墨的方法,通过对《天志》等篇的文本意义和墨子的思想分析等说明之。

其一,《墨子》更变命题的问题。

《天志》篇三句群的首句群由"吾言杀一不辜者,必有一不祥"至"人与人相杀,而天予之不祥",《墨子》的叙词显然发生变更:主要表现在语法结构由初始叙词的以人为主语,而变更为"人"和"天"两个主语。此类变更在以擅长逻辑见称的墨文,当不只是句子成分的变更问题,从逻辑形式的角度说属于命题变更问题。由《墨子·天志上》"吾言杀一不辜者,必有一不祥"的叙词"吾言",知道《法仪》篇

---

① 孙诒让. 墨子闲诂. 诸子集成(4). 上海:上海书店,1986:132.

② 同上,第68-69页。

的"杀不辜者,得不祥焉"是原命题,"人与人相杀,而天予之不祥"则是更变命题,其变更的原因和依据有待考证。首先原命题以人为主语,是墨子唯物主义认识论思想的客观表现;而命题变更为"人"和"天"两个主语,则部分的体现了《墨子》唯物主义经验论的认识论对天人关系问题的解释,因为小生产者阶层出身的墨子主要靠历史和宗教生活等方面得到的经验来说明他的认识理论,①其中以变更命题加强说明其"天志"、"明鬼"思想无疑是将命题变更为"人"和"天"两个主语的最主要的原因之一。其次命题变更的依据则相对复杂,因为《墨子》有明确的逻辑理论和由该理论规范的引证源。《左传》记载先秦士大夫的人生"三立"思想,墨子于"立言"类独标"三表法",其"原之"部分明确规范墨书的两个引证源:一"原察百姓之耳目之实",二"征以先王之书"。虽然《兼爱》和《天志》三篇等引用的"先王之书"皆有清晰地说明,但"百姓之耳目之实"的涵义则相对丰厚。其中"百姓"一词,概括墨书主要可归为三类:一指"四海之内"之民;②;二指古今"远灵孤夷"之民③;三指古代"先圣六王"及所经营场域之民,大致涉及禹时的西北东南四方地域、文王时的"西土"和武王时的"万方"之民④。从地域角度概括墨书"百姓"所指,则主要以西部之民即"西河之民"为主,主要含指华夏族和燕代胡貉等少数民族,其"胡"字指胡族。孙诒让引"《考工记》郑注云'胡,今匈奴'",章太炎先生认为"胡本东胡,久之而称匈奴"⑤、"东胡,西方谓之通古斯种,固与匈奴殊类"⑥。当今学界证明先秦时通古斯种族主要分布于西伯利亚和蒙古一带。该族《墨子》以前典籍称谓不一,例《诗经》称猃狁,《论语》等称戎,《墨子》时代则主要称胡等。考查古今论证,墨书指意民族的"胡"字,无论释东胡还是匈奴,都指当时生活于西、北部的有别于华夏族的少数民族族群。他们主要来自于当时中国西北部的域内域外、其生活对西北部地区有重要影响。考查"百姓之耳目之实"的"实"字,则主要含指墨书例举的历史事实和当时的宗教事务等。春秋战国以前的中国历史,

① 任继愈. 中国哲学史(1). 北京:人民出版社,1996:111.
② 孙诒让. 墨子闲诂. 诸子集成(4). 上海:上海书店,1986:121.
③ 同上,第131页。
④ 同上,第68-70页。
⑤ 姜玢. 革故鼎新的哲理——章太炎文选. 上海:上海远东出版社,1996:245.
⑥ 同上,第93页。

其文化主要处于原始宗教文化时代,表现在墨书则常将历史和宗教内容的阐述合而为一,所以西北部百姓生活的引证也常以宗教内容为主,而域内域外尊天祭天的宗教生活又是主要的引证内容之一。尽管墨子的"天志"论不同于孔子的"天命"观,但《墨子》借天事以诠释其人道的人学思想方法类同孔子。所以《墨子》更变命题的依据,综合以上考证主要归为两类:一是中国尊天祭天的历史传统,二是生活在西北部地区主要以胡族为代表的少数民族的宗教祭祀风习。

综合以上论述:《墨子》变更命题的问题非偶然出现的文字现象,旨归《墨子》以更变命题的逻辑形式,加强说明其天有意志的天人关系的思想而已。

其二,三个复沓句的三个代词词语的不同问题。

概括三句群的三个复沓句内,都出现三个不同的代词:两个"何故"和一个"胡说",学术界一般皆释作疑问代词,因为"胡"字确实有疑问代词的词性。对此本文谨通过对三词所涉文本的分析予以考证。

首先从语法结构的角度论。

三个词语虽出现在三个复沓的假设句里,但由于它们分别处于三个文本中,所以从语法结构的角度说,墨子为避免重复而使用不同的代词的可能性当甚微。考查三词不同的主要原因,当还在于《墨子》严谨的语言逻辑设置,即墨子借不同代词的使用,凸显他更变的命题,加强说明他"以天志为法"的《天志》篇总主题。

所以从语法结构的角度说,三词语的词性当不能视之一同。

其次从三个复沓句的语气角度论。

三个复沓句虽然都以假设语气起句,但结句的语气和功用实不相同:《天志上》篇复沓句结句的语气是陈述句式,该句式的功用从所处句群的语气看当为陈述墨子更变了的初始命题而设置;"中"篇复沓句结句的语气是感叹句式,其功用当是为了加强说明更变命题而重复设置的肯定句而非疑问句,其语气有慨叹之特征;"下"篇复沓句结句的语气也是感叹句式,但不同于中篇,实属合陈述和感叹于一体的综合式感叹句式,因为"人有杀不辜"不完全等同于"人杀不辜"的语气,从语气的角度论后者是一般性陈述句、前者当为假设性陈述句,从语言功能的角度说前者是对后者所做的简要性加强注释,从篇章结构的角度说综合式感叹句式搁置下篇,其功用自是以完备了的更变命题归结全文,彰显《天志》三篇的总主题而设置。

综合上述,由三个复沓句的语气分析知,因为作者的立意构思和三词语的功用不同,三个词语的词性和释义当不能视之一同。

最后从"胡"字所在句群的句法结构、句群意义和论证逻辑的角度论。

"胡"字位于《天志中》篇由三个"且吾"句构成的句群中间:

> "且吾所以知天之爱民之厚者,有矣。曰:以磨为日月星辰,以昭道之。制为四时春秋冬夏,以纪纲之。……今夫天,兼天下而爱之,撽遂万物以利之,若豪之末,非天之所为,而民得而利之,则可谓否矣。"

> "且吾所以知天爱民之厚者,不止此而足矣。曰:杀不辜者,天予不祥。杀不辜者谁也?曰:人也。予之不祥者谁也?曰:天也。若天不爱民之厚,夫胡说人杀不辜而天予之不祥哉?此吾所以知天之爱民之厚也。

> 且吾所以知天之爱民之厚者,不止此而已矣。曰:爱人利人,顺天之意,得天之赏者,有矣。憎人贼人,反天之意,得天之罚者,亦有矣。夫爱人利人,顺天之意,得天之赏者,谁也?曰:若昔三代圣王,尧、舜、禹、汤、文、武者是也。……夫憎人贼人,反天之意,得天之罚者,谁也?曰:若昔者三代暴王桀、纣、幽、厉者是也。"①

引文显示该句群的三个句子以排比句式构成。其中以"天之爱民之厚"为论点立论,论述墨子天有意志的思想,旨以加强说明《天志中》篇的"天志"主题。从论证逻辑的角度说,"天之爱民之厚"既是该句群的总论点,又是《天志》篇总论的分论点之一;依逻辑形式范式要求,需以论据对该论点进行证明,而该句群显示该分论点分别由三个相对完整的复沓式的证明部分组成。总观墨书的证明内容的构成因素,其论据部分主要以理论证据和事实证据为主。所以根据以上的说明即可分析该句群三个分句的句法逻辑结构:首句"天之爱民之厚"是论点,"(天)兼天下而爱之,撽遂万物以利之"是理论证据,而"天"和"天下之君子"所作的事情是事实证据;尾句"天之爱民之厚"是论点,"爱人利人,顺天之意,得天之赏者"和"憎人贼人,反天之意,得天之罚者"是理论证据,而"三代圣王"和"三代暴王"的历史是事实证据;由于三句群的句意呈对偶式,因此由首尾两句句法的逻辑结构分析,

---

① 孙诒让. 墨子闲诂. 诸子集成(4). 上海:上海书店,1986:125 - 126.

不难判断中间"胡说"所在句的句法逻辑结构:"天之爱民之厚"是论点,"杀不辜者,天予不祥"是理论证据,"胡说人杀不辜而天予之不祥"是事实证据。但构成"胡说人杀不辜而天予之不祥"句是事实证据的条件至少有二:第一,该句陈述的必须是已成事实,而不能是未定的疑问问题,否则既形成不了肯定的事实判断,也就不能作事实证据运用,同时更使该句不但矛盾与所在中间句群的句法逻辑,且不符合所在三句群的整体语言逻辑;第二,"胡"字当作实义词,亦即"胡"字必须以具有实在意指的专称属性加上说明文字,方可构成一肯定的事实判断,也方可作为事实证据使用。总括以上论述可知,"胡说"一词不能是疑问词性,"胡"字不能作疑问词,而当是有专门指称的实义词,其实义的确指尚需证明。

按墨书"三表法"规范的逻辑形式,其事实证据的部分主要有"百姓耳目之实";根据上文"问题一"的论述部分考证,墨书"百姓"一词主要涵指域内域外之民两部分,其域外之民主要指胡族。所以"胡说人杀不辜而天予之不祥"句的"胡"字当特指胡族,"胡说"则指胡族的学说。由以上论述当亦可说明《天志》三篇三个复沓句出现的三个代词词语的不同,非墨书出现的偶然的语言现象,究其旨归当属墨子为证明其天有意志的思想而特意设置的。至于熟稔文字艺术的墨子在此是否特别用意汉字的特有属性问题,本文谅不赘述。唯俞樾说"墨子达于天人之理"①,其中"达"字当不仅只称说墨子思想内容的通达方面,亦当属意《墨子》文字的表达艺术。

其三、《墨子》于三个句群之间设置递进关系的问题。

三句群各有一"爱"字句,三个"爱"字句由"爱天下之百姓"、"爱民之厚"至"爱此民",其涵意由泛论而特指依次由浅及深、呈递进关系特征。因此墨子设置递进关系的原因和旨意就成为待解之题。其中墨子设置递进关系的"爱"字句原因,从《墨子》主张的兼爱思想的角度分析不难得知,即三句群递进式"爱"字句设置的目的主要在于加强表达《墨子》"兼爱"、"非攻"、"尚贤"和"尚同"等社会思想。但该关系所涵的旨意则相对深厚:

首先"爱天下之百姓"句。

由上文分析知,该句是总的泛指,主要涵盖域内域外之民,其中域外之民主要

① 孙诒让.墨子闲诂.诸子集成(4).上海:上海书店,1986:1.

指西北地区生活的胡族。

其次“爱民之厚”句。

《天志上》篇墨子自释“厚”字曰：“故天意曰：此之我所爱兼而爱之，我所利兼而利之。”“利人者，此为厚焉”，说明“厚”和“利”是意义相兼之词；又释“利”曰“顺天意者，兼相爱交相利，必得赏。”①说明“利”和“赏”相关联，《天志下》篇进一步释“厚”意：“且天之爱民厚矣，天之爱百姓别矣”“顺天之意者兼也，反天之意者别也”，由对偶式的句法结构知，“厚”和“兼”也是意义相兼之词，亦即“厚”、“利”、兼”三字在《墨子·天志》篇是意义相兼之词。综合“厚”字考证，意谓顺应天意的人才能得到天赐予的实际利益的赏赐。由此可知“厚”字在此具有符号功能和道德诠释的双重属性，即相较于《天志上》篇“爱”的泛指意义，中篇则明显加以道德属性的限定，亦即墨子以句意递进的形式，一则表现墨子的兼爱理论，二则通过“胡说”句意的链接，将该道德属性所具有的超时空意义，深层发展至普适性的功用理论的境界，它意谓凡“天下之百姓”，只要顺应天的意志，不分时间、地域、类属和地位等的差别，皆能得天之“厚”爱，这是天的“法仪”。由以上的分析，同时还可以确定“胡”字词性：“胡说”的“胡”字在文中不能释作疑问代词，因为它是墨子说明“爱民之厚”句道德属性的重要事实证据，进一步说是墨子阐释其兼爱思想理论的重要事实证据，否则势将造成语意不清、说理不力的局面。

概括上述，墨子设置的递进关系，旨在以凝练之笔强化他的“以天志为法”的《天志》篇主题，进而阐释其兼爱思想的。对此，《天志下》篇的“爱”字句表述的更为清晰。

最后，“爱此民”句。

《天志下》篇紧接“自古及今，无有远灵孤夷之国，皆……以敬祭祀上帝山川鬼神”后，言“天之爱百姓也”和天“爱此民也”，“此民”在此无疑是特指词，即墨书于此特别指出天所爱的百姓中还涵有“远灵孤夷”之国民。尽管该处“灵”字的古今释义多有不同：例戴震释作“方”、孙诒让释作“虚”②等，但概括地说由于和“远”字结合，当主要指时空的遥远而言。综合考查“此民”，虽则含有“四海之内”百姓

---

① 孙诒让. 墨子闲诂. 诸子集成(4). 上海：上海书店，1986：120.
② 同上，第 131 页。

的意义,但更特指四海之外远至难以企及之时之地的百姓和孤独的夷族,他们虽然更属于遥远的古代之民的后裔和更在胡族居住地以外的遥远之地,但由于他们顺应天的意志,知"敬祭祀上帝山川鬼神",所以同样被天兼爱之。由此可知墨子的"爱此民"句所要表达的兼爱思想,不仅超出了时空限,更超出了人的类差别局限,客观具有一种人类学的意义。若说孔子人类学意义上的"仁爱"思想尚有等级差别的局限性,墨子的兼爱理论则试图从天人关系论角度克服各种等级差别的局限①,而仅以"天志"为唯一衡量的法则。该法则既符合战国时代的中国谋求天下一统的时代主题,又客观继承了中国"普天之下莫非王土,率土之滨莫非王臣"(《诗经·小雅·北山》)的传统政治的主流思想文化,概此亦可视作墨家能够由战国初期的天下之言归杨墨持续至战国末期的儒墨共为显学的原因之一。所以"此民"在此将《天志》篇主题推向更为深广的境界。由此亦可知"爱此民"的"爱"字相较前二"爱"字,其内涵已客观地集符号、伦理和人类学等多重意旨于一体;其旨意从反映墨子兼爱等伦理道德的思想角度说,已达人类学高度;其性质从《天志》三篇分别证明"以天志为法"的总主题的逻辑来说,是总体上归结三篇全体的文字类属;其意义从三句群的关系说,则标志着句意再纵深递进了一层。所以尽管墨子"天志"的思想是不科学的,但墨文以三个文本和三个相互复沓且呈递进关系的句群设置、从不同角度层层深入表达同一"天志"思想主题和《墨子》兼爱思想的手法,可谓匠心独运。

综合以上三个"爱"字句的分析:三个"爱"字句虽形式复沓但句意各不相同,相互之间呈层层递进关系;每个"爱"字句所涉及的"百姓"一词的涵义必须各有所指,其中首个是泛指、后两个是特指,否则从语言逻辑的角度说,不但它们分别承担说明《天志》三篇总主题的语言事务因此阙失,其语法功能也因之差误。

综合以上有关"人杀不辜,天予之不详"句三个问题的考证:《墨子》更变命题的依据之一就是胡族的学说;三个代词词语中的"胡说"必须是能构成事实判断的实义词,不能释作疑问代词;三个"爱"字句的递进关系设置,决定"胡"字必须是能够诠释墨子兼爱思想理论的不可或缺的重要话语。由此可以证明"胡"字当不适合释作疑问代词,当释作实义词,意指胡族,"胡说"该指胡族的学说。

---

① 张岱年. 仁爱学说之评析. 孔子研究,1986(2):18 - 19.

墨子时代的中国西北部生活着诸多胡族,仅依当今学界考证就有沈福伟先生的塞种人、①李进新先生的粟特人②和宋亦箫先生的古波斯大夏人③等说。因此要确定胡族的确指,有待进一步考证。

(二)《墨子·天志中》的"胡"字考证

由"人杀不辜,天予之不详"句的考证知"胡说"一词意指胡族的学说,亦即"胡"意指胡族。根据先秦典籍记载和古今学界研究,胡族主要指古代生活在中国西部和北部的诸多少数民族;"胡"字则是中原人根据他们的形貌特征、生活风俗和文化特点等给与的统称。其实他们早在商代以前就生息于中国的西北境内,甲骨文、金文等记作鬼方、荤粥、燻育等;周代主要称猃狁、胡等;汉以后则被概称作匈奴等;迄止近代又有继《山海经》而来的东胡、西胡等称论。由此可知《墨子》时代前后生活于西北境内的胡族不只一支,其信仰学说亦是纷杂。因此《墨子·天志中》"胡"字的确指有待考证。

首先从"胡"字所在的《天志中》篇文本分析的角度论。

《墨子·天志》上中下三篇分别从政治、伦理和法律等角度,论述《天志》篇"以天志为法"的主题思想,其"中"篇主要从天人善恶报应论的角度阐释墨子天有意志、人应顺天意而行的天人关系思想。

考查墨子天人关系思想认识的渊源,不仅受战国思想家理论成就的影响,同时主要还有域内的传统思想文化和域外思想文化的影响。其中"先秦时期,关于哲学基本问题的争论,是通过'天人关系'的论辩展开的"④,亦即天人关系的问题始终是域内传统思想文化的客观组成部分;而"'天'是不是有意志,有没有一个主宰万物的上帝,是春秋战国时期唯物主义与唯心主义展开斗争的中心问题"⑤。概括地说域内传统思想文化中的天人关系论特别是天有意志的理论无疑是《墨子·天志中》篇讨论天人善恶报应论的背景,对此古今学界多有论及:当今学界公认

---

① 沈福伟. 中西文化交流史. 上海:上海人民出版社,1988:16.
② 李进新. 祆教在新疆的传播及其地域特点. 西域研究,2007(1):82.
③ 宋亦箫. 大夏(吐火罗)新探. 武汉文博,2010(1):15.
④ 肖萐父,李锦全. 中国哲学史(1). 北京:人民出版社,1982:209.
⑤ 任继愈. 中国哲学史(1). 北京:人民出版社,1996:223.

天有意志的思想是《墨子》"所代表的小生产者阶级的意志"①的基本理论；依典籍记载该理论在中国较早见于《诗经》的以"琼瑶"报"木桃"(《诗经·卫风·木瓜》)的人和人之间的报答关系说；《尚书》《易经》《老子》等著作则进一步将该理论发展到天和人之间关系的诠释高度，以辩证的理论方法说明自然界、社会、历史和人等系列关系的辩证统一问题；至《墨子》则以天人善恶之间关系的辩证性理论，说明其天有意志的思想理论。所以《天志中》篇讨论的天人善恶报应论的思想，原本是对中国传统思想文化的客观发展。而域外思想文化的确指，则可通过对《天志》三篇具体的论证方法分析之。墨子说理讲求"三表"的逻辑法，表现于《天志》三篇对"天志"思想的诠释，其"本之"部分主要以《诗经》等"先王之书"为代表；其"原之"的"百姓耳目之实"概括地说主要有华夏族和夷族两类。华夏族人的思想历来一统于中国传统思想文化的发展；而夷族人尽管其信仰相对复杂，但惯称以南蛮、北狄和东夷的胡族，迄止墨子时代尚没有产生系统的能抗衡中原传统思想文化的理论学说，只有西戎中以粟特人为主的胡族所信奉的琐罗亚斯德教，以其本体论高度对世界本源所做的哲学诠释、七位一体的宗教神学体系的建立与善恶报应的因果关系理论等，形成了相对系统的关于世界本源和天人关系等问题的思想认识和学说。其天人关系的思想认识特别是天有意志、善恶报应等学说和《墨子》的"天志"思想有相通之处，墨子引之以佐证自己的理论观点是情理中事。从《天志中》篇"胡说"一词所在的文本分析知，"胡说"句所表达的意义是该文不可或缺的重要的事实证据。所以，"胡"字从该文说理逻辑的角度说不能释作无所指的疑问代词，只能是有所专指的实义词；从思想内容的角度说则不能泛指胡族，而是特指信奉琐罗亚斯德教的胡族的学说。否则不仅与墨书的逻辑形式不符，亦使墨子天人关系等思想的论述因缺失力证而处旨意不清之境地。

其次从《墨子》的社会思想角度论。

《墨子》主张"兼爱"、"非攻"、"尚贤"、"尚同"等社会思想，其"兼爱"所论的基点是种族学，所关涉的民族范畴大致涵盖华夏族和夷族人全部，亦即既指域内华夏族内部"大小国"之间的阶级差别和攻战；亦指域内域外华夏族和夷族特指与胡族之间的民族差别和攻战，此类史事明确见载于史籍：例春秋五霸以"尊王攘

①　任继愈. 中国哲学史(1). 北京：人民出版社，1996：115.

夷”运动抵制北狄、西戎的内侵中国之举①、赵武灵王以“胡服骑射”②专对诸胡的侵扰战争等。根据以上分析，墨子的社会思想以其建构的角度说，其视阈当不以时空为限、其内涵不以人的类别级差为限、其思想基础以“兼相爱交相利”的理论为主、其诠释方法主要是辩证唯物主义经验论的认识论为主导的“三表法”逻辑形式的论证法、其学术背景则主要是春秋兴起的持续整个战国时期的天下一统的社会政治思想理念。所以虽墨子的社会思想是一种于等级制社会主张无等级差别的爱、于深受原始的宗教崇拜观念影响的时代主张“群我一体”的理性精神的小生产者的社会理想③，但它不是空想。概括地说，其域内思想文化背景主要以真实的历史现实、悠久的传统思想文化和雄厚的战国思想理论等为主；其域外相对系统的思想文化此时只有产生于中亚大夏古国的琐罗亚斯德教为代表。根据该教经典《波斯古经》记载的教义，该教“主张世界有善恶两种对立的本原，……信善恶报应和末日审判，劝人从善避恶”④，“人死后阿胡拉·玛兹达将根据其在时之言行，进行末日审判”，[41]则阿胡拉·玛兹达(胡腊玛达)是有意志的代表善的天神。由此可知该教的有关天有意志、能惩恶扬善的学说与墨子的“天志”思想有相通之处。

综合“胡”字所在《天志中》篇的文本和墨子社会思想的分析，皆与琐罗亚斯德教有关。根据当代学界丰富的研究，该教大致产生于公元前六世纪的中亚大夏古国，公元前四世纪主要由信奉该教的商贸中国和希腊的粟特人传进了中国新疆⑤。元文琪先生认为该教“是人类走出原始巫术崇拜之后第一个由某个具体的人自觉创立的具有明确教义的宗教，而不是一种在民众长期生活中自发形成的宗教信仰，琐罗亚斯德因此被称为人类的第一位先知，”⑥，亦即该教有自己相对系统的理论和学说，据世界学界研究并对佛教、伊斯兰教与基督教等世界思想文化产生重要影响。因此由于该教学说和公元前四世纪墨子思想有相通之处，当该教

---

① 沈福伟. 中西文化交流史. 上海：上海人民出版社,1988:20.
② 司马迁. 赵世家. 史记(六·卷四十三). 北京：中华书局,1982:1806.
③ 张岱年. 中国哲学大纲. 北京：中国社会科学出版社,1982:279.
④ 施宣圆等主编. 中国文化辞典. 上海：上海社会科学院出版社,1988:249.
⑤ 李进新. 研究与探索文集. 乌鲁木齐：新疆人民出版社,2011:311.
⑥ 元文琪. 二元神论——古波斯宗教神话研究. 北京：中国社会科学出版社,1997:131.

传至中国,墨子引用以证明自己的思想理论自是情理中事。

由以上对"胡"字所在句的"人杀不辜,天予之不详"和"胡说"两部分的论述:可以确定《墨子·天志中》"胡说"一词当不能同义于疑问代词"何说",当释作实词,意指胡腊玛达说。则"胡"字指的当是胡腊玛达。

依据当代宗教学界的研究,琐罗亚斯德教信奉的主善天神胡腊玛达(又阿胡拉·玛兹达),波斯文 Ahurō Mazdāo 的汉译首字音为"胡",墨子依中国摘字法的题名习惯,以"胡"字简称胡腊玛达,以"胡说"代称胡腊玛达学说。墨文同类叙法还可举以墨书的"汤说"①,即商汤说等为证。该教内传中国的时间虽至今意见不一,但章太炎先生亦持同战国说,并从种族学的角度认为屈原作品的"灵琐"一词是指同血缘于"诸夏"的一个族群②,当今学界多持同章太炎、王国维等先生关于"诸夏"中的"大夏"指中国西迁的华夏族人之论,认为是中亚大夏古国,则"琐"字当指中亚大夏国的琐罗亚斯德。

综合以上论述:墨子时代中国境内的胡族尽管各有信仰,但具有相对系统的理论学说的只有信奉胡腊玛达学说的琐罗亚斯德教;该教于公元前四世纪左右已传进中国;因此《天志中》篇"胡"字的代指对象是琐罗亚斯德教,其确切释义当作胡腊玛达。

《墨子》同类叙法还见于《节葬下》篇,传统释义其中的"胡"字作疑问词,本文认为有待商榷。

三、《墨子·节葬下》里的"胡"字考证

《墨子·节葬下》篇说:

"今执厚葬久丧者言曰:厚葬久丧,果非圣王之道。夫胡说中国之君子,为而不已、操而不择哉。子墨子曰:此所谓便其习,而义其俗者也。"③

古今学界对"胡"字的释义主要依照孙诒让采用的毕沅"犹言何说"④之义释作疑

① 孙诒让.墨子闲诂.诸子集成(4).上海:上海书店,1986:76.
② 章太炎.章太炎全集(3).上海:上海人民出版社,1984:58.
③ 孙诒让.墨子闲诂.诸子集成(4).上海:上海书店,1986:115.
④ 同上,第115页.

问词,但是根据《节葬下》篇主题所表现的墨子思想、"胡"字所在句群的语境和语法结构特点、该句型的特点和在《墨子》文中的使用状态、相关问题于目前学术界的研究状况等方面存在的问题,该释义尚待商榷。

首先,从《节葬下》篇的主旨考查文中"胡"字的指意。

尽管《墨子·节葬》至今只存下篇,但依旧相对清晰地表现了墨子综合而系统地论证《墨子》的丧葬思想的特征,其方法主要运用比较分析基础上的批判和建立的逻辑方法,其逻辑法主要是"枚举归纳推理"和代表其"论说文中的基本方法"的"三表法"①。其中的枚举归纳,主要表现在从时空的角度列举归纳古今中国和四夷的丧葬风习:中国的风习归纳为"古圣王"和"今执厚葬久丧者";"四夷"的风习则主要举以"昔者"越之南的"駭沭之国"、楚之南的"炎人国"、秦之西的"仪渠之国"等"三国"②和今之"胡"族为代表。"三表法"在该文的表现则相对复杂:其所"本之"的历史经验主要是"古圣王"的丧葬制度;所"原之"的群众观察的事实主要由"今执厚葬久丧者言"、"胡说"和"子墨子言"表达;所"用之"的政治措施大致以古今为限,"古圣王"以节葬法成功了一统天下、同化四夷的事功,"今王公大人"因"执厚葬久丧"既导致了"不可以富贫众寡定危治乱"的现政,又不能同化四夷特别是今之胡族。所以墨子基于"古圣王"的成功经验,批判了古今中国和四夷中"为而不已,操而不择"的丧葬陋俗,旨在建立自己"当若节丧之为政"③的"节葬"理论。由此可知墨子《节葬下》篇的主旨,一则以论述其节葬的文本主题建立其节葬的思想理论,二则主要以其节葬理论诠释其"兼爱"、"非攻"、"尚贤"、"尚同"的天下一统的社会政治思想。

综合《节葬下》篇主题和墨子思想的分析知:"夫胡说中国之君子"中,若"中国之君子"主要指"今执厚葬久丧者",则"胡"字主要指代与"昔者"之"三国"相对应的今之胡族。以"胡"字对应"三国"的原因,主要由《墨子》时代的历史和思想现实决定:以《墨子》时代的历史现实说,昔日的楚、越和秦之西的"仪渠之国"三国早已被同化成"中国"之民,虽风习有异但其思想文化和"中国"的传统一致;

---

① 谭家健.先秦散文艺术新探.济南:齐鲁书社,2007:58-59.
② 孙诒让.墨子闲诂.诸子集成(4).上海:上海书店,1986:116-117.
③ 同上,第117页。

而今之胡族则不同,他们虽在地理上因被秦兼并而统一隶属于"中国"的戎族①,但在思想文化上却一致保持不同于当时"中国"的相对独立状态,其本质实属《墨子》中所称名的西北"胡"族文化。虽然"胡"字是对生活于中国西部和北部的独具文化特征的少数民族的统称,典籍亦曾有诸胡和九胡等称谓,但他们各因时代发展和生活风习等的不同而形成不同的支属:其中有《墨子》记载的"昔者"秦之西的"仪渠之国","其亲戚死,聚柴薪而焚之……然后成为孝子"②;依当今考古发现证明,墨子时代的西北胡族还有塞种人,他们中的主要以经营中国和希腊之间商贸为生的粟特人③,主要信奉产生于中亚大夏古国的琐罗亚斯德教,并在商贸活动中将之带到中国。该教有记载相对系统教义的经典著作《波斯古经》,其教义奉胡腊玛达为代表善和光明的主天神,拜天又拜火④。该教认为土、火和水都是最净洁的,因此他们有独特的不但不同于中原的土葬、也迥异于同属胡族"仪渠之国"火葬的丧葬风习,"葬礼只能实行'天葬'或'鸟葬'(《世界十大宗教》)",其主要特点是只葬不埋。文化的角度论该类文化非中国文化系统,当主要隶属于中亚系统,中外学界也有认为隶属于东伊朗的⑤,他们在域内主要生活于秦境。依当今思想界研究,《墨子》的活动派当时主要生活在秦国⑥,而秦国当时的文化则因统一、治理西戎而已呈胡汉文化杂糅的状态,这种胡汉杂糅现象在其合流初期势要产生矛盾性的胡汉文化相对抗的现象,《墨子·节葬下》篇论述的"中国之君子"和"三国"之间相互责难的情形该是此类现象由来已久的表现而已。追究其相互责难的根本原因,当属汉胡思想文化在其交融初期所客观形成的矛盾现象,进一步说它实质属于中原传统思想文化和中亚异族思想文化的矛盾抗衡。墨子学派作为思想家敏感而自然地要以汉胡丧葬的风习等为题,对当时的"中国"和中亚这两大思想文化体系亦即域内域外的思想文化进行比较、批判和诠释,以建立墨派自己的思想理论体系。该论还可印证于《节葬下》篇墨书的具体叙词:"葬埋"

① 沈福伟.中西文化交流史.上海:上海人民出版社,1988:163.
② 孙诒让.墨子闲诂.诸子集成(4).上海:上海书店,1986:116.
③ 李进新.祆教在新疆的传播及其地域特点.西域研究,2007(1):82.
④ 简明社会科学词典.上海:上海辞书出版社,1985:905.
⑤ 周菁葆.西域祆教文明.西北民族研究,1991(1):117;沈福伟.中西文化交流史.上海:上海人民出版社,1988:18.
⑥ 臧知非.《墨子》、墨家与秦国政治.人文杂志,2002(2):126.

一词的特别关注。该篇多用"葬埋"　词,但用法有异:墨子叙述"中国"的葬仪时多用"厚葬久丧",其间所涉"葬埋"多相关服饰与深度等问题;列举的昔时的"三国"等夷族则多只葬不埋。所以"子墨子制为葬埋之法"固然有针对当时"中国"贵族阶层的不知"节用"的一面,当还有针对境内类似昔时的"三国"夷族只葬不埋的异族的方面。考察墨子的生活时代,只葬不埋的境内异族主要有粟特人等,他们多信仰琐罗亚斯德教,该教不但有明确的只葬不埋的理论,又有具体的葬仪,所以墨子堪称独特的"葬埋"理论的"埋"法,当主要针对琐罗亚斯德教不埋的"天葬"法。

《墨子》建立的思想理论体系前所未有,当时就被思想界评为"不与先王同"而天下"独能任"①的理论,其影响由战国中期的天下之言归杨墨,至末期再达儒墨共为"显学"②的思想高度。

所以由《节葬下》篇主题所表现的《墨子》思想分析等知道:该引文中的"胡"字,既不能释为无所指的"何"意,也不能释为泛指的胡族,当亦不能专指若"昔者"有独特丧葬风习的秦之西"仪渠之国"的胡族一类的胡人,因为他们并没有形成系统的且足以抗衡中原思想文化的学说,历史的发展证明他们总是在与汉族的交流中同化于汉文化。考查墨子时代徙居中国的胡族,既具独特的丧葬风习、又有相对系统的思想学说、且其信奉的学说在中国的影响由初期与中国思想文化相对抗而终至不被同化的抗衡之境的胡人,只有信奉琐罗亚斯德教的胡族。所以进一步说《节葬下》篇的"胡"字该特指信仰琐罗亚斯德教义的胡族。

其次,从"胡"字所属句群的语境和语法结构特点等角度论。

《节葬下》篇"胡"字所属句群的语境,主要由三部分组成:"胡"字所在句、该句之前古今"中国"、"四夷"的丧葬风习理论和该句之后的胡汉丧葬批评论;该语境的文法结构也主要由三部分组成:"胡"字所在句是论点、"子墨子"引用"三国"的风习和胡汉的相互责难论为论据、"子墨子"自己的丧葬论为结论。由以上分析可确定该句群丧葬论的逻辑主体有四个:"今执厚葬久丧者(又被称'今王公大人'和'中国之君子')"、"胡"、"子墨子"和"昔者"之"三国"。又由此前的胡族分

---

① 郭庆藩. 庄子集释·天下. 北京:中华书局,1982:1072.
② 王先慎. 韩非子集解. 诸子集成(5). 上海:上海书店,1986:351.

析知,胡族中由独立的思想系统规范而形成的丧葬理论的只有墨子时代信奉琐罗亚斯德教的胡族,所以通过对"胡"字所属句群的语境分析,可确定该句群的逻辑主体实际由"今执厚葬久丧者(又被称'今王公大人'和'中国之君子')"、"胡"和"子墨子"三方面组成。因此该处"胡"字不能释作虚词,只能是实词。"胡"字在此实际反映了《节葬下》篇的旨意:即墨子于此认同古今"中国"和"四夷"中接受归化于尧舜禹等以节葬风俗代表的"圣王之道"之人,否定其中的异俗不化之人,最终建立墨子自己的节葬理论。所以由语境的考查知道:"胡"字所在句群的"今执厚葬久丧者(又'中国之君子')"的厚葬和信奉琐罗亚斯德教的"胡"族的天葬,都有背"圣王之道"和墨子的葬仪,因而都是墨子建立其丧葬理论不可或缺的反面证据。所以其中的"胡"字在此该释作信奉琐罗亚斯德教的胡族。

　　再分析"胡"字所在句群的语法结构。"胡"字句群主要由三个分句组成,其中三句的宾语之间主要呈因果式的并列关系,即首句叙说"厚葬久丧,果非圣王之道"的观点,是中间句"中国之君子,为而不已、操而不择哉"的评价语的依据,而该句评价式的观点,又是尾句"此所谓便其习,而义其俗者也"的说明语之源,三个宾语之间互作因果式说明,相互并列、不可或缺;由三个宾语的并列关系分析知道,三个宾语之间呈对偶关系。三句中又各有一个表示说的行为动词作谓语,即"言曰"、"说"和"曰",则三个谓语之间呈同义词对偶关系;其主语"执厚葬久丧者"、"胡"和"子墨子"也是对偶关系。进一步分析"胡"字句群的三个分句是相互对偶的并列关系,亦即其逻辑主体是三个。若依毕沅说释作疑问词"何"义,则中间句和首句之间就成从属关系,即中间句或是疑问或是反问句,在语法结构上都以补充说明首句的补语成分从属于首句,它意谓着该句群只剩两个逻辑主语亦即两个逻辑主体。由该句群的语境分析知:该句群之后,"子墨子曰"的部分是三个逻辑主体即"中国之君子"、"昔者"之三国和"子墨子";该句群之前,其逻辑主体也是"古圣王"、四夷和"子墨子"三个。所以该句群以其承上启下之语法位置也当有三个逻辑主体对应于上下句群,否则不仅有违语法结构的形式逻辑,更使上下文义因逻辑主体的缺失而链接失当。以上分析说明释"胡"作"何"的意见有商榷之处;"胡"字宜释作实词。只有基于该论,则1该句群的"执厚葬久丧者"、"胡"和"子墨子"三个逻辑主体全备;则2该句群既合乎语法逻辑、又链接了上下文义;三更有利于全面而深刻地表达墨子通过对古今汉胡丧葬风习论的批判而建立墨家自己的"节葬"思想理论、进而阐释其"兼爱"等社会政治思想之主旨。由上述可确定"胡"字在该句当是与上文的四夷和下文的"昔者"之"三国"相对应的实词,其语法成分是主语,同首尾两句呈对偶关系。"中国"和"子墨子"都是确指主语,"胡"字亦该有确指义。

其三,分析"胡"字所在句群的句型特点。

"胡"字所在句群的句型使用在《墨子》中有多处。例《鲁问》篇云"虽中国之俗,亦犹是也。……苟不用仁义,何以非夷人食其子也"①,在此以"中国"和"夷人"相对;又《天志·中》篇说"钧之耀,亦于中国耳,何必于越哉"②,以"中国"和"越"相对。考查文中比较的对象,双方都是专指,由此可确定"胡"字句的"胡"字和"执厚葬久丧者"也是对应关系,双方也都是专指。其中的"胡"字,依前介绍专指信仰胡腊玛达神的胡族。

此外"胡说"的叙法还可举以墨书的"汤说"、"泰誓"、"禹誓"等。(《墨子·兼爱下》)《礼记·曲礼》释"约信曰誓";《说文解字》释"誓,以言约束也",段玉裁注"凡自表不食言之辞皆曰誓,亦约束之意也";当代通常认"誓"作上古的一类文体。《兼爱下》于"泰誓"、"禹誓"、"汤说"后又各以"泰誓曰"、"禹曰"、"汤曰"引出了原典之文;"胡说"后无原典,当代祆教界证明该教在中国不译经、不传教,所以"胡说"后的理论当或引用祆教信奉者的口传之说,或是墨子化用祆教口传的经典等。

考查墨子以"胡"字指称信奉胡腊玛达神的胡族的主要原因,当由《墨子》时代的命名习惯而定。《墨子》时代的中国已经形成了名实相符的命名理论和基本原则:例《墨子·经说上》云"名,物达也,有实必待文名也"③,即"名"是用来表达客观事物的,客观事物的"实"必须靠"名"来表达,因而表现了《墨子》时代名实相符的命名理论;又《墨子·旗帜》说"名不在书者,皆以形名为旗"④,即对新出现的旗帜都依其具体形状命旗名,在此更明确地体现了墨子新事物必须根据其实际情况制新名的变化发展的命名观。墨书依此命名理论和基本原则命名胡腊玛达:表

---

① 孙诒让. 墨子闲诂. 诸子集成(4). 上海:上海书店,1986:285.
② 同上,第288页。
③ 同上,第211页。
④ 同上,第343页。

现为第一依音制名,胡腊玛达的波斯文是 Ahurō Mazdāo,汉译制名为阿胡拉·玛兹达;第二以形取名,即根据持该波斯语言人的深目多鬚的形貌等特征①,依名实相符的原则,按摘字法(《墨子》时代以前通用的文献题目命名法)取其中的第二个字"胡"字指称阿胡拉·玛兹达,简称为胡腊玛达,再简称为"胡",因此墨书该处"胡"字实涵有胡腊玛达神和信奉胡腊玛达神的胡族的双重意义。许慎《说文解字》等所称的"胡神也"、"胡天神"②,亦客观内涵了"胡"字既指称胡腊玛达神又指代信奉该神的胡族之意。

根据当代宗教学界研究,琐罗亚斯德教大约产生于公元前的中亚大夏古国③;李进新④、沈福伟⑤等先生根据当代中外考古发现和中西文化的交流等证明,该教至迟于公元前四世纪由塞种人中的信奉该教的粟特人,在经营中国和希腊的商贸过程中传进中国的新疆,亦即该教于《墨子》生活时代之前就已传进中国。所以《墨子》出现中亚思想文化的信息并非臆度之词。对此本文不是孤论,学界早已注意从中西文化交流的角度研究《墨子》,例冯承钧的西域南海译丛就认为《墨子·节葬下》的"秦之西,有仪渠之国者,其亲戚死,聚柴薪而焚之,熏上,谓之登遐",⑥的"'登遐'二字是译音,乃西域死亡的代辞"。⑦

综合以上考论:《墨子·节葬下》篇的"胡"字该不能虚指为"何"义;也不能泛指为胡族;它当专指墨子时代主要生活于西北方的信奉胡腊玛达神的胡族。

综合以上《墨子》的《天志中》、《节葬下》篇的"胡"字字义考证:《墨子》著作的"胡"字字义,除了疑问词性外,还有实词性的胡族、信仰琐罗亚斯德教的胡族和琐罗亚斯德教信奉的胡腊玛达神之义。

谨依当今中国开放发展形势中的中西思想文化交融之旨,稚语以归学界前辈时贤的指正。

(部分内容发表于《赤峰学院学报》2016 年第 1 期)

---

① 施宣圆等主编. 中国文化辞典. 上海:上海社会科学院出版社,1988:686.

② 辞海. 上海:上海辞书出版社,1985:1503.

③ 任继愈主编. 宗教词典. 上海:上海辞书出版社,1985:705.

④ 李进新. 研究与探索文集. 乌鲁木齐:新疆人民出版社,2011:311.

⑤ 沈福伟. 中西文化交流史. 上海:上海人民出版社,1988:19.

⑥ 孙诒让. 墨子闲诂. 诸子集成(4). 上海:上海书店,1986:116.

⑦ 苏雪林. 屈赋论丛. 武汉:武汉大学出版社,2007:453.

第四节　袄教东进中原的时间考证

——兼《墨子》里"胡"字和《荀子》里"袄"字考

袄教,是琐罗亚斯德教传进中国后的称呼。琐罗亚斯德教是"已知人类文明史上最古老的一个宗教"①,该教最早流行于伊朗和中亚细亚一带,相传为琐罗亚斯德所创建,公元前 6 世纪末大流士一世(公元前 558 年—公元前 486 年)统治期间,曾被定为波斯帝国的国教。之后琐罗亚斯德教的影响,不仅波及伊朗和中亚细亚一带,而且远播黄河流域的中国,曾经于南北朝至唐代的漫长时期,影响思想、政治、经济和文化等各领域。所以对琐罗亚斯德教的研究,是古今中国学界的重要论题之一。特别是近现代之交的西学东渐后,学界对琐罗亚斯德教的研究已提升至系统的理论化的高度,研究成果丰硕。虽然目前学界关于琐罗亚斯德教的研究已取得系列重要成就,但还存在部分尚待确定的问题,其中琐罗亚斯德教东进中国中原的时间问题,就是目前学界尚存歧义的问题之一。因此,通过古籍的释读等角度,考证琐罗亚斯德教东进中原的时间和东进中原的经历等问题,应不失为论证该问题的又一方法。

一、目前学界关于袄教东进中原时间的几种意见

袄教东进中原的时间问题,是至今袄教研究界颇有争议的问题之一,概括起来主要有几种不同意见。

(一)唐代说

袄教何时传进中原,学界曾有部分学者认为是唐代。持此类观点的学者根据的是"袄"字在汉文典籍中出现的时间,因为"袄"字是中国古代对琐罗亚斯德教所信奉之神的统称。琐罗亚斯德教既崇拜火,又崇拜日月星辰,中国人认为该教是拜天,故称之火袄教。袄者天神的省文,不称天而称袄,说明他是外国的天神。学界部分观点认为"袄"字最早见于梁大同九年(公元 543 年)所写的《玉篇》,"但

---

① 张小贵. 袄教史考论与述评. 兰州:兰州大学出版社,2013:15.

有认为这个字是唐人在《玉篇》中所附加的"①。对祆教于南北朝传进中原的说法因此提出异议,其意见自然认为祆教是唐代传进的,所以形成唐代说。

(二)南北朝说

学界对祆教传进中原时间的另一种不同意见是主张南北朝时传进的,根据是历史记载,例沈福伟先生认为:"五一六年信奉天神、火神的滑国(昆都士)使者到建康,和梁朝通使,五一八年波斯国通使于北魏,中国才知道波斯和滑国都宗信天神、火神。北魏灵太后时废诸滛祀,独信胡天神,将马资达神奉为国教,北齐、北周继续宗信……安阳首出土北齐石阙一对,每侧各有戴口罩者手执香炉献祭,是早期祆教遗物。"②南北朝说至今已被各主要辞书收录,其代表性论述是:"六世纪我国南北朝时传入西域、焉耆、康国、疏勒、于阗等地;北魏、北齐、北周的统治者都曾带头奉祀,并相继在鸿胪寺中设置祀官。"③总之认为祆教是南北朝传进中原的。目前学界普遍采用南北朝说。

(三)汉唐之间说

改革开放同时促动学术研究的不断发展,祆教研究界对祆教传进中原的时间问题研究,也取得突破性的进展,其中认为祆教传进中原的时间大致在汉唐之间,是目前比较新的意见。其主要的代表性论述有:1988年陈国灿于《魏晋隋唐河西胡人的聚落与火祆教》(西北民族研究,1988(1))④一文,论述了河西走廊粟特人的状况,对祆教在河西的流行有系统的研究;1995年荣新江《祆教初传中国年代考》(国学研究(3),1995)⑤一文中,利用敦煌吐鲁番出土的伊朗语文书,论证祆教早在公元4世纪初就由粟特人带到中国;1996年林梅村《从考古发现看火祆教在中国的初传》(西域研究,1996(4))⑥,认为敦煌藏经洞发现了一部粟特语祆教残经(Or. 8212/84,原编号为 Ch. 00289),其年代甚至早于敦煌汉长城遗址发现的粟特文古书信(约3—4世纪),是现存最早的粟特语文献。时贤从不同角度对祆教

① 任继愈主编. 宗教词典. 上海:上海辞书出版社,1985:705.
② 沈福伟. 中西文化交流史. 上海:上海人民出版社,1988:163.
③ 施宣园等主编. 中国文化辞典. 上海:上海社会科学院出版社,1988:249.
④ 陈国灿. 魏晋隋唐河西胡人的聚落与火祆教. 西北民族研究,1988(1):198.
⑤ 荣新江. 祆教初传中国年代考. 国学研究,1995(3):339.
⑥ 林梅村. 从考古发现看火祆教在中国的初传. 西域研究,1996(4):57.

于汉唐之间传进中原的意见,进行了比较详尽的论述。

此外还有春秋时期传进中原的意见,例《左传·僖公十九年》记载:"(春)宋人执滕宣公。夏,宋公使邾文公用鄫子于次睢之社,欲以属东夷。司马子鱼曰:'……今一会而虐二国之君,又用诸淫昏之鬼,将以求霸,不亦难乎?'"杜预注"次睢之社"云:"(睢)此水次有妖神。"宋姚宽《西溪丛语》写作"祆神",清黄廷鑑义同之曰①:"东夷皆社祠之。"指出当时的东夷有设祆祠之风。孔颖达疏曰:"下云'用诸淫昏之鬼',则此祀不在祀典,故云此水次有祆神(依姚宽考证字改之),祆神而谓之社。"则孔颖达认为"用鄫子于次睢之社"属于"淫昏之鬼"的祭祀仪式,该祭仪所祭之神非周社,属祆神,则祆神早在春秋就已出现②。姚宽考证"此即火祆之神,其来盖久"③,则孔颖达所说的"祆神"当属祆教之神,依此则祆教在春秋时代就已传进中原。晚明顾大韶明确提出反对意见,认为"盖因宽不辨袄字与祆字之异。……杜预所云妖神,盖即所谓地反物为妖者耳,奈何误读为祆,而遂以为火祆之祠乎?西域之通中国,在汉武后,当春秋时岂有祆词预入中国之理",无疑反对春秋时期说④。

总之祆教何时传进中原,目前学界观点不一,其中代表性意见主要有唐代说、南北朝说和汉唐之间说。

二、祆教东进中原的时间考证

祆教究竟何时传进中原,虽然目前学界主要有唐代说、南北朝说和汉唐之间说等,但确切意见尚待进一步考察。概括几种意见或失于资料差误,例唐代说;或因学术发展的滞后而客观形成的偏颇,例南北朝说等,因而使这些意见有的即使已成为学界明确的结论,但随着学术的发展,至今其自身也成为待解的问题,其中南北朝说最为典型。南北朝说是目前学界明确作结的意见,海内外各主要传播媒体都以此说为准:它主要由陈垣先生在近现代宗教学科研究中首次提出,陈垣根据正史有关西域诸国俗事天神的记录,认为火祆之名闻中国,自北魏南梁始,北魏

---

① 姚宽,陆游.西溪丛语·家世旧闻.北京:中华书局,1993:151.
② 杜预注.春秋左传正义.十三经注疏(下).上海:上海古籍出版社,1997:1810.
③ 姚宽,陆游.西溪丛语·家世旧闻.北京:中华书局,1993:42.
④ 顾大韶.炳烛斋随笔(影印上海图书馆藏清初刻本).见《续修四库全书》(1133册):48.

灵太后所祀之胡天神就是祆神(火祆教入中国考．国学季刊(1－1),1923;1934年校订本收入:陈垣学术论文集(1)．中华书局,1980)①;此后经现当代辞书逐渐普遍地收录后,即成为权威意见。

但随着当今考古学和考据学的不断发展、多元化学术方法的使用,祆教研究取得突破性进展,诸多祆教研究意见出现歧义,其中南北朝说自身业已客观成为有争议的学术问题,而祆教东进中原的时间问题,因之就客观成为学界致力解决的问题。对此可以当今祆教研究界对祆教传进中国的时间研究意见为基础,主要从语言学、古代典籍的考证和琐罗亚斯德教形成与播散的时间等角度,对祆教传进中原的时间问题作相对系统的说明。

(一)"祆"字的最早出处和字义考

"祆"字最早出现的情况比较复杂,主要表现在古代辞书的收录和古代文献典籍的使用里。因为出处不同,"祆"字的指意不同,由此引出祆教传进中原的时间的意见自然不同。

依现存古辞书记载,最早收录"祆"字的辞书是东汉许慎的《说文解字》,其"祆"字条释义"胡神也"②,就是已为当今学术界证明了的经后来《玉篇》收录的代表祆教的"胡天神"。此一则说明祆教至迟在东汉已成为广泛流播的宗教类属之一,二则说明祆教已获得当时学术界和官方认可而正式收录进东汉辞书。由此至少可以力证祆教至迟在东汉就已流传至中原,唯其接受对象尚受限定。因此祆教东进中原的南北朝时间说的固定结论,客观出现商榷的必要。而汉唐之间说则有了成立的条件。所以祆教东进中原的时间问题尚待对古代文献典籍的进一步考证。

依现存古代文献典籍记载,"祆"字较早地出现于先秦说理散文《荀子》的《天论》《正名》等篇和先秦叙事散文《战国策》等著作。因《战国策》作品时代尚存争议,本文谨以《荀子》作品为证。《荀子》作品的"祆"字相对集中地出现于《天论》篇:

"天行有常……故水旱不能使之饥渴,寒暑不能使之疾病,祆怪不能

---

① 陈垣．火祆教入中国考．陈垣史学论著选．上海:上海人民出版社,1980:110.

② 许慎．说文解字．北京:中华书局,1990:9.

　　使之凶。"①

对文中的"祆"字,古今在字音、字形、字义等方面的解释皆存在歧义。

　　古代对"祆"字的解释,主要集中表现在王先谦的《荀子集解》里。其解释主要有两种:一种是本字法,即直接引用"祆"本字,对"祆"字不注音,字义不说明,唐代杨倞、清代王念孙和王先谦皆用;二是通假法,即"祆"字形变作"祅"字形,通假"妖"字,类推之"祆"字音"yāo"义妖怪,《外传》用之②。

　　现当代对"祆"字的解释,其字音、字形、字义都主要有两种。其字音:一种表现为现代初期始用的注音字母法,将《说文解字》等字书所标注的反切注音等,转为汉语拼音的字音,"祆"的字音则由"火千切"(《说文解字》)等转为拼音"xiān",当代辞书皆收录之;另一种表现为继承《外传》通假法释词,字形作"祅",释"祅"作"妖",字音"yāo"。其字义相对表现为:一种依"xiān"音,义释为"祆教"③;另一种依"yāo"音,义释为妖怪④。

　　确定古今两种"祆"字音义的取舍,关键在于"祆""妖"二字的鉴别,其鉴别方法主要是文字学和《荀子》文本的分析说明等。首先按汉字造字法的六书原则,"祆""妖"二字同属左右结构的形声字,其中"祆"字左"示"形、右"天"声(《说文解字》),"妖"字左"女"形、右"夭"声。依古今字形分析知,"示"形表示祭祀类属的宗教行为⑤,"女"形表示性别类属的女性专称。因此,"祆"表示专门祭天的一种宗教仪式,"妖"则是古代迷信人的一种认识。宗教和迷信虽然同属不科学的意识形态表现,但宗教不等于迷信,二者有本质的区别,古今中外宗教和思想研究界对此都有明确说明,此不赘述。所以二字不能通假,因之"祆"字不能音"妖",只能音"xiān",字义因之只能是祆教。其次《荀子》文本自身有许多可佐证之处。以诗证诗是自百家争鸣以来古今学者习用的一种文本解读法,因之用荀文证荀文,对《荀子》著作中的"祆"字音义进行解读。古今《荀子》文学艺术研究公认,《荀子》语言表征丰富,主要表现在修辞手法和语法结构的独特性等方面,其中将修辞

---

①　王先谦. 荀子集解. 诸子集成(2). 上海:上海书店,1986:205.
②　同上,第210页。
③　辞海. 上海:上海辞书出版社,1985:1212.
④　方勇,李波. 荀子. 北京:中华书局,2011:266.
⑤　许慎. 说文解字. 北京:中华书局,1990:7.

手法的复合使用和同义词、反义词的重点使用结合,以表达《荀子》涵蕴博厚的集成先秦思想的内容,是荀文语言最显明的特征,《荀子》文本自身也因之为后人提供了以荀文证荀文的便捷路径。

总览《荀子》著作,"祆"字相对集中地出现于《天论》篇,例:

　　"故水旱不能使之饥渴,寒暑不能使之疾病,祆怪不能使之凶。"

该句群的修辞和语法现象相对集中,故可以句内的"祆"字作荀文"祆"字的代表进行分析。这是个语法现象相对严格和集结的句群:就句群的整体而论,三个排比分句除了首句多一"故"字和末句少一实词性的字外,对偶整齐严密;就各分句的内部而言,各以反义词构成鲜明的对比句式,所以三分句内的每个字的字性、字义和功能等都明晰而详致。其中三个主语"水旱""寒暑""祆怪"中的前两个,各由两个反义词性的单音字组词,由此可知第三个的"祆怪"也是由反义词性的单音字组成,因此三个主语是连续排比的三个反义词性的对偶名词。"祆怪"二字的字义由此可确定:"怪",义指现实生活里怪异的事物,也就是《论语》"子不语怪力乱神"①的"怪"字所指称的事物,既然"不语",现实中自是少被关注,此字古今义同;依该句的语法分析,"怪"字的反义词"祆"字的义指,就是现实生活里不怪异的、正常的、多为人关注的事物,所以"祆"字在此就是指当时现实生活里,已为普通大众知道的、极正常的和不被反对的事物,只是此事物的表象和"怪"一样,荀子认为它能给人们生活带来凶险而反对接受。至此,"祆"的字义和字性概可确定,其字义是对当时现实生活里一种常见事物的指称;其字性是中性且倾向于被正视(不同"怪"的中性偏向于被排斥)的一面。由此可知"祆"和"怪"一样,虽然能使人的生活出现凶险现象,但它自身所指称的事物并不凶险,相反"祆"指称的现象很正常,是被当时普通大众广为了解和正视的一种事物。因此它的性质和"妖"字完全不同,妖是被普遍排斥的事物。因之"祆""妖"二字性质不同,不能通假,所以由对《荀子》本文的分析确定,"祆"字音"xiān";沿袭传统的本字法和通假法,通假法存在明确的商榷之处。

综合以上论证知,《荀子》著作中的"祆"字,是指称当时现实生活里一种颇为正常的生活现象;依照造字法,"祆"字和宗教祭祀、崇拜有关。因此,《荀子》著作

---

　　① 杨伯峻. 论语译注. 北京:中华书局,1983:72.

中的"祆"字,就可以进一步确定,它指称的是当时现实生活里一种宗教祭祀现象,祭祀的对象是天神;杨倞注称该类祭祀作"淫祀",即不属于中原传统的祀典。因为当时的中原也祭天,但只用"天"字表示,由此可知,用"祆"字表示的天神祭代表的当是有别于中原的异教,由于此类天神祭的规模和影响足以使中原文化界正视,所以特用一"祆"字专称,以示有别于中原的天祭。至于此类异教的所指,尚待考证。

(二)《墨子》里"胡""大夏"的指称考

《说文解字》《玉篇》等辞书都称"祆"是胡族信奉的神,说明"祆""胡"二字指称的是同一性质的事物。因此,考察二字代表的事物于此前的称谓是论证"胡""大夏"指称的关键。《荀子》以前有诸多记载胡族活动的典籍,因为春秋战国时期中原以西的胡族活动地域实际由秦国治控,墨家当时以秦国为活动的中心地,所以于反映西北少数民族的生活风习等方面,相对于其他典籍自是较为详致权威。鉴此当以取证于《墨子》的记载为主,其中主要对墨书内的"胡说""大夏"所指称的事物进行考证说明。

1.《墨子·天志中》里的"胡"字考证

《墨子·天志中》曰:

"且吾所以知天爱民之厚者,不止此而足矣。曰:杀不辜者,天予不祥。杀不辜者谁也?曰:人也。予之不祥者谁也?曰:天也。若天不爱民之厚,夫胡说人杀不辜,而天予之不祥哉?此吾所以知天之爱民之厚也。"[1]

文中的"胡"字义,古今主要有两种说法:一是发语词,作疑问词使用,古今学界多用;一是指胡族,王念孙用本字解说之。两种字义的确定尚待考证。考察"胡"字在《墨子》时代以前的指称主要是疑问词意义,而指称西北少数民族的文字,多数情况以"戎"(《诗经》)、"貊"(《论语》)、"狄"(《墨子》)泛指,或以专称特指,例《墨子·节葬下》篇便以"仪渠"指称今甘肃庆阳西南的古西戎之国,这主要因为历史发展至春秋末战国初年,通联中原的西戎之国逐渐增多的原因,因此对他们必须特指才能明确其指称。学界考证其称谓形式,有的依汉字命名法、有的取音

---

[1] 孙诒让. 墨子闲诂. 诸子集成(4). 上海:上海书店,1986:126.

译字等,所以此"胡"字当是特指西戎国的一个,对此可以就上面所引句群文意逻辑表述和与此句群直接系联的下一句群的语法结构证明。首先从所引句群的文意的逻辑表述论,此为一典型的三段论逻辑法的论说句群:其中"天爱民之厚"是论点;"杀不辜者,天予不祥"是理论论据一,"胡说"是事实论据二;"此吾所以知天之爱民之厚也"是结论。由分析可知此"胡"字不是疑问词而是有明确指称的实义名词。其次从该句群直接系联的下一句群的语法结构说,主要有两种语法形式可以证明"胡"字的指意。第一种语法形式是引文的倒装结构的句法形式;其中主语是"胡";谓语是"说";宾语是"人杀不辜,而天予之不祥";而"若天不爱民之厚"则是宾语的定语,倒置于主语"胡说"之前,整句构成倒装形式的句法,在文中主要作有所专指的肯定式的事实论据,而不能是泛指的疑问式,否则论点、论据和结论就成为一种无意义的文意重复现象,该现象在擅长逻辑的墨文中明显是不成立的。第二种语法形式是排偶句的句法形式,即考察该句群以下的文意,主要由两个用"且吾"词引出的排偶句群组成。其中第一个"且吾"句群是上面的引文,主要从"杀不辜者,天予不详"的角度说明"天爱民之厚";第二个"且吾"句群是紧接第一个"且吾"句群出现的,主要从"爱人利人"等角度说明"天爱民之厚"的论点。两句群主要由两个"且吾"词引出,进而构成严格相对的以意对为主要特征的对偶句式,即两个"且吾"词对偶、论点对偶(两句重复的"天爱民之厚"对偶)、论据对偶和结论对偶。其中的论据对偶主要分理论和事实两种:其理论论据的对偶主要是由第一句群的"杀不辜者,天予不祥"和第二句群的"爱人利人"等理论构成;其事实论据的对偶则主要由第二句群确定:总括第二句群的事实论据主要由"书""传"等记载的"昔三代圣王、尧舜禹汤文武"和"三代暴王、桀纣幽厉"等历史事实组成;第一句群的事实论据由第二句群的历史事实论据决定,则不难断定"胡说"当属于其事实论据,亦即此"胡说"依第二句群的历史事实论据决定必须是有所专指的实义名词,而不能是无所指的疑问词,否则首先从语法逻辑方面就犯有语法结构缺失之病,此差误对于以擅长逻辑而称著古今中外思想理论界的《墨子》著作来说,是不可忽视的逻辑错误。因此,通过以上语法结构分析,原则上可以确定:"胡"字在此不是疑问词,而是专有名词。所以就所引句群文意的逻辑表述和两个"且吾"词引出的两个句群的语法结构分析,该"胡"字当是一个有确切的人的类属指称的实义名词。对此《墨子·节葬下》篇的指称更显明:

"……若以此观,则厚葬久丧,其非圣王之道也。今执厚葬久丧者言曰:厚葬久丧,果非圣王之道。夫胡说中国之君子为而不已,操而不择哉。子墨子曰:此所谓便其习,而义其俗者也。"①

墨子在此明确以"胡"字对应"中国";以"胡"的生活风习对应"中国"的风习;于批判"中国"与"胡"等的丧葬陋习的同时,以墨子的"葬埋之法",结论了墨子《节葬》篇的主题。所以"胡"字的确指性在此更为了然。

总括以上的分析论证和《墨子》时代的称谓习惯可知,《墨子·天志中》等著作里的"胡"字是对当时中国以外的异族的指称。西北异族惯以戎狄泛指,需要特指时即用专称,所以墨文之"胡"字该是对当时一个异族的专称,"胡说"当是胡族的学说主张。其中"胡"字的确指尚待继续论证。据历史典籍记载,至墨子的生活时代,中原西北部的戎狄等异族多是以游牧为主的零散少数民族,他们虽然也有各自的宗教生活,但尚无统一而系统的宗教思想,更不能和中原思想文化形成鼎立之势,所以至墨子时代之前,他们多被以"怪力乱神"之评远置之。但墨子时代不同,此时秦国已统一西戎八国,中西交通因之疏通,中西交流频仍②,产生在中亚细亚古国大夏的琐罗亚斯德教,以系统的宗教教义和独立的宗教学说,逐渐主要经塞种人流传到秦国和中原其他地区,颇有与中原思想文化相抗衡之势,因之成为当时中国思想家需要面对的问题。该问题首先反映在墨家思想里,因"商鞅变法以后,秦国成为墨家从实派的活动中心"③。因此,墨家自然因其思想和琐罗亚斯德教教义发生对抗而对之研究辩说,其中对琐罗亚斯德教教义的指称便以"胡"字名之,因为琐罗亚斯德教信奉的主神,波斯语称胡腊玛达(又阿胡拉·玛兹达),墨家取音译首字胡,代指胡腊玛达也就是琐罗亚斯德教,"胡说"就是指"胡腊玛达学说",也就是琐罗亚斯德教(依当代学界研究又称祆教)的教义之意。

综合以上考证知,墨书的"胡"字当与琐罗亚斯德教信奉的主神胡腊玛达有关,其具体意指当有二类:《天志中》篇之"胡"字当指胡腊玛达神;《节葬下》篇之"胡"字当指信奉胡腊玛达神的胡族。

---

① 孙诒让. 墨子闲诂. 诸子集成(4). 上海:上海书店,1986:115.
② 沈福伟. 中西文化交流史. 上海:上海人民出版社,1988:18.
③ 臧知非.《墨子》、墨家与秦国政治. 人文杂志,2002(2):126.

2.《墨子·天志中》里的"大夏"一词考证

对"胡"字的进一步考证,还可用以墨正墨的方法,例《墨子·天志下》篇曰:

"非独子墨子,以天之志为法也,于先王之书、大夏之道之然。帝谓文王,予怀明德,毋大声以色,毋长夏以革,不识不知,顺帝之则。此语文王之以天志为法也,而顺帝之则也。"①

文中"大夏""长夏"之"夏"的解释,意见不一,大多同义俞樾注释的"大雅也",意指夏朝而言,此义有值得商榷之处:首先以句内意义论,"先王之书、大夏之道"的语法结构是并列式而不是从属式,"先王之书"通常指尧舜禹汤文武王所代表的夏商西周的"王道"朝政,内已含夏朝说,若"大夏之道"还指夏朝朝政,则与《墨子》的文本、旨意和语法等相矛盾,其句内意义有因词语重复而指意不清之嫌。其次就句群文字的上下文关系说,上言"大夏之道"因"以天之志为法"所以要坚持,下言"毋长夏以革",该句取于《诗经·大雅·皇矣》篇,毛氏传云"革,更也,不以长大有所更";郑玄笺云"夏,诸夏也……不长诸夏以变更王法者"。概括"革"义在此应主要譬喻制度等,结合该句群之意,则墨书的该句当意指不要长久地因诸夏之制而变更王法,而应以天志为法,该句群的上下文关系因此有自相矛盾之嫌。所以由该句群的分析可知墨书的"大夏"指称夏朝的观点有待商榷。再则以发展观角度论,即使"诸夏"之"夏"可以含指"大夏",但墨书引用的《诗经》的"大夏"与《墨子·天志下》的"大夏"未必指同一地域,即假设《诗经》的"大夏"指的是位于中原地区的,则《墨子·天志下》可以另有所指。因为从中西思想文化发展的角度说,墨子时代前后主张以"天志为法"的民族,除中国以外还有中国西部的大夏古国。联系上下文意,俞樾的注释有使墨书文本的旨意自相矛盾之嫌,且明显不合墨书原意。根据以上考证,当可确定句群里的"大夏"不应指中原的夏朝,当指大致位于今阿富汗北部的中亚细亚大夏古国,他们崇拜天神、以天志为法的风习与中国古老的尊天传统基本一致。当今学者对该观点已有明确和详致的考证说明②。其实"大夏"的称谓较早地出现于《墨子·天志下》之前的《左传》等史籍,目前学界的解释颇有争议,此不赘述。墨子生活时代的大夏国,曾经主要通行琐

---

① 孙诒让. 墨子闲诂. 诸子集成(4). 上海:上海书店,1986:137.
② 宋亦箫. 大夏(吐火罗)新探. 武汉文博,2010(1):15.

罗亚斯德教,该教信奉天神、崇尚善道,从王道的角度说和墨子思想一致,所以墨子引"大夏之道"佐证他的以"天之志为法"的思想。引证法原是百家争鸣时各学派普遍习用的学术方法,也是诸子说理散文的主要说理形式之一,早在墨子时代前的《论语》就已使用,墨子在此以引证法引用异教学说证明自己的思想亦是自然,中国近代以至于当今的思想家,便常引证西方学说以证己。所以《墨子·天志下》篇的"大夏之道"指的当是琐罗亚斯德教。

综合《墨子》著作考证知,其《天志中》篇的"胡说"该代指琐罗亚斯德教,《天志下》篇的"大夏之道"也该代指琐罗亚斯德教,所以《墨子·天志中》里的"胡说"所指该同于"大夏之道",以此类推"胡"字的内涵外延,皆应指当时从中亚细亚的"大夏"古国传进的琐罗亚斯德教,亦即祆教。

3.《墨子》里"胡"字和《荀子》里"祆"字的关系考

墨家思想影响整个战国时代,所以"胡说"二字的确切意指,经孟子时代的天下之言归杨墨至《韩非子》时期的"儒墨共为显学",逐渐为当时的学界接受。但是因琐罗亚斯德教时空上的广泛流播,几番更迭的大夏古国和当时西戎以西以北的大小民族皆信奉之,使当时的学界逐渐无法准确地用"胡说"二字专称大夏国的琐罗亚斯德教。"胡"字指意不清的矛盾至战国后期更尖锐,所以随着荀子时代中原发起的"正名"行动之后,学界逐渐以"祆"字指称专事天神祭祀且信奉胡腊玛达学说的琐罗亚斯德教,而"胡"字则逐渐成为西北少数民族的泛称,例《荀子·强国》说:"今秦南有沙羡与俱,是乃江南也;北与胡貉为邻,西有巴戎……"文中的"胡"明确指称当时西北部的少数民族。

以"祆"的方式祭祀,在当时的中原影响很大。《战国策·楚策》"庄辛说楚襄王"里亦有记载:庄辛对楚襄王说楚国有危险,襄王说"将以为楚国祆祥乎",尽管学界主要释义"祆"作妖异灾祸等,但考之以楚国的治政措施与风习,此"祆"当另有确指。首先考察先秦还是"国之大事在祀与戎"的时代,各国皆有"雩"与"卜筮"等祭祀典礼;楚族更是"信巫鬼,好淫祀",所以身为楚国国王的楚襄王,于国家危难之际首先以祭祀解决国家异常情况是自然之举。其次对楚国好祭祀的风习,古史已有"好淫祀"之论。《礼记·曲礼下》较早释"淫祀"作"非其所祭而祭之,名曰淫祀。淫祀无福";清乾隆十三年敕撰的《钦定礼记义疏》(卷八,曲礼下之三)概括历代主要释义:"《正义》郑氏康成曰:'"淫祀无福",谓妄祭,神不飨。'……

《通论》方氏悫曰：'故孔子曰：非其鬼而祭之，谄也；在人则为谄，于理则为淫。'……吕氏祖谦曰：'淫祀不止丛祠及祀典非正者，凡非所当祭，如诸侯祭天、季氏旅泰山之类，皆淫也。淫，过也。以过事神，神弗享也，故无福'。"可见"淫祀"至少有不该祭与不能祭之双重含义，当今学者芮传明认为"除了为当时的最高统治者所认可的少量'正统'的宗教信仰和祭祀典礼外，绝大部分大众信仰及其相关的崇拜仪式，都可以称之为'淫祀'"①。《荀子·天论》篇明确指出，"人祆"是当时"百姓"认为诸种天象作于神而发起的祭祀天神之事，考察该祆事不在正统的信仰和祀典之列，应属于大众信仰。楚国君王执行国政却使用"百姓"的崇拜仪式，其祭礼自然属于"淫祀"；杨倞注《荀子·天论》"以之为神"的祭事亦作"淫祀"。以上考证说明"淫祀"与祭祀有关，它意谓句中楚王的"祆祥"一词，是该确指一种祭祀行为的动词，而不该是泛指事态的形容词。考察该句所用"祆"字，左偏旁是"示"，代表祭祀，所以"祆祥"之事当与具体的祭仪有关；《说文解字》"示"旁条列相关的两个字，一是代表天神崇拜的"祆"，一是右旁作"芺"代表植物祭，后简化的"祆"；先秦主要是"天人合一"世界观的时代，"天命"论是共同命运观，国运主宰于天是当时的时代共识，而国运危险时首先告祭天神当是自然之举。因此，当以二字中代表天神祭的"祆"字为准。许慎释其义"胡神"，当今通常指祆教，则该句的"祆"字当确指祆教，亦即琐罗亚斯德教。该教有具体的祭仪，则该句当意谓将要用祆的祭仪为楚国祈求祥安吗。以上论证说明，《墨子》里的"胡"和《荀子》里的"祆"指称的应是同一事物：琐罗亚斯德教。其中《荀子》里的"祆"字指称，当主要是由《墨子》里的"胡"字发展而来，即《荀子·正名》篇所称的"新名"。

根据以上"'祆'字的最早出处和字义考证"与《墨子》'胡''大夏'的指称考证"等，概可作结：《荀子》里的"祆"字指称的事物，当是《墨子》里的"胡"字指称的事物；《墨子》里的"胡"字指称的是琐罗亚斯德教，即祆教；所以《荀子》里的"祆"字指称的也该是琐罗亚斯德教，即祆教；所以琐罗亚斯德教即祆教东进中原的时间最早当在墨子的时代，至迟不晚于荀子的时代，大致在战国初年至战国后期之间。

---

① 缪文远,缪伟,罗永莲. 战国策(上). 北京:中华书局,2012:460;芮传明. 淫祀迷信——中国古代迷信群体研究. 广州:广东人民出版社,2005:124.

（三）琐罗亚斯德教东进中原时间考

虽然经本文考证,墨文的"胡"字和荀文的"祆"字是特指的琐罗亚斯德教,但尚需进一步说明琐罗亚斯德教东进中原的可能性和确定性,其可能性是指当时世界上的确产生了琐罗亚斯德教,其确定性则指琐罗亚斯德教确实传进了中原。所以说明琐罗亚斯德教形成、流传和东进中原的时间的问题,是继续论证的关键。

关于琐罗亚斯德教形成的时间,尽管目前学界有争议:一说形成"约公元前七世纪至六世纪"①,一说"约前十至前七世纪"②等,但多数意见认为琐罗亚斯德教约产生于前7世纪至前6世纪,它意味该教早在春秋末战国初年之前就已经产生。

学界对琐罗亚斯德教流行时间的意见比较一致:认为经大夏国王的支持,当时就传播到波斯国各地;同时于前6世纪末大流士一世统治时定为国教,此时正值中原春秋时期。学界还认为因为该教"以崇拜代表善和光明的圣火为主要仪式,对基督教和摩尼教等均有影响"③。以上学界意见说明,在中原春秋时代,距离中原遥远的中亚细亚西方世界,的确存在一个有着完整而系统的思想理论、明确的教义记载和流播影响最大的宗教类属——琐罗亚斯德教,该教影响中原的思想文化问题的论证因此有了时间上的可能性。

琐罗亚斯德教东进中原的确定性,尚待进一步以东进中原的空间上的可行性论证,因为当时中原和古波斯国之间,在空间上有客观的地理因素阻碍思想文化的交流。随着世界和中国考古的不断发展,以及近年学界中西文化交流的致力研讨,该问题基本上可以解决。当今学界认为,沟通中国和希腊丝绸贸易文化之间的媒介,主要是持北伊朗语的"塞人"(实为塞种人)④。春秋战国时期秦国逐渐一统西戎八国,畅通了河西走廊的交通,使西戎以西的塞种人能直接进到中国中原的丝绸原产地经营贸易,世界考古学界对此多有证明,例巴特农神庙的"运命女神"(公元前438年—公元前431年)等公元前5世纪雕刻家的雕像身上,透明、雅

① 任继愈主编.宗教词典.上海:上海辞书出版社,1985:920.
② 辞海.上海:上海辞书出版社,1985:1212.
③ 施宣圆等主编.中国文化辞典.上海:上海社会科学院出版社,1988:249.
④ 沈福伟.中西文化交流史.上海:上海人民出版社,1988:18.

致和柔软的丝质衣料①,克里米亚半岛库尔·奥巴(kuloba)出土的公元前 3 世纪希腊制作的象牙版上的绘画"波利斯的裁判"中希腊女神身上穿的纤细衣料证明,"这种衣料只有中国才能制造,决非野蚕丝织成"②。这些考古资料充分证明,公元前 5 世纪至前 3 世纪中原和希腊的交通是畅通的。塞种人同时传进了中亚细亚地区的宗教风习,学术界对此有丰富的说明:(塞种人)与琐罗亚斯德教(祆教)之间的联系开始于琐罗亚斯德在世时,而不仅仅是在阿赫美尼德王朝之后③;其中的粟特人是信仰祆教的一个重要民族,在阿赫美尼德王朝时,粟特人已接受了祆教,"当时粟特人的宗教主要是琐罗亚斯德教"④;"粟特是商业民族,以善商贾闻名于世,足迹遍布于丝绸之路所有的地方。……丝绸之路上形成了许多粟特人的聚落",或是他们的重要据点⑤。综合学界论述,琐罗亚斯德教经以粟特人为主的塞种人的丝绸贸易,由古波斯国传进中国的中原地区。琐罗亚斯德教传进中原在空间上的可行性以此可确定。所以从时空研究的角度说,琐罗亚斯德教东进中原的观点当可成立,其传进时间最早是公元前 4 世纪,至迟不晚于公元前 3 世纪,其时代正值中原的春秋末至战国后期,亦是墨子和荀子等思想家活动的时期。李进新先生认为:"考古发现表明,至迟在公元前四世纪时,随着一部分信仰祆教塞种人的活动,祆教已经在新疆的大地上开始留下了自己的踪迹。"⑥新疆师范大学的张湘宾硕士,于其 2012 年的硕士论文里也印证了该说:"目前,比较普遍的看法认为,祆教约在公元前 4 世纪已经传入新疆"⑦。

总括上述祆教东进中原的时间考证:"祆"字较早地出现于《荀子》等典籍,"祆"字指的是祆教;荀书的"祆"字与《墨子·天志中》的"胡"字指称的应相同;墨书的"胡"字指的是琐罗亚斯德教。琐罗亚斯德教就是祆教;琐罗亚斯德教东进中

---

① 沈福伟. 中西文化交流史. 上海:上海人民出版社,1988:22.

② 明斯. 斯基泰人和希腊人. E H Minns,Scythians and Greeks. 剑桥:1993,P204,图 4.

③ (俄)李特文斯基著,马苏坤译. 帕米尔塞人墓葬中的宗教信仰. 新疆文物,1989(3):108 - 124.

④ (苏)加富罗夫著,肖之兴译. 中亚塔吉克史. 北京:中国社会科学出版社,1985:39.

⑤ 李进新. 祆教在新疆的传播及其地域特点. 西域研究,2007(1):82.

⑥ 李进新. 研究与探索文集. 乌鲁木齐:新疆人民出版社,2011:311.

⑦ 张湘宾. 祆教在新疆的传播及其影响. 导师:马品彦. 新疆师范大学硕士论文, www. docin. com/touch - new/preview - new. do? id = 60464691:9.

原的时间是公元前 4 世纪至公元前 3 世纪;所以祆教东进中原的时间概可确定作:大致在公元前 4 世纪到公元前 3 世纪之间。

三、祆教东进中原的经历考证

由《说文解字》最早收录的"祆"字条释义"胡神"可知,祆教至迟在东汉已得到中原学术文化的普遍正视。根据祆教东进中原的时间考证,祆教由墨子、荀子时代前后传进中原至东汉得到普遍正视,经历了漫长的过程,大致可分为传进、守持和播散三个阶段。

（一）祆教传进中原阶段

战国初中期,秦国以"五霸""七雄"之势,依关西之地逐渐一统八戎,畅通了河西走廊和天山南北塞种人居住地的交通,沈福伟《中西文化交流史》第一章中"春秋战国时期丝路的出现"①的部分,对该问题论述得颇为详致。塞种人因而将希腊至中国的丝绸贸易,直接通到中国的中原腹地,琐罗亚斯德教出现后,塞种人以信奉琐罗亚斯德教为主,因此塞种人在经营由中原到希腊的丝绸贸易中,同时将产生于中亚细亚的大夏古国的琐罗亚斯德教带进了中原,琐罗亚斯德教亦即祆教因此传进了中原。

（二）祆教在中原的守持阶段

相对于中原的主流思想文化而言,祆教本质上归异教类属,所以传进中原的祆教,在经历了中原人初期的惊奇后,至战国后期就面临着因异教类属而形成的同中原思想文化相对抗的局面。当时祆教的处境相对复杂:例对祆教说,面临着塞种人能否一直坚持信奉的问题;对中原人说,存在的问题是能否容纳祆教在中原的继续播散,进而说是祆教可否归化于中国文化的问题;至为关键的问题之一就是祆教教义自身是否有能留存于中原的合理的主体条件等问题。虽然该类问题至今尚无丰富的典籍资料足以证明,但我们在《荀子·正名》篇里确已见到当时祆教受到中原主流思想文化排斥的端倪:"辞让之节得矣,长少之理顺矣,忌讳不称,祆辞不出。"②意指不准出现祆教的言辞,同时"祆辞"和"忌讳"同列,则荀子学

---

① 沈福伟. 中西文化交流史. 上海:上海人民出版社,1988:17.
② 王先谦. 荀子集解. 诸子集成（2）. 上海:上海书店,1986:282.

派反对祆教的态度显而易见。

所以至迟从战国后期荀子时代到秦汉之际,祆教在中原的处境以守持的状态为主要特征。

(三)祆教在中原的播散阶段

历史最终由秦统一了中国,经汉室初期经营后,至西汉中期武帝时,疆界已达西域四镇。当时的汉廷,边境安定是汉政的重事之一。散居在西域的塞种人多信奉祆教,所以祆教客观有安定西域边民边境之用,由此该不在罢黜之列,祆教也因之在中原由守持状态逐渐悄然播散。发展至东汉,在儒术独尊局面被打破、思想界处于相对松散的状况下,该教逐渐被中原的思想文化普遍正视,"胡神"词条当是其在中原合法化传播身份的象征。接踵而至的汉末魏晋中原空前的世乱,滞缓了祆教在中原由学术化而政治化走向的发展,直至南朝梁以后才逐渐被奉为国教,它意味着祆教在中原的地位至此得到中原政治的正式认可,祆教在中原就此全面发展。关于此后祆教的发展问题,目前学界研究成果丰硕,例清杨荣鋕发表《火祆考原》一文,最早讨论祆教问题,现代陈垣先生于1923年以《火祆教入中国考》一文,系统论述中国的祆教问题;当代龚方震、晏可佳先生,1998年出版《祆教史》一书,于"第十四章 中国的祆教"专门讨论祆教在中国的传播情况①;当今元文琪、蔡鸿生、林梅村、林悟殊与张小贵等时贤的精当论述,恕不在此赘述。

虽然依当代学界考证,中国的祆教在南宋已灭亡,但作为一种宗教类属,祆教曾经是佛教传进中国后很长一段时间、基督教传进中国之前,对中国传统思想文化影响最重的外来教派,对它的影响和灭亡原因的研究,客观有启发当代学术研究的价值;作为一种古老的西学认识理论之一,祆教教义曾经由今阿富汗传播至俄罗斯等广大地域,所以对它的研究,势能不同程度地助动中国西部和西北部的发展,促进中西文化的进一步交流。

(部分内容发表于《赤峰学院学报》2015年第2期)

---

① 杨荣鋕. 火祆考原. 景教碑文纪事考证[卷一,光绪二十一年(1895年)刊印,杨大本堂刻本];陈垣. 火祆教入中国考. 陈垣史学论著选. 上海:上海人民出版社,1981;龚方震,晏可佳. 祆教史. 上海:上海社会科学院出版社,1998.

下编 02

| 述　论 |

第二章

荀子的思想论

　　根据第一章对《荀子》等文献考证所得之结论,本章主要论述《荀子》的思想渊源、《荀子》思想的建构与《荀子》的话语系统等问题。

第一节　荀子的思想渊源论

　　《荀子》思想主要产生于战国后期,古今《荀子》研究公认其思想有集成先秦诸子百家思想、开启后世中国古代思想发展之功。其中《荀子》思想形成渊源的研究,为古今学界共同关注。概括古今学界的研究视阈主要有两类,一是先秦诸子百家思想渊源研究视阈下的《荀子》思想渊源研究:认为百家思想或源于六经之学,以《庄子·天下篇》①所论为代表,经由《汉书·艺文志》的进一步详论而形成了传统观点沿袭至今;或源于王官,主要以《汉书·艺文志·诸子略》的详细论述为代表②,尽管以胡适为代表提出"诸子不出于王官"的论点③,但以章太炎先生为代表的则持出于王官论④,当代学界基本认同"汉志"出于王官的观点,例牟宗三先生进一步系统地论述了周朝掌管"周文"的官学是王官之学的"历史根源"的

---

　　①　郭庆藩. 庄子集释(4). 北京:中华书局,1961:1067.
　　②　班固. 汉书(卷三十). 北京:中华书局,1962:1728.
　　③　胡适. 中国哲学史大纲. 北京:中华书局,2015:322.
　　④　姜玢. 革故鼎新的哲理——章太炎文选. 上海:远东出版社,1996:160.

意见①,董恩林先生则详致论述了从王官之学至经学、儒学发展的脉络②等。二是《荀子》思想渊源的研究视阈:其观点主要有郭沫若先生的源于经学③、班固的王官说④、李锦全的百家之学⑤和司马迁的儒家,其中最特别的是王先谦的源于孔子⑥论;此外还有冯友兰先生等的"职业说"、侯外庐先生的"经济"说等。⑦

综观古今《荀子》思想渊源的研究,其视阈或自学术发展的角度,或自古代政治职官制度的角度,以及古代思想发展等角度研究,可谓视阈丰厚。但世所公认春秋战国是中国社会的变革时期,各类社会现象的生发皆非一蹴之功,其中百家争鸣时期思想意识的形成渊源尤为复杂。对此基于前修时贤的研究,主要从中国传统思想文化的继承、百家争鸣时期百家思想的兼收和中西早期思想文化的交流等角度,简要说明有集先秦思想之功的《荀子》思想的渊源。

一、荀子思想源自对中国传统思想文化的继承和发展

《荀子·劝学》曰:

"学恶乎始,恶乎终? 曰其数则始乎诵经,终乎读礼。……礼之敬文也,乐之中和也,诗书之博也,春秋之微也,在天地之间者毕矣。"⑧

"诗""书""礼""乐""春秋"作为《荀子》之前传统思想文化的经典著作,荀书主张学习应始于诸书,则该观点体现了荀子思想对传统思想文化的继承和发展。

现存《荀子》作品 32 篇,其内容尽管上涉传说时代、下迄荀子生活的战国时代,内含政治、哲学、经济、伦理、道德、教育及文学艺术等各门类,但其共同点之一是对传统思想文化的重视。其中涉及对传统观具体的理论性表述,荀子多以"统"字概称,例荀文以"略法先王而不知其统"批评子思、孟子的思想⑨,杨倞注曰"言

---

① 牟宗三. 中国哲学十九讲. 上海:上海世纪出版集团,2005:48.
② 董恩林. 以王官之学到经学儒学. 孔子研究,2012(6):29.
③ 郭沫若. 十批判书. 北京:东方出版社,1996:218.
④ 班固. 汉书(卷三十). 北京:中华书局,1962:1728.
⑤ 肖萐父,李锦全. 中国哲学史(1). 北京:人民出版社,1982:234.
⑥ 司马迁. 史记·孟子荀卿列传. 北京:中华书局,1982:2348;王先谦. 荀子集解. 诸子集成(2). 上海:上海书店,1986:14.
⑦ 尚磊. 先秦诸子起源. 赤峰学院学报(汉文哲学社会科学版),2009(11):26,27.
⑧ 王先谦. 荀子集解. 诸子集成(2). 上海:上海书店,1986:7.
⑨ 同上,第 59 页.

其大略虽法先王而不知体统",释"统"的字义作"纪纲",但依上下文意,《荀子》该处旨意一则主要针对思孟等人不能详识先王传承下来的体统即先王的传统而言,二则说明荀书重视对政治思想传统亦即"纪纲"的继承;同类事例常见文中:《非十二子》曰"若夫总方略、齐言行、壹统类,而群天下之英杰",杨倞注曰"大谓之统"①,《老子》言道"曰大"②,则该"统"字当又可指作道统;《解蔽》篇曰"故学者以圣王为师,案以圣王之治为法,法其法,以求其统类,以务象效其人",杨注"统"云"统类法之大纲"③,则该处"统"字当主要指圣王制定的法统等;此外,荀子还于《非相》篇曰:"圣王有百,吾孰法焉?曰:文久而息,节族久而绝,守法数之有司,极礼而广褘。故曰:欲观圣王之迹,则于其粲然者矣,后王是也。彼后王者,天下之君也,舍后王而道上古,譬之是忧舍己之君而是人之君也。"④文中阐释的有关"法后王"的思想无疑又体现了《荀子》反对厚古薄今、主张以今法为统的继统原则。荀书除了直接表达其丰富的政统、道统、法统和以今法为统的继统原则等传统观念外,还将传统思想文化的内容贯注于荀子思想的诠释。以代表其核心思想的"天人关系"论、人对客观世界的认识论和认识方法等方面的论述为例。

首先,《荀子》以"明于天人之分"的思想,建立了荀子的天人关系理论。

"天人关系"问题是先秦哲学的基础,冯友兰先生分别中国哲学中的"天"大致有物质之天、自然之天、意志之天、主宰之天和义理之天五类,"荀子论天基本是在物质之天和自然之天的意义上使用,尤其偏重在自然之天的方面"⑤。先秦典籍《尚书》《左传》等皆蕴含丰富的"人"学思想,并直接影响了其后的学界,其内容概而论之可主要分别为以庄子为代表的"蔽于天而不知人"⑥的自然属性之人、以孟子为代表片面强调人之社会属性的人和以荀子为代表的持"人能群"观念的社会属性之人⑦。其中不同于孟子,荀子虽侧重人的社会属性,但并不否认人的自然属性,而是在肯定人有欲望的自然属性的基础上,以"化性起伪"的理论思想,强

---

① 王先谦. 荀子集解. 诸子集成(3). 上海:上海书店,1986:60.

② 魏源. 老子本义. 诸子集成(3). 上海:上海书店,1986:19.

③ 王先谦. 荀子集解. 诸子集成(2). 上海:上海书店,1986:271.

④ 同上,第50-51页。

⑤ 汤一介. 中国儒学史(1). 北京:北京大学出版社,2011:539.

⑥ 王先谦. 荀子集解. 诸子集成(2). 上海:上海书店,1986:262.

⑦ 同上,第104页。

调人所具有的主动以道德手段行使社会治理等方面职能的社会属性,所以说是一种综合两类属性于一体的社会属性。

基于对"天"和"人"的认识,荀子在"天人关系"问题上明确提出了"明于天人之分"的命题。古今学界对该命题释义不一,冯友兰①、张岱年②、吕思勉和李锦全③等先生皆认为是"因以定人之分职"④,本文持同前辈明白天和人之间的职分的观点。《荀子》以该命题为其思想的出发点,以明确天和人各有不同职能的认识为基础,形成了荀书以"化性起伪"的人性论、"明分使群"的社会观和"制名以指实"的逻辑思想等为主要组成部分的思想体系。

荀子天人观的形成主要是对春秋战国以来各学派思想的合理因素的综合发展。荀子以前的老庄、宋尹等学派,主张天道的自然无为,其思想虽然在反对意志之天、主宰之天的层面有积极意义,但疏视人对自然界的主观能动作用;孔子、墨子、孟子等的思想虽然重视人的主观能动性,但他们从唯心论的角度片面强调人的主观能动作用;荀子继承老庄、宋尹等的天道自然观,吸收孔墨孟等有关人的主观能动性思想的合理部分,形成了《荀子》"明于天人之分""制天命而用之"的辩证唯物论思想,从而把先秦对于天人关系的研究提到了一个新的高度⑤。

其次,在对客观世界的认识问题上,《荀子》主张"心有征知"。

《荀子·正名》曰:

"心有征知。征知,则缘耳而知声可也,缘目而知形可也,然而征知必将待天官之当簿其类然后可也。"⑥

文中"心有征知"意指心对感官得来的认识进行分类、辨别和取舍;愈樾认为"天官"在此主要指耳目鼻口心体⑦,其中荀书的"天"属于自然之天,其"天官"所指则当属物理范畴。该句群意指人的认识有赖于人的"心",人"心"的作用则有待于"天官"对客观事物的作用,则人的认识决定于客观事物之间的相互作用,亦即主

①　冯友兰.中国哲学史新编(1).北京:人民出版社,1998:689.
②　张岱年.中国哲学大纲.北京:中国社会科学出版社,1982:178.
③　肖萐父,李锦全.中国哲学史(1).北京:人民出版社,1982:212.
④　吕思勉.先秦学术概论.北京:中国人民大学出版社,2011:78.
⑤　任继愈.中国哲学史(1).北京:人民出版社,1963:244.
⑥　王先谦.荀子集解.诸子集成(2).上海:上海书店,1986:277.
⑦　同上,第206,278页。

体人的认识依赖于客体、精神依赖于形体。所以在对客观事物的认识问题上,荀子以辩证唯物的思想为主。

先秦思想家很早就关注到人的心理问题,《诗经》《易经》等经史典籍有丰厚的心学理论。概括地说,若《墨子·明鬼下》叙述杜伯追杀周宣王一事曰"中心折脊"①,该处的"心"代表的是物理范畴;而"汤曰……简在帝心",孙诒让、孔传、孔疏和郑注皆认为指"上帝之心"②,又"胡敢异心山川鬼神"③,亦即同心于山川鬼神,则该类"心"的概念当属原始宗教范畴。《孟子·告子章句上》将心的功能同列于口耳目④,则此"心"所指应属物理范畴;而孟子"四心"说主要诠释孟书的伦理道德,特别是他良心论中的"良心即仁义之心",是"人之所以异于禽者"的主要标志,孟书的良心"就是人性"⑤,则孟书该类"心"的含义当属伦理范畴。概括以上心论,先秦有关"心"的认识或属唯物,或属唯心,或唯物唯心难分。

荀子批判地继承前代的心学理论,明确提出"心有征知""形具而神生"的唯物的心论观点,认为认识的主体是人而不是上帝,作为主体人的认识必须依客体而存在。荀子从哲学的高度在对客观世界的认识问题上明确诠释了何为认识的主体和主体与客体或精神与形体之间的关系等问题,"在中国哲学史上第一次对精神和形体的关系问题作了唯物主义的回答"⑥。

最后,荀子明确提出"虚壹而静""制名以指实"的认识事物的辩证方法。

《荀子·解蔽》篇曰:

"何以知道?曰心。心何以知?曰虚壹而静。心未尝不藏也,然而有所谓虚;心未尝不两也,然而有所谓一;心未尝不动也,然而有所谓静。"⑦

文中"藏"与"虚"、"两"与"一"、"动"与"静"等叙词,代表荀子对认识过程客观存在的相反相成现象所作的辩证分析。荀书认为认识的过程其实是相互矛盾的复

---

① 孙诒让．墨子闲诂．诸子集成(4)．上海:上海书店,1986:140.
② 同上,第77页。
③ 同上,第148页。
④ 焦循．孟子正义．诸子集成(1)．上海:上海书店,1986:451.
⑤ 汤一介．中国儒学史(1)．北京:北京大学出版社,2011:326.
⑥ 肖萐父,李锦全．中国哲学史(1)．北京:人民出版社,1982:214.
⑦ 王先谦．荀子集解．诸子集成(2)．上海:上海书店,1986:263-264.

杂而辩证的过程,所以解决矛盾的方法须是"虚壹而静"。"虚"即"虚心、专心、静心";荀书释"壹"曰"不以夫一害此一,谓之壹",王先谦案:"'夫'犹彼也,知虽有两,不以彼一害此一,荀书用'夫'字皆作彼字。"①王注明确指出荀书的"壹"字代表事物的整体,"一"则代表事物整体所含有的"彼"与"此"等局部;其中"壹"与"两"、"壹"与"一"、"两"与"一",以及"彼""此"的"一"与"一"等相互之间都是辩证的关系。通过王注"彼""此"联系的两点论说,更易明确荀子"虚壹而静"的认识方法所内涵的丰富的辩证法的思想。

认识总是发展变化于事物新陈代谢的复杂过程中,因此对新事物的认识和旧事物的再认识等问题也是先秦思想的重要内容之一。其中,辩证的认识事物方法的使用始自《易经》时代前后,老子进一步提出"静观""玄览"的哲学认知方法,孔子倡导学思结合的接受方法,墨子概之以"三表"的检验方法等。《荀子》则以辩证唯物论思想为指导,于《天论》《解蔽》等篇,以"有见于此、无见于彼"(《天论》)或"蔽于此而不知彼"(《解蔽》)的公式②,系统总结了百家学说存在的问题,在"虚壹而静"的方法论基础上进一步提出了"制名以指实"的逻辑思想。

《荀子·正名》篇曰:

"异形离心交喻,异物名实玄纽。……故知者为之分别制名以指实。"③

即事物之间客观存在差别,制作名称的目的就是要分别各种不同的具体事物,其原则必须以"实"为第一、"名"为第二,名因实而存在。荀子在此诠释了名实之间辩证统一的逻辑关系。

虽然先秦名实关系问题始于孔子伦理学范畴的正名说、发展于墨子逻辑学领域的"取实予名"的唯物主义名实关系论、高峰于名家继墨子后对名实关系从逻辑学方面所作的深入讨论,但是荀子通过对孔墨名等诸学派丰富的名实观的批判整理,于公孙龙"白马非马"等命题所表现的名实分离的名实观之外,明确提出"制名以指实"即名决定于实、名实相符的辩证唯物的名实观。荀子丰富的名实观理论,

---

① 王先谦. 荀子集解. 诸子集成(2). 上海:上海书店,1986:264.
② 肖箑父,李锦全. 中国哲学史(1). 北京:人民出版社,1982:234.
③ 王先谦. 荀子集解. 诸子集成(2). 上海:上海书店,1986:276.

不仅发展了先秦辩证唯物的认识论和逻辑思想,同时体现了荀书对辩证方法使用的熟稔。

综合《荀子》在天人关系论、认识论和认识方法论等领域,皆表现出对中国传统辩证唯物主义思想的继承和发展,对此冯友兰①、张岱年②、任继愈③等先生皆以先秦唯物主义哲学思想的集大成者之称,给予荀子高度的评价。

综合以上论述知,《荀子》丰厚的思想首先源自对中国传统思想文化的继承和发展,袁行霈先生认为"荀子是我国先秦时期集大成的思想家"④。

二、荀子思想源自对诸子百家思想的继承和发展

《荀子·非十二子》篇批评当时各学派之错误,并针砭学风之阙失。内中所述各派,不仅为古代学术史之重要史料,还体现荀子思想除了源自对传统思想文化的继承和发展外,亦受到先秦诸子百家思想的影响,是对百家理论的全面总结、继承和发展。

荀子在对百家的自然观、认识论和方法论等哲学思想全面总结的基础上,进一步在各个思想领域继承和发展了百家思想,特别体现在对礼与法、人性论和文质关系等思想问题的认识方面。

《荀子·劝学》篇曰:

> "学至乎礼而止矣,夫是之谓道德之极……礼者法之大分,类之
> 纲纪。"⑤

荀子明确提出"礼法并重"的思想,其中的"礼"作为一种典章制度,若依孔子"殷因于夏礼……周因于殷礼"(《论语·为政》)之说,则很早就起源于夏代;但作为一种系统的审美思想,实则始于孔子首先建立的以礼为中心内容的仁学思想体系。孔子之礼学思想指导了战国儒家的学思行生活,成为儒家理想人格理论的组成部分;发展至战国后期的荀子,不仅视礼为道德学习的最高境界,且以"礼法并

---

① 冯友兰. 中国哲学史新编. 北京:人民出版社,1998:736.
② 张岱年. 中国哲学大纲·序论. 北京:中国社会科学出版社,1982:15.
③ 任继愈. 中国文学史(1). 北京:人民出版社,1963:218.
④ 袁行霈. 中国文学史(1). 北京:高等教育出版社,1999:118.
⑤ 王先谦. 荀子集解. 诸子集成(2). 上海:上海书店,1986:7.

重"的新的礼学认识和实践理论为指导,于百家著述中专设《礼论》篇,系统讨论礼的起源、功用、分类、形制及意义。不同于孔子以维持旧的奴隶制的世袭制为目的的"礼"学论,荀子之"礼"论则显示了对世卿世禄制的部分背离。《荀子》说:"虽王公士大夫之子孙也,不能属于礼义,则归之庶人。虽庶人之子孙也,积文学,正身行,能属于礼义,则归之卿相士大夫。"①可见荀子的能变异等级之差的"礼"学理论,反映的不仅是当时新兴地主阶级法治的要求,同时也是对孔子等礼学思想的继承和发展。荀子重视法的方面,无疑受到前期法家思想的影响。考察先秦法家思想,经漫长的发展历程,至商鞅始相对系统地论述了法的定义、起源、功用等法学思想,而慎到、申不害等又以"术""势"理论等进一步发展了法学思想。荀子适应战国后期剧烈变化的形势,将商鞅等的法学理论特别是商鞅"定分止争"的法起源论,引进礼学的诠释场域,因此形成荀书特有的"礼法并重"的理论。但不同于商鞅的唯法论,即尊法就是尊礼的以法代礼的法学认识,荀子则认为在实践层面应该礼法并存、礼尊法卑。礼法关系论既是荀子作为儒家正统的代表,于战国后期发展出的新特点,又体现了对法家思想的继承和发展。其实"礼法并重"的思想早于战国中期的宋尹学派即已提出:"礼者,因人之情,缘义之理而为之节文者也。……法者,所以同出,不得不然者也。故杀僇禁诛以一之也。故事督乎法。"②即"礼""义"等皆理应一断于"法",礼法并治。虽然该处的"礼""义""法"的含义不同于孔荀理论,但重视"礼"与"法"的共同作用、主张礼法并存的观念是一致的。综合以上论述知,荀子的"礼法并重"思想是对先秦儒家、法家,以及宋尹学派等各家思想的继承和发展。

荀子《性恶》篇曰:

"人之性恶,其善者伪也。今人之性,生而有好利焉,顺是,故争夺生而辞让亡焉;生而有疾恶焉,顺是,故残贼生而忠信亡焉;生而有耳目之欲,有好声色焉,顺是,故淫乱生而礼义文理亡焉。"③

文中明确提出荀子的性恶理论。荀子认为人的"好利""耳目之欲"和"好声色"等

---

① 王先谦．荀子集解．诸子集成(2)．上海:上海书店,1986:94.
② 戴望．管子校正．诸子集成(5)．上海:上海书店,1986:221.
③ 王先谦．荀子集解．诸子集成(2)．上海:上海书店,1986:289.

生活习性皆是社会各种恶相之源,荀书诸多篇章因之具体阐释了解决诸类社会问题所用的"化性起伪"的方法,即通过后天学习所得到的道德观念从根本上改变人的恶性。基于性恶的认识,该句群同时建立了"生"与"性"、"性"与"人性"、"人性"与"伪"、性恶与道德等相应的人性论关系,而"生"与"性"的关系则是理解荀子人性论的关键。在荀书的定义里,"生"指生命;"性"则指"生之所以然者为之性。性之和所生,精合感应,不事而自然为之性""性之好恶喜怒哀乐谓之情""性者天之就也,情者性之质也,欲者情之应也"①,综合荀书性论,主要含有定义、特点和结构等内容。其中荀书关于性的定义主要包括两部分:"生之所以然者"和"性之和所生"。其中"生之所以然者"指物理的生命,是生而如此的根据;"性之和所生"则主要指"阴阳冲和气"(杨注《正名》)所产生的部分。王博先生认为这是"生的根据"和突出性非人为或后天所成就者"两个并列的关于性的说法"②,徐复观先生则认为是"生的根据"和"经验中可以直接把握到的性的"两个不同的层次③,总之都强调了荀子性论的复杂;关于性的特点主要是"不事而自然",即性是与生俱来的而非人为或后天所成就的,亦即杨注所称的"天性";荀子构建的性的结构则较复杂,主要由情和欲等组成,其架构性情结构之旨在于"落到自然的情欲上来谈性的,这是荀子论性之内涵的核心"④,亦即强调性是生命的客观组成部分,是自然属性。综合以上论述知,荀书认为的"生"与"性"的关系当为从属关系:即性非生命的全体,它只是生命中天然的一面,它与物理的生命俱来,却又游离于物理的生命之外而独立存在,且是后天社会恶相之源,所以荀子认为人性是恶的。荀子由其性论进一步建立起主要由性伪论、道德论和性心论等组成的人性论思想体系。

人性论是先秦伦理学的重要论题,依《孟子·告子上》所言,当时主要有性"无善无不善""可以为善可以为不善""有性善有性不善""性善"四种不同的人性说。不同于孟子主张的性善论,荀子则主张性恶。荀子之前,儒家就有丰富的性论传

①　王先谦. 荀子集解. 诸子集成(2). 上海:上海书店,1986:274.
②　汤一介. 中国儒学史(1). 北京:北京大学出版社,2011:571.
③　徐复观. 中国人性论史(先秦篇),232.(转引自汤一介. 中国儒学史(1). 北京:北京大学出版社,2011:572.)
④　汤一介. 中国儒学史(1). 北京:北京大学出版社,2011:574.

统,其脉络大体有以《中庸》为代表的以命论性、以告子为代表的以生论性和以孟子为代表的以心论性三种不同角度,①不同于孟子的以心论性,荀子则主要发展告子的"生之谓性"(《孟子·告子上》)的以生论性说,具体表现在于对"生"和"性"的各自内涵和相互关系所作的进一步的详致说明。荀子性论中对性的性情结构的论述则是对儒家已有传统的继承,它体现了荀子和孟子对于性的理解的不同:孟子基于个体道德生命自足的倾向,持性善论,一直致力于性与生、性与命特别是人与禽兽的区分事宜;荀子则以解决群体道德秩序之必要为主要问题,重视的是区分的准则研究。其中,基于"明于天人之分"的自然观,荀子特别重视人性区分的礼义原则研究,专作《礼论》篇说明之,梁启超《要籍解题及其评法》评价说:"礼学为荀子所最重,本篇自为书中重要之篇。"②荀子认为作为道德准则范畴的礼须经"伪"获得,可见在荀子性论中,对"性"与"伪",即性恶和道德的认识是并重的。所以荀子性论基础上的礼义思想的诠释,既是对其前孔孟学派代表的儒家礼学思想的继承和发展,同时也是对先秦各家人性论思想批判地继承和发展。

《荀子·正名》篇曰:

"辩说也者,……心合于道,说合于心,辞合于说。正名而期,质请而喻。辨异不过,推类而不悖。听则合文,辨则尽故。"

杨倞详致释义了各句:其中"正名而期,谓正其名以会物",即正定事物的名称以使其名实相符;"质请而喻,质,物之形质,谓若形质自请其名然,因而喻知其实也",即要求命名事物时须根据事物具体的形质,做到名实相符;"听则合文,谓听它人之说则取其合文理者",即他人所说的内容复杂,听的时候只选择其中合于语言形式道理要求的部分;"辨则尽故,自辨说则尽其事实也",即自己辩说的时候要充分调动各种形式技巧以表达事实的全部真相③。综合上述该文实际从正名的角度以名实相符论提出了传统的文质关系问题。荀书该问题之议还可见于《非相》等篇,例"君子必辩。凡人莫不好言其所善,而君子为甚。……故君子之于言无厌。鄙夫反是,好其实不恤其文,是以终身不免坤污庸俗"④,王运熙先生释义"好其实

---

① 汤一介.中国儒学史(1).北京:北京大学出版社,2011:571.
② 梁启超,章太炎.解读中华文化经典.沈阳:辽海出版社,2010:31.
③ 王先谦.荀子集解.诸子集成(2).上海:上海书店,1986:281.
④ 同上,第55页。

不恤其文"作"以为只要实质而不尚文采"①,则荀子在此主要以现实生活实例说明文质关系。以上论述充分体现出荀子的文质论:"质"是目的,"文"是手段,"文"服务于"质";但"文"有自身的主观能动性,"文"能反作用于"质";所以要在把握"质""文"一体的前提下充分发扬"文"的功用。

文质关系论是诸子百家重要的文学思想内容。荀子之前文质论的明确提出,首见于《论语·雍也》篇孔子说的"质胜文则野,文胜质则史;文质彬彬,然后君子"的质文统一观的论述,该论开此后先秦学界文质关系的论议之先。综合当时观点大致分为以儒墨道等家为主要代表的质文统一关系论和以法家等为代表的割裂质文关系论。其中质文统一论又可别为孔子的质文并重论、墨子的"先质而后文"②论和庄子的"得意忘言"论等,庄子主张"语言的局限性是可以在一定程度上有所突破的……他把语言作为'得意'的工具"③,则庄子的言意关系论,无疑是指在承认思想内容和语言形式统一关系的基础上,充分发挥语言工具的能动作用而不受语言规范的限制而言,所以从质文关系的角度说,体现了庄子的质文观。商鞅《农战》说的"烦言饰词而无实用"④和韩非子《解老》所言的"文为质饰者也。君子取情而去貌,好质而恶饰。……夫物之待饰而后行者,其质不美也"⑤等论,主要表现出否定文学的倾向,所以从质文论的角度说当属割裂质文关系论,至于从功用论的角度论述语言形式的重要性,则又另当别论。以上论述说明荀子的文质论实源自对先秦诸子割裂文质观的批判和对文质统一观的继承和发展,特别是相较于孔子伦理学范畴的质文论,荀子以综合伦理学、逻辑学等角度阐释的质文观,无疑将先秦各家有关质文关系的论述提升到了一个新的理论高度。

综合以上论述知,《荀子》丰厚的思想实源自对先秦诸子百家思想的继承和发展。吕思勉先生称道的"荀子之书,其出较晚,而多杂诸子传记之辞"⑥,亦是对荀子思想与百家思想的继承和发展关系的认识。

---

①　王运熙,顾易生.中国文学批评通史·先秦两汉卷.上海:上海古籍出版社,1996:143.
②　张少康.中国文学理论批评史(上).北京:北京大学出版社,2005:70.
③　同上,第62页。
④　严可均校.商君书.诸子集成(5).上海:上海书店,1986:8.
⑤　王先慎.韩非子集解.诸子集成(5).上海:上海书店,1986:97.
⑥　吕思勉.先秦学术概论.北京:中国人民大学出版社,2011:77.

三、荀子思想受到中西思想文化融合的影响

《荀子·儒效》篇曰:

"(周公曰)合天下,立声乐,……四海之内不变心易虑以化顺之。故外阖不闭。跨天下而无薪,当是时也,夫又谁为戒矣哉。"

杨倞注:"阖,门,国门"。① 依上下文意,该处"外阖"当指周朝通往境外的国门;"外阖不闭"则指西周初年施行的是国门开放政策,中外文化交流因之当处畅通状态。由此可见,西周初年即已发生中外文化的交流。依《墨子·兼爱中》所言武王时周朝的国界是"以祗商夏,蛮夷醜貉",即主要继承商夏之疆域,兼治四夷。又据主要写作于战国时代的《尚书·禹贡》记载,夏之四至"东渐于海,西被于流沙,朔南暨",则周朝国界大至即以四限为界。周文化主要奉行"中国"与"四夷"的"天朝型模"、南北一统之理念,所以南北边地文化主要属中原文化主导的地缘文化。周的西北部"流沙"之地,连通中亚欧洲海陆,中西文化较大的差异,则不但使其地缘文化不易发展,且在中西文化的不断抗衡交流中,中国文化亦客观受到西方文化的影响。其中《荀子》思想自然受到中西思想文化的影响。

历史记载的中西早期文化交流的发生很早,尽管确切时间至今古今意见不一,但周穆王西行一事却是不诬。因为《穆天子传》《逸周书》等典籍的写作时间古今学界尚存异议,所以仅以《左传》《国语》《楚辞·天问》等先秦典籍的明确记载为证。依《左传》记载周穆王本欲"周行天下",虽谏止于祭公谋父,但最终以"征犬戎,得四白狼四白鹿以归"②;屈原于《天问》曰:"穆王巧梅,夫何为周流?环理天下,夫何索求?"对此王逸认为穆王因先征犬戎致使夷狄不至、诸侯不朝后,"更巧词周流,而往说之,欲以怀来也"③,依典籍记载和王说,则穆王不止西行一次。综合古文献记载,确有穆王西行的历史事件。尽管穆王所到地域说法不一,但至少已到达西戎之地。韦昭注《国语·周语上》"戎狄荒服"曰:戎狄"在九州之外,荒裔之地,与戎狄同俗,故谓之荒",中国古代又称"九州","九州之外"自是指

---

① 王先谦. 荀子集解. 诸子集成(2). 上海:上海书店,1986:86.

② 韦昭. 国语. 上海:上海书店,1987:1.

③ 马茂元. 楚辞注释. 武汉:湖北人民出版社,1985:270.

中国疆界以外之地，则穆王西行所到的犬戎之地域确在周境以外①。当今海内外学界主要依考古证明，中国的丝织品大约在公元前 5 世纪就已经流传到古希腊等地②。古今研究资料说明中西文化交流的时间最早可上溯至西周初年。

荀书亦存在丰富的中西文化交流的信息。《大略》篇曰"禹学于西王国……氐羌之虏也，不忧其系累也，忧其不焚也"，杨倞注曰"西王国未详所说，或曰大禹生于西羌。西王国，西羌之贤人也"③，则西王国与羌族有关，并与中原异俗。《说文解字·羊》部曰"羌，西戎牧羊人也"，亦能说明文中的"西王国"和"氐羌"等当居于九州之外。《强国》篇专述秦国四至时说"西有巴戎……节威反文，若是则兵不复出于塞外而气行于天下矣""为之筑明堂于塞外而朝诸侯"，杨倞注曰"或曰塞外，境外也"，王念孙同杨说。依荀书所说则当时秦国的西塞外该主要指秦西境外亦即九州之外的西戎民族居住之地。荀书实际借此表达了荀子的外交思想：反对秦国无节制的用兵而主张行政教于境外，即建立秦与境外异国异族的文化交流，亦即主张中西文化交流。

综合上述，则荀子思想在中西丰富的文化交流背景下，自是受到中西思想文化交流的影响，对此荀书所表现的中西文化的交流理念、交流内容和译介话语等内容可作说明。

(一)《荀子》著作具有明确的中西文化交流的理念

当代含指中西关系的"中外"一词，其内涵在先秦经历了相对复杂的沿革，概括起来大致分为春秋以前的"华""夷"之别、春秋战国之交的"中国""四夷"之别和战国时期的中外之别等。

《论语·子罕》篇言"子曰：'夷狄之有君，不如诸夏之亡也'"、《左传·定公十年》曰"裔不谋夏，夷不乱华"、《左传·哀公十四年》又记姜戎子驹支说"我诸戎饮食衣服不与华同，贽币不通，言语不达"等，可见先秦时"华""夏"义通。综合以上丰富的典籍记载，其特点皆明确指出"华"和"夷"的不同，以及尊华贬夷的思想倾向，说明华夷关系的理念已先形成于春秋以前。考察春秋以前"华"字又代指"华

---

① 韦昭. 国语. 上海：上海书店，1987：2.
② 沈福伟. 中西文化交流史. 上海：上海人民出版社，1988：22.
③ 王先谦. 荀子集解. 诸子集成(2). 上海：上海书店，1986：323，330.

夏"之意,"夷"则含指东夷和蛮戎狄羌等少数民族,其中的戎狄羌等族多有生活于西北境外的,所以"华夷"之称实际是春秋以前涵盖中外关系的代称,对此先秦学界已有理论性的总结,例《春秋公羊传》于成公十五年云"《春秋》……内诸夏而外夷狄",一方面说明《春秋》即已确立了华夷观,二则明确诠释了春秋以前的内华外夷、重华轻夷和以华夏为中心等中西文化交流的理念。

春秋战国之交,随着中原王霸和"尊王攘夷"运动的渐衰①,主要由塞种人经营的中国和希腊城邦之间的古老丝绸贸易之路再次畅通,客观助动了中西文化交流的继续。反映在此一时期的文献记载,中外关系的称谓由华夷说丰富为"中国""四夷"说,例《左传·僖公二十五年》的"德以柔中国,刑以威四夷"、《墨子·节葬下》曰"禹东教乎九夷……夫胡说中国之君子,为而不已"、《孟子·梁惠王》言"莅中国而抚四夷"等,以上记载说明此时期的中外关系已逐渐由华夷关系论发展为以"中国"和"四夷"之间的关系为主,其中的中西关系理念亦逐渐由春秋以前的初步确立而进至此时期的理论探索之境,初步建立了以"中国"为中心的以"德""刑"之制区别中外关系的社会秩序观。该秩序观念也一直影响了此后战国时代中西文化交流理念的形成。

战国时期人们认识的视野随七雄的开疆拓土不断扩大,当时中国边境的四至渐以"四海"为准,学界形成习惯以"海内""海外"之说区别中外域限的理念。考察此时期古文献表述的中西关系便由"中国""四夷"关系说进一步发展为中外关系论,例《庄子·逍遥游》说藐姑射之山的神人,"乘云气,御飞龙,而游乎四海之外……尧治天下之民,平海内之政,往见四子藐姑射之山",文中的"海内"主要以中国为中心,"海外"则指九州之外的地域。由此可知,战国中期已形成了清晰的中外关系意识,并直接影响了此后的中西方关系的认识和中西关系理论的发展,其中《荀子》以相对系统的中西文化交流理论代表了先秦中西关系理论的最高成就。

首先,《荀子》主张中西实行开放政策。荀书于《儒效》篇盛赞西周初年的礼乐制度,称此时"外阖不闭,跨天下而无蕲,当是时也,夫又谁为戒矣哉",文中对周初内治外安政治赞可的同时体现出荀子有关中西实行开放政策的主张。

---

① 沈福伟.中西文化交流史.上海:上海人民出版社,1988:20.

其次，《荀子》坚执"中国"中心说。开放不是无原则的主权放开，相反荀书坚决守执以中国为中心的外交理念，例荀子于《王制》篇详列"四海"物产后四次重复"中国得"而使用之，其旨意自是强调中国政权在世界的中心地位。纵观荀书的中国中心大致含有两种意指：一指以海内为限、于"中国""四夷"的关系中，以中国为中心；二指以"天下"为限、以"海内"代指中国、实则于海内海外关系中，以中国为中心，例《强国》篇论秦国"负西海而固常山，是遍天下也。威动海内，疆殆中国"，该处"中国"主要观照以"天下"而言，即在中国与天下主要是与西方世界的关系中，以中国为中心。

最后，《荀子》持中国文化中心论。中国中心不意谓着只就地理和政权而论，同时涵指文化特别是思想文化的内容。《正名》篇曰："后王之成名……散名之加于万物者，则从诸夏之成俗曲期，远方异俗之乡，则因之而为通。"①其中"万物"一词是概指，涵有海内外所有事物之意；"诸夏"代指中国；则"远方异俗之乡"当主要代指中国边地和境外之地。该文意指万物的命名皆依诸夏话语系统，即要求以中国的言语原则命名规范外来文化事物，因此体现了荀书在文化领域亦持中国文化中心的理念。

综观《荀子》明晰的中外交流理论，若说以中国为中心的理念是荀子对传统中外关系理论的继承，其明确以中国和中国文化为中心的中西文化交流理念，则是荀子对传统理论的创新和发展。

(二)《荀子》有丰富的中西文化交流的内容

考察荀书内涵丰富的中西文化交流内容，主要关涉世界本源、天人关系和人性论等问题的论述。其中仅以世界本源和人性论问题为代表。

先秦关于世界本源问题的研究主要通过"天"与"道"等论题展开。春秋战国时代中国域内的社会大变革推动了当时域内认识理念的发展，表现在学术界由此前的主要以神学研究为中心渐至以人学为主要研究对象。其中关于人的本源问题亦即世界本源问题的观点，荀子前大致形成以老子为代表的世界本源于道和儒墨等家为代表的世界本源于天两类；源于天的观点大致又可分为墨子"具体的天"

---

① 王先谦. 荀子集解. 诸子集成(2). 上海：上海书店，1986：274.

和儒家"抽象的天"①,进一步说墨家天论限以宗教范畴,儒家则主要于伦理范畴论天。根据卡尔·雅斯贝尔阐述的"轴心时代"说②,则中国先秦思想家的研究不是孤论,印度的佛教、波斯的琐罗亚斯德教和希腊的苏格拉底等哲学研究同时兴起于中国域外的西方,他们的思想都涉及世界本源论。以产生时间及其影响来说,目前中外思想界公认琐罗亚斯德教的经典著作《阿维斯陀》的成书年代可以上溯到公元前 10 世纪以前③,其产生时间无疑是元典时代最早的;元文祺先生认为该教是人类走出原始巫术崇拜之后第一个由某个具体的人自觉创立的具有明确教义的宗教,"琐罗亚斯德因此被称为人类的第一位先知,早于中国的老子、孔子,也早于印度的释迦牟尼"④。中国典籍记载的中西交流至迟发生于周穆王时代,当代考古发现祆教于公元前 4 世纪已传进中国。以上论述意味着琐罗亚斯德教不仅影响了佛教、古希腊哲学和基督教等思想,同时也影响了战国中期前后的中国思想界,进一步说该教有关世界本源于善恶二神的二元神学论无疑也影响到战国中期以后的思想界,其中以荀子最为代表。荀子有关世界本源问题的诠释主要表现于《天论》等篇,例《天论》曰:"列星随旋,日月递炤,四时代御,阴阳大化,风雨博施,万物各得其和以生,各得其养以成,不见其事而见其功,夫是之谓神。皆知其所以成,莫知其无形,夫是之谓天。"文中首先说明了荀子有关神的理论,荀子认为"神"是自然界生成变化的生机,是自然界随处可见可用的一种实在的功能,亦即属于自然现象,而不是孔子、墨子和琐罗亚斯德所说的神秘到不可接触的鬼神等虚幻现象;其次阐释荀子的天论,荀子直释"天"作自然界,认为"天"就是列星、日月、四时、阴阳、风雨、万物等自然物质自身相互变化的现象,其变化有自身的规律,即"天行有常,不为尧存,不为桀亡",强调自然界自身变化的规律是不依人类的意志为转移。《礼论》篇还直言自然界起源于"天地合而万物生,阴阳接而变化起",即自然界起源于物质,亦即人、天、神等都是实在的物质。综合荀子的"天""神"论既不同于孔子伦理范畴的"抽象之天"、墨子宗教范畴的"具体之天",

① 梁启超. 饮冰室合集·文选(5). 上海:上海人民出版社,2001:45 – 68.
② 冯天瑜. 中国文化史. 北京:高等教育出版社,2005:60.
③ (伊朗)杜斯特哈赫编,元文祺译. 阿维斯塔——琐罗亚斯德教圣书. 北京:商务印书馆,2005:15.
④ 元文祺. 二元神论——古波斯宗教神话研究. 北京:中国社会科学出版社,1997:131.

更不同于琐罗亚斯德神学范畴的天神论，而是以辩证唯物主义哲学论范畴的自然观观照的天神论。荀子以唯物论的"天神"观念为基础，既批判了儒墨唯心的天神观，又以"奸言""邪说"的"鬼说"和"袄辞不出"的论说，彻底否定了琐罗亚斯德的神学论。荀书对琐罗亚斯德学说的否定主要基于同中国思想的比较，例《天论》篇在陈述袄教的危害之后，认为虽然中国的"雩""卜筮"等祭仪是"非以为得求"之事，但它们毕竟代表了在自然界面前，人以自身积极有意识的自觉追求行动对自身命运作出的主观努力，是对人自身存在价值的肯定，而不同于袄教的于困境之时，消极地将自身命运寄托于虚幻的侍奉神界的行为上，无视人的存在价值而片面肯定神的存在。对此荀子明确地评判道"君子以为文，百姓以为神。以为文则吉，以为神则凶"，这里的"君子"是当时域内最高道德人格的代称；"百姓"主要代指《天论》篇所述的当时域内信奉袄教的中西方之人；言意十分明确：中国的祭仪是吉利的人事，袄事则是凶险的神事，其禁袄教之思想不言而喻。荀书进一步于《正论》篇比较尧舜和鬼琐的差别之后，明确指出当时以尧舜为代表的中国文化，濡化以琐罗亚斯德教为代表的西方文化之难。

综合以上论述知，在世界本源问题上，荀书不仅集成其前中国思想界的认识，还受到以琐罗亚斯德为代表的西方思想的影响，体现了荀书所内涵的中西文化交流的内容。

表现在人性论方面。荀子以《性恶》篇专论人性问题，考察其前的先秦诸子著作有丰富的人性论内容，说明荀子的人性论思想确实首先源自其前中国丰富的人性理论。学界公认较早提出人性问题的是《论语·阳货》篇的"子曰'性相近，习相远'"；1993 年发掘的战国中期前后郭店楚简所见《性自命出》和 2000 年公布的上博简中《性情论》等文本，内容皆涉及对人性的起源、性质及意义的论述，而《孟子·告子上》明确概括的当时学术界的四种人性说等，都说明人性论思想在战国中期丰富的发展状况；《荀子》以系统的性恶理论，集成先秦的人性论思想，亦将春秋战国时代的人性论思想研究推向成熟的巅峰。但是进一步考察荀子"性恶"说的提出，似不是中国单源论所能涵盖。

荀子《性恶》篇曰：

　　　　"人之性恶,其善者伪也。"①

文中一方面将"善""恶"二字作为相对应的道德属性叙词,二则明确以善恶二字命题人性。考察先秦诸子著作"善"字的使用,大致有两种形式:一作为道德属性的词使用,例《论语·八佾》记载孔子评价韶乐"尽美矣,亦尽善矣",评价武乐"尽美矣,未尽善也",若该处"美"主要侧重形式方面论,则"善"字当主要指思想内容方面,即表达孔子对音乐中所达到的道德境界的赞美;二作为学术属性的词使用,主要以《孟子》的"性善"说为代表。道德属性的"善"字沿用至今,学术属性的当今大多只限于古代伦理学研究的领域,表现于荀书则主要以集成的特点,综合使用其前"善"字的两类属性,例《劝学》曰"积善成德,而神明自得",属于道德类;《性恶》篇批评"今孟子曰,人之性善,无辨合符验",自属于学术类。由此可知,荀子对"善"字的使用主要继承传统叙法。考察《荀子》之前"恶"字的使用,《左传·庄公二十四年》言"俭,德之共也;侈,恶之大也",《论语·颜渊》言曰"君子成人之美,不成人之恶",《墨子·兼爱》称"兼相爱,别相恶",《孟子·告子》篇于论述"四心"内的"羞恶之心"外又有"长君之恶其罪小,逢君之恶其罪大"之论等,综合以上文献"恶"字的使用,不论何种词性,大都用于说明人的行为,其意义主要属于不道德的道德论属性。而《荀子》于《性恶》开篇即言"人之性恶",开宗明义以"恶"字说明人性,在中国伦理学领域首次纳"恶"字进入人性论叙词之列,即明确赋予"恶"字以学术属性。荀书对"恶"字使用的转变,固然有继承其前学界因该字的内涵而普遍用之的传统内因,且荀书学术属性的使用根本上也不矛盾于当时学界,但追本溯源其外因当亦是不容忽视的条件。考察荀子时代前后的域内外思想界,唯琐罗亚斯德教明确以"善""恶"二字命题本性。该教持"善恶"二元论,崇拜"善恶"二天神,所以主要用"善""恶"二字说明神性。该教产生时间大致相当于中国的春秋初年,属于原始的宗教崇拜时代,传至中国的时间已是战国时期。虽然此时中国学术早已进入人学发展、神学衰退的阶段,但该教以善恶叙词命题本性的叙法,从语言风格的角度说无疑耳目一新于战国中后期本性大讨论的学界,《荀子》变琐罗亚斯德的善恶神性说作荀学的善恶人性论叙词,即变以"善""恶"二字说明神性作说明人性,自是顺理成章之事。对此可考证以荀书和其前学界

---

　　① 王先谦.荀子集解.诸子集成(2).上海:上海书店,1986:289.

"善""恶"二字的用法比较。《荀子·性恶》篇明确以善恶一词阐述人性客观存在的相对的两方面特征,而其前的学界则叙法不一。针对人性客观存在的不同现象,《左传》以"德""恶"二字概之以两点论;《论语》叙之以"美""恶"二字;《墨子·天志中》或言"天子为善,天能赏之;天子为暴,天能罚之",即以"善""暴"二字概之,或曰:"观其行,顺天之意,谓之善意行;反天之意,谓之不善意行;观其言谈,顺天之意,谓之善意言谈;反天之意,谓之不善意言谈;观其刑政,顺天之意,谓之善意刑政;反天之意,谓之不善意刑政。"①则主要以"善"和"不善"二词概之;墨子以后的学界大致皆采用墨子"善"和"不善"的叙法,主要以《孟子·告子上》的论述为代表。告子总结当时学界有"性无善无不善""可以为善可以为不善""有性善有性不善""性善"四种观点,告子自身持"性无善无不善"论,孟子则持"性善"论。概括告子的总结,一说明告子时期学界已普遍使用"善"和"不善"的叙法命题人性;二是该叙法实源自墨文;三是孟子以系统的性善论诠释,固定了该人性命题的叙法。发展至荀子,既继承了其前学界"性善"的人性命题,又一变传统的主要以"善"与"不善"相对应的叙法而为"善"与"恶"对应的叙法。由此可见,若说"性善"命题源自中国的传统叙法,则"性恶"的命题当受到琐罗亚斯德叙法的影响,进一步概括可说源自《阿维斯陀》经的叙法。根据祆教界的研究,一因亚历山大的焚毁该经书,二因祆教独特的教习,陈垣先生认为祆教不同于景教和摩尼教之处,在于"其中来中国者,并不传教,亦不翻经"②,所以该教经典的书面传播当不全备和广泛,因此荀书所受的影响,当主要表现在思想内容方面,其中有关本性论的主题,当与该教经书所讨论的善恶神性的内容有内在的联系。

综合《荀子》的人性理论,当受到中西思想文化交流的影响。

综合以上论述知,《荀子》著作有着丰富而深刻的中西文化交流的内容。

(三)《荀子》对中西译介话语的规范化和理论化

《诗经·鲁颂·閟宫》曰"烝徒增增,戎狄是膺,荆舒是惩";《国语·周语上》言"夫先王之制,邦内甸服,邦外侯服,侯卫宾服,夷蛮要服,戎狄荒服";《荀子·正论》引用《国语》该原文以证明其华夷有别之论。韦昭《国语》注"戎狄"曰:"在九

① 孙诒让.墨子闲诂.诸子集成(4).上海:上海书店,1986:129.
② 周菁葆.西域祆教文明.西北民族研究,1991:117.

州之外,荒裔之地,与戎狄同俗,故谓之荒。"①则"戎狄"作为少数民族,一则历史由来已久,二则主要生活于中国西部,三则始终和中国保持着政教关系。所以中西文化交流实际发生得很早。《左传·襄公十四年》记载姜戎子驹支曰:"谓我诸戎,是四岳之裔胄也。……我诸戎饮食衣服不与华同,贽币不通,言语不达。"清晰地说明了部分戎族与华夏同血缘但文化不同的关系特点,其中特别表明的"言语不达"等文化状况,则充分显示出古代语言的互译在中西交流事务里的重要。由上述可知,客观存在的中西文化交流生活决定了荀子之前学界已积淀了丰富的译介话语艺术。根据《荀子》等先秦著作的论述和现当代学界考证,荀子之前的译介话语形式,概可分为音译、义译及音义合参等。荀子在总结其前译介思想的基础上,进一步将译介话语向规范化、理论化的方向发展,具体表现在译介话语原则、译介话语理论和译介话语的使用等方面。

首先,《荀子》以明确的制名法则规范了译介话语原则。

《正名》篇说明后王在"刑名""爵名""文名"的制名原则后曰:

"散名之加于万物者,则从诸夏之成俗曲期,远方异俗之乡,则因之而为通……散名之在人者也,是后王之成名也。"

杨倞注"散名"主要作"名之分散"讲,根据荀书文意当指除了刑法、爵位和仪礼规范的命名以外对其他所有散在事物的命名;王先谦释义"从诸夏之成俗曲期"等文字曰:"物之稍难名,命之不喻者,则以形状大小会之;若是事多会亦不喻者,则说其所以然。是曲期者,乃委曲以会之,万物之散名从诸夏之成俗以委曲期会,于远方异俗之乡而因之以为通。所谓名从中国是也。"②分析该句群,"诸夏"代指中国;"万物"主要针对中国和"远方异俗之乡"的诸多事物而言。则该"万物"当含指中国域内和域外的所有事物。依据学界释义、综合该文意义,则荀书在此主要说明后王命名域内外事物的原则须循从中国的制名法则,即对中西交流中出现的域外事物的命名,必须依从中国的制名方法。《荀子》在此实际以制名法则的明确说明,客观规范了译介话语原则,在继承传统译介思想的基础上使译介话语规范化。

---

①　韦昭. 国语. 上海:上海书店,1987:2.
②　王先谦. 荀子集解. 诸子集成(2). 上海:上海书店,1986:274.

其次,建立了相对系统的译介话语理论。

荀子生活的时代,中西文化交流因秦国的统一西戎诸国而不断发展,内传中国的西方文化逐渐丰富至西方思想文化的层面,它不仅意味着中西文化的交流融合,发展至战国后期已由其前的文化表象进至思想本质问题的抗衡,与之同步的译介话语亦随之变化。考察此时以《荀子》为代表的译介话语,主要表现为逐渐由传统的文化现象层的译介,发展至核心层的思想文化译介。荀子以辩证唯物论思想为指导、以人性论作基点,于诠释当时的制名法则的同时建立了荀学相对系统的译介话语理论。综合荀子的译介话语理论主要有译介目的、译介宗旨和译介方法等内容。

《荀子·正名》曰:

"王者之制名,名定而实辨,道行而志通,则慎率民而一焉。"

文中"一"字是先秦表达天下一统政治理想的通用符号,当时的诸子常用,例孔子曰"管仲相桓公,霸诸侯,一匡天下,民到于今受其赐"(《论语·宪问》);《孟子》说"定于一"(《孟子·梁惠王上》);《庄子》亦称"之人也,之德也,将磅礴万物以为一世蕲乎乱"(《逍遥游》);而"王者之制名"句,则自然涵盖制域外之名的含义。所以《荀子》于此间接提出了译介目的问题:须以同一于中国的政统和学统等为主,即只以达成天下大治于中国之道的理想为译介目的,体现出译介事务等的规范化发展导向。

《正名》篇进一步表述荀子的译介宗旨:"彼正其名,当其辞,以务白其志义者也。"即要求制名时一需名实相符,二要名实皆能表现其追求中国礼法之道的心志。从译介话语的理论角度说,荀子在此实是明确了译介宗旨,要求译介话语不是消极地传递中外文化信息,而须以积极地为宣说"壹道法"于中国的理想政教而服务为宗旨。

《正名》篇还详致地说明了译介方法。荀子在"缘以同异"的"制名之枢要"说的基础上,客观论述了译介外来事物的诸多方法:"异形""异物"之制名的"缘天官"法、发展变化之名的"约定俗成"法和"远方异俗之乡"的"因之法"。其"因之法",主要指直接使用外来事物中的乖异之名进行译介,即可以直接音译之等。总括《荀子》的译介方法,相当于现代的音译、义译和音义合参等形式。

最后,《荀子》著作自觉使用译介话语。

　　尽管时文递变,荀书有些字义已难于认读,但我们依旧可辨识之以古今的科学发现里。考察荀书有多处译介话语的使用,它们或因旧名,或用"新名"。例《大略》篇曰"禹学于西王国",沈福伟先生考证"'西'字兼有音义,译出了'斯基泰'(Scythia Skyth)民族的首音"①,则荀书此处用的是旧译名;《非十二子》"喬宇嵬瑣"的"瑣"字,较早出现于屈原《离骚》的"灵瑣"一词,虽然古今释以不同意义,但该处当指琐罗亚斯德(Zoroaster),译其首音字作"瑣";《天论》的"祅"字,主要使用在战国后期,《战国策》亦使用("祅""瑣"二字的意义皆见第一章的考证),根据古今学界考证,"祅"专指外国的天神祭,是当时学界为区别于中国的天神而新造的名字,代表当时由中亚传至中国的祅教;该教又称琐罗亚斯德教,因其主张天有意志且持善恶二元的神学论,受到主张辩证唯物论思想的荀子的批判。由此可见,荀书确实自觉地使用译介话语。

　　综合以上考论知,荀子思想还受到中西文化交流的影响。

　　综合以上荀子思想渊源的论述,荀学思想体系主要是在综合中国传统思想文化、先秦诸子思想和中西思想文化交融等的基础上,批判地继承和发展而形成的,当今学界公认荀子是我国先秦时期集大成的思想家。荀子思想影响深远,后世给予荀子高度评价,谭嗣同《仁学》称"两千年之学,荀学也";梁启超赞"其学说之含有永久性者——即并非对于时代问题而发言者,则无论何时,皆可以咨其严刻之评骘也"(《读〈荀子〉法》,节选自梁启超《要籍解题及其读法》);章太炎先生则认为荀子是《左氏》《穀梁》《毛诗》之祖的同时,因为其善作新法而倡导《尊荀》②。《荀子》魅力彰显至今,远播海外,当今学界已成立专门研究荀学的组织,而梁涛先生则于"新四书和新道统"说中列《荀子》于其中③,展现当今荀学的新视阈。

第二节　荀子的思想建构

　　荀子思想的建构研究是荀子思想结构研究的内容之一,古今学界皆有精当论

①　沈福伟. 中西文化交流史. 上海:上海人民出版社,1988:15.
②　姜玢. 革故鼎新的哲学——章太炎文选. 上海:上海远东出版社,1996:55.
③　梁涛. 中华读书报,2014-04-02.

述。迄今为止,概括荀学界有关荀子思想结构研究的诸类特征,从建构角度研究荀子思想还在初探阶段。所以若要研究荀子的思想建构,须先了解目前荀子思想结构研究的动态。

一、关于荀子思想结构研究的几种特征

荀子思想结构的研究是古今荀学研究界的重要论题之一,《史记·孟子荀卿列传》较早予以说明:"荀卿嫉浊世之政,亡国乱君相属,不遂大道而营于巫祝,信机祥,鄙儒小拘,如庄周等又猾稽乱俗,于是推儒、墨、道德之行事兴坏,序列著数万言而卒。"①其内含有司马迁对《荀子》的政治、伦理、哲学、宗教、学术等思想内容的简要概括,开《荀子》思想结构问题的研究之先。考察司马迁的分类总结,实际是对《荀子》思想内容所作的"静止的'形式'"的说明,诸多形式之间只是"一些简单相加的联合关系"②。此后古今学界分别又对荀书内容做了不同的补充说明,例北宋唐仲友序杨倞注《荀子》曰"其书独非典刑乎?"无疑是对荀子法律思想的说明;《四库全书总目提要》言"然卿恐人恃性善之说,任自然而废学,因言性不可恃,当勉励于先王之教"③,虽其旨归荀书的教育思想等,但研究方法则是承继司马迁的研究传统;最早为《荀子》作注的唐代杨倞于《荀子》序曰"昔周公稽古三五之道,损益夏殷之典,治礼作乐,以仁义理天下,其德化刑政存乎诗……盖周公制作之,仲尼祖述之,荀孟赞成之,所以胶固王道"④,溯源循流地论述荀子法律思想和历史思想等的同时,初现从时空转换角度分析荀子思想结构的特征,但终因受限于其研究本质属于静止的形式性说明,而没有成为荀子思想建构研究的主流,亦即其研究方法自不属于当代科学认知理论的范畴。

自近现代开始以迄于今,荀学界对荀子思想结构的研究主要源自司马迁为代表的荀学传统。尽管严格意义的结构主义,以其成熟的科学认知理论影响学术界的研究只是当代之事,但自梁启超、钱穆和郭沫若等先辈从文化学角度作纵深探究,至杨荣国、任继愈和张岱年等先生思想学角度的精研,其硕果所具有的奠基当

① 司马迁. 史记·孟子荀卿列传(7). 北京:中华书局,1982:2348.
② 皮亚杰著,倪连生,王琳译. 结构主义. 北京:商务印书馆,1984:5,3.
③ 王先谦. 荀子集解·序. 诸子集成(2). 上海:上海书店,1986:2.
④ 王先谦. 荀子集解·考证. 诸子集成(2). 上海:上海书店,1986:2,5.

今荀学研究基础的意义自不可疏视。

综观目前学界对荀子等先秦诸子及先秦思想文化的研究，业已显示受到科学认知理论方法时风影响的端倪，例王军先生以"礼乐重构的视角"，分别从礼乐重构的背景、礼乐重构的理论奠基、礼乐制度的基本架构和礼乐重构的现实路径等方面研究荀子思想①；廖名春先生"荀子'性'概念的意义结构"论，主要根据列宁《哲学笔记》有关事物的多级本质论，说明荀子人性观的"性"概念属于多层次的意义结构，概由天然人性的基本层和从属于"性"概念的一些子概念的次一级层组成，而第二层又由"恶的情欲之性和无所谓善恶的知能之性构成的"②；赵辉先生从天地、人和文的"三维建构"角度讨论先秦"文"的意义③；黄奇逸先生则以"古文化的哲学结构"的说明，重新认识上古文化系列重要问题的研究：若中外关系的源流、先秦诸子、上古政治文化等重大问题的流变，儒道的实质和中国与古印度、古巴比伦在语言文字、文化、宗教上的研究方法，进行了分析性的批判，等等④。时贤的研究共同显现对建构主义认识方法的自觉尝试。概括《荀子》思想结构研究的现状：传统的思想形式性的结构研究是主流，但荀子思想建构性的结构研究领域也不乏学人的求索。

考察学科意义的"建构"一词的使用，最早的提出当源出瑞士皮亚杰的建构主义理论。该理论认为"建构"顾名是指"建立认识结构"，"结构就是由具有整体性的若干转换规律组成的一个有自身调整性质的图示体系"⑤，其中，转换规律具有"造结构作用和被构造"的永恒的双重性。皮亚杰旨在建立一种科学的认知理论，即关于有机体能知道它的世界方法的理论⑥。其基本观点是个体的认知结构是通过同化与顺应过程逐步建构起来，并在"平衡—不平衡—新的平衡"的循环中得到不断地丰富、提高和发展。该理论被公认为20世纪发展心理学上最有权威的理论。作为一种系统而科学的认知理论，建构主义形成于现当代的西方，但作为

① 王军. 荀子思想研究：礼乐重构的视角. 北京：中国社会科学出版社,2010：1.
② 廖名春.《荀子》新探. 北京：中国人民大学出版社,2014：82,86.
③ 赵辉. 唯有文采不成文：先秦"文"的三维建构. 中南民族大学学报(社会科学版),2007(5)：147.
④ 黄奇逸. 历史的荒原——古文化的哲学结构·前言. 成都：巴蜀书社,2008：1.
⑤ 皮亚杰著,倪连生,王琳译. 结构主义·前言. 北京：商务印书馆,1984：6,2.
⑥ 同上,第6,97页.

一种科学的认知思想,较早出现于中国战国后期的《荀子》。表现在荀书既有相对丰富而系统的认知思想,又有荀子对该思想的自觉运用,进一步说《荀子》当是依据其一定的建构思想而构建起荀书思想体系的著作。但任何新思想的建构首先须经对旧思想的解构而完成,所以荀子思想的解构和建构问题有待说明。

二、荀子的思想解构

学界公认《荀子》集成先秦思想,而先秦思想家特别是先秦诸子的思想都自成体系,所以荀子思想的建构首先建立在对其前代及当时各类思想的解构上。当代的解构学研究者认为,解构就是"推翻固有模式,建立新的秩序",其理论主要源自德里达的解构主义,例鲍亚明先生认为"传统的形而上学的一切领域,一切固有的确定性,所有的既定界限、概念、范畴、等级制度,在他看来都应推翻",该"传统"从某种角度说,解构主义完全是针对结构主义而言,也属于认识理论的部分。作为一种认识理论,虽然解构主义是发生在当代的事,但作为一种认识思想,荀书实已含有丰富的内容。纵观荀书其解构思想主要表现于《解蔽》《非十二子》《非相》等文本。

《荀子·解蔽》曰:

"凡人之患蔽于一曲,而暗于大理,……凡万物异则莫不相为蔽,此心术之公患也。"

其中荀书自释"蔽"作"蔽塞";王先谦释作"雍蔽";杨倞注"各蔽于异端曲说,……所好异则相为蔽"①。概括诸说皆指出该句群旨在说明世间事物不能互通的道理。客观事物间关系的通达需要解除蔽塞,同样各种思想的融合则须解除各类结构的滞通。因此,诸家之论又客观含指荀书所内涵的解构思想:"万物异则莫不相为蔽",即世间各种事物间相互蔽塞的原因在于它们自身客观存在的差异,这种差异是超过了量变之度的本质性差异,进一步说是构建本质上的差异。荀子认为该差异现象普遍存在于"万物"中,例人君"蔽"于吏事的构建、人臣"蔽"于人生的构建、诸子"蔽"于各自思想的构建,而要解决"蔽"于万物的问题则必须"解蔽",即解除其蔽塞,对于诸子的思想来说则须首先解除其原有结构即必须解构。荀子的

① 王先谦. 荀子集解. 诸子集成(2). 上海:上海书店,1986;258 - 259,263.

解构思想主要表现于《解蔽篇》,具体涉及解构原因的说明、解构对象的分析和解构方法的论述等,其中"虚壹而静"的解蔽方法作为中国古代辩证唯物认识论的重要贡献影响至今。

荀子思想的建构主要建立在对已知思想结构的解构上,所以要说明荀子思想的建构首先需要分析其思想的解构,即分析荀子所推翻的固有的几类结构模式。考察荀书对当时固有的思想结构的解除主要有:《解蔽》篇所列的三种"蔽"塞现象、《非十二子》篇非难的"矞宇嵬琐"与诸子学说、《非相》篇主要非难的相人之事和表现于荀书的其他有关结构方面的批判性内容,概括地说主要涉及了三类思想结构模式:政治思想模式、诸子思想模式和外来思想模式。

首先,《解蔽篇》明确列举的"人君之蔽""人臣之蔽""宾萌之蔽"中的前两类属于政事类;《非相》等篇批判的相面术等"恶"事和荀书列举的乱象也总是和政治内容系联:"上不足以顺明王,下不足以和齐百姓"等,所言或直陈政事,或关联政事等,其主要形式所指斥的政治现象,概括地说皆属于政治类思想亦即政治模式。所以从解构的角度说,荀书所推翻的政治模式实属固有的政治思想模式。

其次,《解蔽》篇的"宾萌之蔽"所列举的墨子、慎到和庄子等"蔽"症,《非十二子》主要批评的十二诸子之说和荀书列举的诸多诸子异说等内容,主要归属荀子以前的诸子思想类,他们的思想多因不能"宗原应变,曲得其室"而为荀子责难。从解构的角度说,《荀子》实质推翻了部分诸子固有的诸子思想模式。

最后,荀书于《天论》等篇指斥的"祅"事现象和《非十二子》等篇批判的"嵬琐"学说等内容,经古今学界释义和考索(主要参考第一章的考证部分),其内容皆属外来思想或关联于外来思想。它们主要因"不合先王,不顺礼义"(《非十二子》)的"奸言""邪说",被荀子批判。从解构的角度说,《荀子》实质推翻了固有的外来思想模式。

总括上述,荀子推翻了部分固有的政治思想、诸子思想和外来思想的模式,于其建构新的模式之前,首先完成了对部分固有思想模式的解构,并在解构的同时"建立新秩序",亦即荀子同时进行了思想建构。对此当代学界一致公认,《荀子》集大成的思想根本源自其对先秦思想的批判与吸收。

三、荀子的思想建构

作为先秦集大成的思想家,荀子思想的建构非一己之功,而是建立在对已知结构的解构基础上,所以要说明荀子思想的建构,须先分析荀书所推翻的几个已知结构。

(一)《荀子》的几个已知结构

《荀子》于《儒效》篇以陈述西周初年中外关系的畅通状态为背景,明确阐释其中外交流关系的理论。考察荀书亦确实存在丰富的中外交流思想,对此古今学界有丰富的说明:梁启超认为,"荀子施学,全从经验中来,故以人性为皆恶,此正与西洋之经验哲学派相近也"[①];廖名春先生分析章太炎先生的"尊荀"倾向云"章太炎向往西学……而荀子主张'博学'、主张'善假于物'、主张'法先王',其思想对热衷于西学的章太炎来说,无疑是一面抵御传统势力压迫的盾辞"[②]。概括古今学界论述,皆有荀学内存西学因子的意见。根据马克思辩证唯物主义反映论原理,必须先有西学内传中原之事,之后才有荀书反映的内容,荀学内存西学因子的意见才成立。其实荀学内存西学因子一事并非空穴来风,先秦典籍《左传》《国语》《穆天子传》等多记载中西交流之事,充分说明《荀子》之前,中西文化一直处于不停交流的状态。

综合以上论述知,荀书的思想结构首先当可划分为中西两个基本的组成部分:中国思想结构和外来思想结构;由于荀子主要解决战国后期中国存在的诸多现实问题,因此《荀子》已知思想结构的研究主要以中国思想结构为主,其结构概可类别作传统思想结构、诸子思想结构和俗世思想结构等。

第一,中国思想结构。

学界公认诸子百家主要因春秋战国时期中国裂变的客观形势而产生,所以从思想理论的角度说,解决当时中国客观存在的系列问题是百家的共有论题,表现在荀书的思想结构研究自是以研究中国的思想结构为主。总括荀书所涉内容,其中国思想结构若以时间为限,大致分为传统思想结构和现世思想结构;若依思想

---

① 梁启超. 清代学术概论. 北京:中华书局,2010:135–139.
② 廖名春.《荀子》新探. 北京:中国人民大学出版社,2014:339.

内容为限,其传统思想结构的部分又可分作权威思想结构和诸子思想结构,其中权威思想结构主要出自官学、经学及应对时变之学等;而现世思想结构较复杂,主要以当时权威性的诸子和俗世思想结构等为代表。先秦学术曾经历了"学在上官"和学术下移的转变,其"上官"时代以政教合一为主要特征的学术自属于权威,并渐成学术传统;其后下移时代的学术则较复杂,其中有对传统的继承,但更多的新变出诸子思想和其他各种思想形态,在此权且以俗世思想结构概称其他各种思想形态。所以下移后的学术概括起来相对复杂,其中荀书所涉及的中国思想结构主要有传统思想结构、诸子思想结构和俗世思想结构等。

1. 传统思想结构

《荀子·不苟》篇曰:

> "天地始也,今日是也;百王之道,后王是也。君子审后王之道,分是非之分,总天下之要,治海内之众,若使一人。"①

文中的"统"字,是荀书主要使用的概念之一,虽因所用语境不同而字义微异,但总体意义皆指法则,例杨倞注《非相》"听其言则辞辩而无统"的"统,根本也";又注《非十二子》"略法先王而不知其统"曰"言其大略虽法先王而不知体统。统,谓纪纲也",意谓以先王的纪纲总体为法则。联系荀子思想,其旨意进一步亦谓指导言行的根本法则;联系《不苟》篇主要宣说礼义的思想内容,则文中"礼义之统"的"统"当指礼义的法则。

考察《荀子》著作32篇,始终以"礼义"为唯一宗法的原则。概括地说"礼义"首先是《荀子》倡导学习的中心内容:"礼者,法之大分,类之纲纪也,至乎礼而止矣,夫是之谓道德之极"(《劝学》),即"礼"是最高的道德标准,所以要以学习礼为主;其次是人格的评判标准:"先王之道,仁之隆也。比中而行之。曷谓中,曰礼义是也。……人之所以道也,君子之所道也"(《儒效》),即"礼义"是先王成就的"君子"所倡导的人类所行之道,所以后世评价人事特别是评判人格亦要以其为标准;再则也是荀子衡量所有事物的准则:"圣人知心求之患,见蔽塞之祸,故无欲无恶……是故众异不得相蔽以乱其伦也。何谓衡? 曰'道'",杨倞注"中悬衡"作

---

① 王先谦. 荀子集解. 诸子集成(2). 上海:上海书店,1986:30.

"当其中而悬衡揣其轻重也",因此荀文之"衡"意指衡量;又注"道,谓礼义"①。概括荀书该处之"衡"指"道","道"又指"礼义",则荀书"礼义"自是荀子衡量所有事物的准则,而从《荀子》思想结构的角度说,"礼义"便成为荀书解构的根据。总括荀书礼义之道的思想:"礼义"即是"道","道"即是"礼义",二者之间双向互动。该"道"始于先王,传于后王,并成为衡量所有事物的根本法则。概括先秦诸子关于"礼义"思想的论述,发展至荀子时代,已形成一个系统的古今相传的道统。该道统在荀书表现内容丰富,主要有学统、政统和法统等,例《非十二子》曰:"若夫总方略、齐言行、壹统类,而群天下之英杰……仲尼子弓是也。"古今学界公认孔子首开私家讲学之先,所以该处"统"字当指孔门的学术传统;"壹统类"依文本之意则指丰富多样的孔学内容,其中心主旨实统一归属于礼义之道的思想整体,亦即孔门虽有自己的学统,但其学统实与道统合为"壹"体。《议兵篇》曰:"齐桓晋文……是皆和齐之兵也,可谓入其域矣,然而未有本统也。"杨倞注"本统,谓前行素修若汤武也",则该处"统"字所言齐桓晋文等五伯之事,当指其没有继承汤武礼义王道的政统。

综合上述,荀书首先存在一个主要由政统和学统等组成的道统,该道统是《荀子》著作丰富系统而完整的传统思想结构的主要代表。

2. 诸子思想结构

荀子身为孔学传人、战国后期儒家思想的代表,其思想自然首先建立在对儒家和诸子百家思想的继承和发展上。总观荀书对诸子思想有丰富而深刻的论述,集中表现在《非相》《非十二子》《仲尼》《儒效》和《解蔽》等篇。若说《非十二子》《解蔽》等篇主要评判了荀子以前的儒家、道家、墨家、法家和名家等的思想,其中以指陈孔子、墨子、孟子、庄子、慎到、申不害、惠施和邓析子等为主要代表;则《仲尼》《儒效》等篇主要诠释了以孔子为主的儒家思想,表明荀子论述诸子思想时,唯以孔子为至尊。

学界公认诸子思想内容丰富,各自独成体系,但不意谓诸子学说相互之间是孤立之辞。《荀子·非十二子》篇概之曰:"今夫仁人也将何务哉? 上则法舜禹之制,下则法仲尼子弓之义,以务息十二子之说。"若说文中的"仲尼子弓之义"主要

---

① 王先谦. 荀子集解. 诸子集成(2). 上海:上海书店,1986:263.

针对儒家而论,则"舜禹之制"原是中国自古以来遵从的且为诸子百家多数认可的圣王传统。荀子在此强调"舜禹之制",说明了不仅儒家思想归源于孔学称道的舜禹圣王之道,而且"舜禹之制"亦是诸子思想之源。

由上述可知,《荀子》著作客观存在一个相对完整的诸子思想结构。

3. 俗世思想结构

"俗世"一词本意指普通的现世生活,在荀书则主要与传统权威和诸子百家所含指的对象相对而言;俗世思想主要指表现世俗生活的思想,它虽然主要散在于普通的世俗生活中,但并不限定以身份、地位等各类级差,它是不以人的主观意志为转移而客观存在于现世生活中的一种思想现象,也是《荀子》著作客观表现的内容之一。在荀书常作"世之俗""俗人""俗儒""世俗""约定俗成"等表达俗世思想的词语,表现了荀子对俗世思想的特别关注;思想上则主要表现对"先王""后王"问题、相面术问题和祭祀问题中出现的俗世思想等的诠释。

崇尚圣王之治是先秦儒家共同的政治理念,但崇尚"先王"还是"后王"的问题却成为战国中后期儒家讨论王道思想的焦点,对此荀子在比较分析的基础上提出自己的意见。荀子认为"先王""后王"之道自"礼义"之道的角度说无本质差别,只表现在记事方面,因"后王"记事相对详致且可以稽考之而可做师法而已。荀子因此反对当世出现的一是利用古代历史知识反对改革的复古主义者的"法先王"理论①,二是《儒效》篇所言行同"世俗"的"呼先王以欺愚者而求衣食"的"俗儒"的"法先王"理论等。荀子认为,上述儒者名为儒,实同"俗人",其思想本质无异于俗世思想,荀书于议论的同时客观反映了当时理论界存在的不科学的俗世思想。以此说明荀子并不否定俗世思想中进步的方面,例《儒效》篇言:"以从俗为善,以货财为宝,以养生为己至道,是民德也。"表明荀子同时认可俗世思想中存在的合理的部分。

春秋战国时代的社会上出现一种相面的风习,荀子对此明确指出相面术是"古之人无有也,学者不道"的俗事,荀书从辩证唯物的角度论述了人的外在"形相"与内在"善恶"本质之间的关系,并以"奸言""邪说"之论批判相面术。荀书于批判的同时,客观反映了当时的俗世思想。

---

① 任继愈. 中国哲学史(1). 北京:人民出版社,1996:243.

荀书反映的俗世思想还表现在祭祀问题上。《左传》记载春秋战国时代"国之大事在祀与戎",说明祭祀在当时本是一件无可厚非之事,但依《荀子》等典籍记载,战国时代的祭祀生活相对丰富,既有主要为政事等权威层服务的"君子"所用的"卜""雩"之祭仪,又有广泛流传于民间的"百姓"之祭事。其中,百姓的祭事还含有内传中国的若荀书等典籍记载的"人祆"等外来祭祀形式。荀书在比较分析"君子""百姓"两种祭祀形式的基础上,认可前者是王政之事,否定民间俗传的"人祆"之祭事,因此于论述"人祆"事的同时,客观反映了荀书丰富的俗世思想。

总之,《荀子》著作存在丰富的俗世思想,它成为诠释荀子思想的重要依据之一,从结构的角度说,《荀子》著作又客观存在一个俗世思想结构。

第二,外来思想结构。

古典文学界认为"议论纵横"的策士文风是战国中后期"纵横捭阖"时代特征的体现①,以此概括《荀子》纵横布列文字的叙法特征亦合乎荀书文理。若说其中的"纵"主要表示时间序列法,行文常以"上古""今世""先王""后王"等叙词为主;则"横"是空间序列法,叙词主要有"天下""海内""海外""四方""四海"等。概括荀书的空间序列内容,主要涉猎对"中国"和"外国"的生活反映,表现在《儒效》篇以所言西周初年"四海之内"的大治和"外阖不闭,跨天下而无蕲"的外安为代表。其中"外阖不闭"所言当含指其时中外关系处于交流的状态。所以荀书思想内容从空间序列的叙法说,客观涵盖对中外两方面思想现象的表现。虽然荀书以表现中国思想为主,但也常常以引用的外来思想现象说明和佐证荀书的理论。

纵观荀书的外来思想主要表现为外来的思想和中外思想融合的部分。

首先,《天论》篇提到当时社会上出现一类以"祆"事解决"日月食"等自然天象问题的生活现象,因为"百姓以为神"造成的日月食等天象,因而用"人祆"的形式求神解决之。对此荀子认为"以之为神则凶"。《说文解字》释义"祆,胡神",杨倞则注评该祆事是"淫祀求福则凶也",诸家说明皆指出"祆"指一种祭祀;任继愈先生也认为是宗教祭祀;当代宗教学界进一步解释该字是对外来的天神祭祀的专指,属于传自中亚大夏古国的琐罗亚斯德教一类。该教以相对系统的思想学说影响到战国时代的思想家,以至于引起荀子的关注,在荀书又简写作"琐"(见第一章

---

① 袁行霈. 中国文学史(1). 北京:高等教育出版社,1999:100-101.

的考证部分）。所以表现了荀书有外来思想的内容。

其次，荀书有些思想内容还表现出受外来思想影响的方面。以荀子的人性论思想来说，《性恶》篇等所涉猎的人性善恶问题，是战国中后期以后思想界讨论的重要论题之一，但从语言学角度考察荀书"性恶"命题的渊源则相对复杂。同前所述，有关"善""恶"的伦理思想较早出现于《论语》以前，孟子等的详致论述是自然的承传之事。虽然《孟子》的"性善"命题开善恶论的学术讨论之先，但学术范畴的"恶"的系统论述确实不见于《荀子》之前的文献记载，有关"恶"字的学术意旨在《墨子》《孟子》《庄子》等著作里皆以"不善"一词表示。《荀子》首次命题"性恶"，以与"性善"命题的学术意指相对应，且对之进行系统的理论说明，其原因则需要考证。据宗教界研究，琐罗亚斯德教的经典著作《波斯古经》系统说明了世界本源于善恶二神的理论；考古学界证明它至迟于公元前 4 世纪已传进中国的新疆。尽管现存的该教经典，绝大部分整理于萨珊王朝时期，但学界考证亚历山大于公元前 330 年左右占领波斯火焚它的原始版本时，尚"仅存一卷"①。所以该教思想有条件或因移民，或因商贸之民，以及域内外文化交流等因素传进中国，进而影响当时的中国思想界，并为中国思想界正视。其中该教的善恶思想自然引起人性讨论集中时代的荀子的关注，其相关的以善恶命名事物本性的学术命题形式亦自不例外。荀子以批判的态度，从辩证唯物的立场角度，将该教主要表达神性的宗教范畴叙词变易至命题人性的学术范畴使用，以诠释荀子的人性论思想。所以从性恶理论的思想渊源角度说，《荀子》的"性恶"论思想当受到外来祆教思想的影响。

综合以上论述知，《荀子》著作确实客观存在外来思想结构。

（二）荀子思想的建构

荀子以明确的思想建构理念为指导，解构了已知诸多中国传统的思想结构、诸子思想结构、俗世思想结构和外来思想结构等，建立了荀子系统的思想结构。皮亚杰认为一个结构有整体性、转换性与自身调节性三个特性，表现于荀子思想的建构，主要为辩证唯物的整体性，以"礼"为中心，以"礼法并重"的道统为主体

① （英）玛丽·博伊斯．伊朗琐罗亚斯德教村落·序言．北京：中华书局，2005：7；任继愈主编．宗教词典．上海：上海辞书出版社，1985：722.

的转换性和以理想人格为思想主体而进行结构的自身调整等特性。

1. 辩证唯物的整体性

皮亚杰认为的结构整体性,指的"就是在结构与聚合体即与全体没有依存关系的那些成分组成的东西之间的对立关系",即"一个结构是由若干个成分所组成的;但是这些成分是服从于能说明体系之成为体系特点的一些规律的。这些所谓组成规律,并不能还原为一些简单相加的联合关系,这些规律把不同于各种成分所有的种种性质的整体性质赋予作为全体的全体"。依照皮亚杰的观点,概任何一个结构,都是由能体现整体规律的部分之规律组成的,诸多部分之规律因而具有赋予整体性于各部分全体的全体的特性。表现于荀书,学界公认《荀子》思想内容丰厚,主要在世界观、政治观和人生观等思想的系统诠释等方面,其各部分思想的诠释,皆以辩证唯物的形式为主要方法,因而辩证唯物既是荀子思想内容各部分诠释的主要方法,又将各部分所有的辩证唯物的整体性,通过诸多部分之规律赋予作为荀子思想全体的全体。所以荀书的整体性,当主要体现在《荀子》思想整体所显现的一种以辩证唯物的认识方法阐述其各类思想问题的方法论特性。因此,荀子思想的建构总的体现出辩证唯物的整体特性。

《荀子·天论》篇曰:

"列星随旋,日月递炤,四时阴阳大化,风雨博施,万物各得其和以生,各得其养以成。不见其事而见其功,夫是之谓神;皆知其所以成,莫知其无形,夫是之谓天。"

"神"造世界是先秦时期有关世界本源问题的基本思想认知之一,但荀子之前的学界认为的神,主要属于意识论范畴的不可知论领域;荀子则自物质论范畴,释"神"作阴阳风雨等潜移默化的机能,并把由这种"无形"的机能所形成的物质自然界叫作天。在荀子看来物质自然界只是客观事物之间相互作用而成的各自"和以生""养以成"的结果,其中的"神"只不过是万物形成过程中客观表现的一种特征,而作为万物之一的"天"则主要因其存在形态得名。自此荀子将对"神""天"等事物的认识由不可知论纳进其可知的唯物论领域。荀子不是形而上的说明其万物起源等问题的可知论思想的,他认为由"神""天"而延及世界上的一切现象都是"天地之变、阴阳之化"的结果,它既是自然界固有的法则,也是人类社会和人的发展所共同遵循的法则,且"天有常道矣,地有常数矣,君子有常体矣"(《天论》),即这种法则的运行有一定的规律性。"这是一种朴素唯物主义的,具有辩证法思想的宇宙生成论"①,即荀子的有关天人关系规律论,体现了荀子鲜明的辩证唯物的思想特性。

荀子辩证唯物的特性不是孤立地表现在某个或几个层面,而是普遍地运用于其全部思想的各个组成部分的建构,所以辩证唯物是其思想建构过程中所体现的整体特性。该特性在《荀子》著作中主要表现在认识思想、政治思想和人生思想等方面。

首先,《荀子》的认识规律思想论方面体现出辩证唯物的特性。

《荀子》的认识思想主要表现在天道观、认识论,以及本质表象关系论等方面的诠释,例《天论》解释世界上的一切现象都是"天地之变、阴阳之化"的结果,李锦全先生高度概括了它的意义,认为"在中国认识史上,第一次冲决了天命神学的堤坝,抹掉了'神'和'天'的神秘主义色彩,给以唯物主义的解释"②。

荀子认为人的认识来自人的感觉器官"天官"之一"心"的"虚壹而静"(《解蔽》)的同时,主张认识源于实践,并接受实践的检验。《性恶》篇曰"善言古者必有节于今;善言天者必有征于人。凡论者,贵其有辨合,有符验",该处的"节""征""辨合""符验"都是用事实进行检验之意,只有行之有效的,才是正确的③,同时,该论不仅体现了荀子的认识世界不限于部分事物,其检验的范畴也是以古今、天人的时空构架而形成的客观世界的整体;检验的标准则是"稽实定数"(《正名》),其中"实"指事物的本质,"数"是事物的数量,即检验的标准是以质定量。世所公认客观事物的本质总是通过表象显示其本质,事物的数量只是表象之一,所以检验认识正确与否的标准不能根据事物的表象,而必须以其本质为准则。荀子以上有关认识论和本质表象关系等规律的论述,同样体现了辩证唯物的特性。

综合荀子对客观世界的认识,总是表现出辩证唯物的特性。所以由荀书认识思想规律的论述,首先窥见其辩证唯物的思想特性。

其次,《荀子》的社会政治规律思想的诠释,表现出辩证唯物的特点。

① 肖萐父,李锦全.中国哲学史(1).北京:人民出版社,1982:211.
② 同上,第211页。
③ 同上,第221页。

　　《荀子》提出"明于天人之分"的命题，即明确"天"与"人"各自的职分，并于《天论》等篇对"天"的职分进行了详致的阐释，以"天行有常""天有常道"等论述概括了作为具体天的自然行变规律。同"天有常道"的认识一样，荀子同时对人的职分以"君子有常体"的命题进行了系统诠释。其中"君子"一词内涵丰富，在先秦思想界主要是理想人格的代称，大致有道德、学术和政治范畴等的意指，以政治范畴来说"君子"自是明君贤主的治政者之代表；在该篇则属于政治范畴，例荀子评价当时的卜筮等事是"君子以为文"之事，杨倞注"以文之也"句曰"以文饰政事而已"①，所以"君子"于《天论》篇所指主要属于政治范畴。其中的"体"字，尽管古今释义有异，但王念孙注《修身》"笃志而体，君子也"曰"笃志而体谓固其志以履道"②，则该处"体"当指依道而行之意。先秦"道"字内涵丰富，所涉概以天道、地道和人道等为主。其中的人道主要有人类之道、社会之道和人生之道等内容，而《天论》篇"君子有常体"所指称的"体"当主要指社会的政治之道。

　　由荀子"天有常道矣，地有常数矣，君子有常体矣"之论可知，荀子天人关系理论的建立不是要孤立地讨论天和人之间的差别，而是论天仅为论人服务，天人有别又有联系，二者是辩证统一的关系。荀子以天地运行的自然法则说明人类社会的运行法则，其中特别用以说明社会政治法则，因之将抽象的社会政治思想理论建立于客观的自然规律理论的论述之上，从而体现其社会政治思想论的辩证唯物的特性。

　　最后，《荀子》的人生规律思想的阐释，表现出辩证唯物的特点。

　　人生规律思想的诠释不仅是先秦人学理论的主要内容，也是荀子思想的重要论题。荀书先是承认"天命"的存在，表现了对儒家思想的继承；荀子又不同于其前儒家的抽象之天命论，而是将以具体的自然属性的天命论纳进辩证唯物的范畴。荀子又明确提出"制天命而用之"的新的天命思想，表现出不同于孔子等的"畏天命"论，充分肯定人对"天命"的主观能动性，进而表现出对天和人亦即自然界和人的命运之间关系的辩证唯物的认识。

　　荀子进一步将其命运理论引至其人生规律思想的探讨领域，辩证地说明人生

---

① 王先谦. 荀子集解. 诸子集成（2）. 上海：上海书店，1986：211.
② 同上，第 19 页。

理想和现实之间的关系,例《王制》篇曰"虽王公士大夫之子孙也,不能属于礼义,则归之庶人;虽庶人之子孙也,积文学,正身行,能属于礼义,则归之卿相士大夫",意指人的命运并非永恒不变,其关键在于对人自身所具有的主观能动性的自觉调动与否,能自觉调动主观能动性于修习礼义之道的人,就能实现理想人生;反之就必须面对现实人生。该句群主要从政治思想的角度表现荀子的命运观,在荀子看来,人的命运虽然客观实在,但作为命运主体的人有改变之可能,现实和人生理想之间是辩证统一的关系。所以《荀子》人生规律思想的论述,也充分体现了辩证唯物的特性。

综合以上论述知,荀子思想的建构首先具有辩证唯物的整体性。

2. 以"礼"为中心,以"礼法并重"的道统为主体的转换性

皮亚杰认为"一个结构是由……(诸多)规律把不同于各种成分所有的种种性质的整体性质赋予作为全体的全体"①,这种"赋予"主要通过"转换"完成。"转换"是科学认知发展理论的主要概念之一,"如果说被构成的这些整体性的特质是由于它们的组成规律而来的,那么这些规律从性质上来说就是起构造结构作用的"②,即"转换"具有被构成和构造的永恒的双重性,概括地说"在有的学科中译为变换,就是表示变化的规律"③,在一个结构中,它具有将整体性质赋予各种不同性质的成分全体的全体的性质;在荀子思想体系的建构中它则具有将荀书辩证唯物的整体性质赋予荀书若干结构成分全体的全体的性质。

考察荀子思想体系的建立,由诸多规律组成,其中"天人关系"问题不仅是先秦思想界的基础,也是荀子思想体系建立的基础。若说"天"主要代表自然规律系统,则"人"主要代表人类社会等规律系统。人类社会规律丰富而复杂,当今学界一般以社会、人生及生命等层面划分之。《荀子》著作主要阐释人的系列问题,则其有关人类社会规律系统当含有社会、人生和生命等规律,在荀书诸多规律又统称之为"道统"。先秦哲学中,"道统"的含义主要指各种变化规律,相应地在皮亚杰的结构主义里当指"转换",则荀书的"转换"主要指"道统"。

---

① 皮亚杰著,倪连生,王琳译. 结构主义. 北京:商务印书馆,1984:6.
② 同上,第6页。
③ 皮亚杰著,倪连生,王琳译. 结构主义·前言. 北京:商务印书馆,1984:5.

考察先秦的道统论,较早雏形于《论语·尧曰》所记孔子称道的尧舜禹汤文武之言;其后《墨子》屡于行文中列举之;至《孟子·尽心》篇正式概之为尧舜禹汤文武周公孔子之道①,则象征先秦诸子道统理论的业已形成。但综观诸家所论,虽有道统的内涵在,于其各自著述中的思想角度实不相同:孔子主要是仁礼结合的伦理角度;《墨子》表现的"兼爱"思想当主要属于宗教角度;《孟子》则主要将孔子的仁义思想向政治和人生等角度纵深发展。《荀子》全面继承其前的道统理论,又进一步向学术的角度发展,创造性地形成了以"礼"为中心,以"礼法并重"的系统的道统为主体的思想。在荀书,道统既是其思想诠释的基点,荀子思想的整体性特质主要始发自对道统的论述,即被构成的荀书诸多整体性特质主要是因道统的论述而来;又是《荀子》所有思想之间相互关系转换的路径,《荀子》所有思想的诠释主要依道统的论述完成。因此,道统客观地构造了荀子思想的结构。概括地说在荀子的思想结构里,道统具有被构成和构造的双重性。综观荀书的道统理论相较于其前的诸家所论主要有两个独特之处:其一表现为以"礼"为中心;其二主张"礼法并重"。

根据《论语·为政》"子曰:殷因于夏礼,所损益可知也;周因于殷礼,所损益可知也。其或继周者,虽百世,可知也"之论,则中国的"礼"于夏代已产生。先秦诸子中孔子首先将"礼"纳进自己的仁学思想体系,并系统论述了"礼"的内涵,但在孔子思想中,"仁"是中心,"礼"主要为诠释其仁学思想服务。发展至荀子,不同于《孟子》以发展孔子的"仁"为中心,《荀子》则以发展"礼"为中心。表现在荀书首先树立明确的礼学观念,要求学习"终乎读礼"(《劝学》);要求现实生活中践行礼,认为"食饮衣服居处动静,由礼则和节,不由礼则触陷生疾……人无礼则不生,事无礼则不成,国家无礼则不宁"(《修身》);确立"礼"作为理想人格评判的准则,例《君子》篇曰"天子……四海之内无客礼,告无适也",杨倞注曰"适读为敌,《礼记》曰'天子无客礼,莫敢为主焉'",则该文意指"天子"具有"君子"的品格,评判的唯一标准是"礼",学界认为"君子"是先秦儒家理想人格评判的准则②,则"礼"在荀书便又具有荀子理想人格评判准则的属性。其次,荀子于《礼论》篇专门讨论

---

① 焦循. 孟子正义. 诸子集成(1). 上海:上海书店,1986:608 - 609.
② 李宗桂. 中国文化概论. 广州:中山大学出版社,1988:102.

了"礼"的起源、含义和价值等问题,从而在继承孔子礼学理论的基础上初步建立了相对系统的礼学思想体系,以辩证唯物的视角开其后中国礼学研究之先。对此梁启超给予高度评价,他概括荀学的七个特征中有三个皆关乎"礼"的问题,认为荀学"'礼'之表现,在其名物度数。荀子既尊礼学,故常教人对于心、物两界之现象,为极严正极绵密之客观的考察。其结果与近世所谓科学精神颇相近"①,无疑是对荀书之礼学思想所具有的辩证唯物特质的认可。再则,荀子于先秦诸子中首次设《礼论》篇专门论述礼学问题,可见礼在荀学中的地位之重,梁启超评说《礼论篇》曰,"礼学为荀子所最重,本篇自为书中重要之篇"②;同时"礼"字还成为荀书诠释荀学的重要用语,郭沫若先生统计《荀子》著作 32 篇的用语特点之一,"《荀子》全书反复强调礼字,我曾经逐篇点查了一下……向来认为荀子手笔的二十六篇之中,就只有《仲尼》一篇没有礼字",其中《礼论》篇用"礼"字最多,其次《性恶》篇仅以 43 次之数稍后于 45 次的《礼论》篇,体现"礼"在荀书的地位之重③。虽然用单纯的频数统计来说明问题不是非常的严谨,但一定程度上说明荀书对礼问题的至为关注,例学界公认荀子"化性起伪"的命题中,"性"主要指恶性,"伪"指人为,即化解人类性恶的办法是依靠后天的学习。荀子主张学习的旨归主要在于学礼,则礼无疑是荀子解决性恶问题的主要办法。

综合以上论述知,《荀子》道统理论的独特处之一是以"礼"为中心。

《荀子》道统理论的第二个独特处是主张"礼法并重"。《劝学》曰"礼者法之大分,类之纲纪",杨倞注"礼所以为典法之大分,统类之纲纪",释"类"作"礼法所无触类而长者犹律条之比附";《方言》云齐谓法为类也;王念孙曰"类者谓与法相类者也"④。诸注说明该处"类"字义亦通"法"字,则句中"礼""法"二字亦义通,该句的礼法统一论因之体现了荀子"礼法并重"的思想。"礼法并重"的思想普遍地表现于荀书,例《劝学》曰"礼乐法而不说",杨倞注曰"有大法而不曲说也"⑤,说明荀子以对礼、乐二经客观含有的法内容的首先关注,体现了"礼法并重"的思

---

① 梁启超,章太炎. 解读中华文化经典·要籍解题及其读法. 沈阳:辽海出版社,2010:62.
② 同上,第 63 页.
③ 郭沫若. 十批判书. 北京:东方出版社,1996:256-257.
④ 王先谦. 荀子集解. 诸子集成(2). 上海:上海书店,1986:7.
⑤ 同上,第 8 页。

想认识;荀子还极力倡法,《修身》曰"好法而行,士也;笃志而体,君子也……人无法,则伥伥然;有法而无志其义,则渠渠然;依乎法,而又深其类,然后温温然",文中以法可助修身之论大力提倡士君子自觉学法,并以"非礼,是无法也……故学也者,礼法也"的"礼法并重"之说,一定程度地宽松了法家"刑不上大夫"之法思想之限;荀子更将"礼法并重"的思想提高至道统的高度诠释之:"君人者,隆礼尊贤而王,重法爱民而霸。"(《天论》)王道、霸道的思想是先秦治世之道思想的重要论题,荀子之前思想界主要有以儒家等为代表的王道论和以法家等为代表的霸道论,荀书在此则明确以"隆礼""重法"之王霸兼治理论,创造性地将"礼法并重"的思想提到道统的高度。其实古人即已注意到荀子"礼法并重"的思想,《非十二子》《大略》篇并云"多言而类圣人也,少言而法君子也",《王制》《大略》二篇又云"有法者以法行,无法者以类举",王念孙称"皆以类与法对文"①,王念孙在此以学习礼仪为主的"圣人""君子"同样重法的释义,表达其对荀书"礼法并重"思想的认识。当代学界通常认为"礼法并重"是荀子社会思想的表现。综合以上论述知,以"礼"为中心的《荀子》思想同时又重视法的功用,体现了荀书"礼法并重"的思想特征。若说荀书"礼"的思想主要源自儒家思想的继承,则法思想主要源自对《老子》自然之"道法"理论和商鞅等有关国家法律思想的继承。总之,作为儒家正宗传人的荀子,其思想直接继承儒家礼学思想的同时,又批判性地吸收道家、法家等丰富的法学思想,成功建构了以"隆礼""重法"等政治思想为中心内容的"礼法并重"的辩证唯物主义思想体系,亦即该体系实际以诠释"礼法并重"的道统理论为主体。

当今学界公认荀子思想体系结构严密,因此根据科学认知理论对结构的定义,若说辩证唯物是《荀子》思想结构的整体性特质,则以"礼"为中心,以"礼法并重"的道统为主体就具有将辩证唯物的整体性特质赋予各种不同性质成分全体的全体的转换性,它于转换过程中被构成;又根据皮亚杰的"转换"定义,则以"礼"为中心,以"礼法并重"的道统为主体也在转换过程中同时构造了荀子的思想结构,所以在荀书该主体具有永恒的被构成和构造荀子思想结构的双重属性。纵观荀子思想结构的转换性,主要含有转换的方面和转换的原则等内容。

---

① 王先谦. 荀子集解. 诸子集成(2). 上海:上海书店,1986:7.

综合以上论述知,荀书结构的转换方面主要由其道统决定,但结构主义者认为"从结构这个术语的现代含义来讲,'结构'就是要成为一个若干'转换'的体系,而不是某个静止的'形式'",则荀书的道统体系不是孤立静止的,而是处于不停地变换状态中①。古今学界公认《老子》首次提出"道"的哲学范畴并分别世界之道作天道、地道和人道三类,此后诸子百家循因发展之,其中荀子以"明于天人之分"的命题和"天有常道矣,地有常数矣,君子有常体矣"(《儒效》)等论,客观分别道作以"天"为代表的内含天道、地道思想的自然规律系统和以"人"为代表的含有人道、君子之道等的社会规律系统,其中"道""数""体"在《老子》之后的哲学范畴里皆有物质实体和意识规律的双重含义。《天论》又曰"制天命而用之",《儒效》则曰"道者,非天之道,非地之道,人之所道也",诸多论述说明在荀子思想中两类规律系统不是各自孤立存在,而是相互依存,其中社会规律源于自然规律的同时又具有自身独立的客观性和对自然规律的主观能动性,二者既相辅相成又可相互转化。因此,在荀子的思想建构中,首先生成自然规律和社会规律两系统的相互转换。

荀学主要源于孔学,古今学界公认孔学首开中国人学研究之先,则荀学自以人学特别是社会规律系统的研究为主。考察荀书若说《君道》《臣道》《致仕》等篇专门论述社会政治等现象,则以"礼"为中心的"先王之道"和"礼法并重"的"圣王之道""君子之道""治心之道"等,既是《荀子》对产生社会问题的原因和解决途径进行的纵深剖析,又是荀子思想建构的核心所在。根据马克思有关人的定义,社会规律系统实际由群体性社会和个体性社会等诸多规律组成;在荀书其个体性社会规律又主要由以"君子""圣人"为代表的理想性个体和其他现实性个体等为主。其中以"礼"为中心、"礼法并重"的"圣王之制"是荀书最高理想的体现,是《荀子》社会规律系统的核心。综观荀书社会规律系统内部的诸多规律之间不是孤立静止,而是辩证统一、相辅相成、相互联系转化的,其转化的轴心即是社会规律系统的核心,亦即以"礼"为中心、"礼法并重"的"圣王之制"。荀书的社会规律系统内部各规律因以"礼"为中心、"礼法并重"的"圣王之制"而相互联系转化,并因之生成荀子思想建构中社会规律系统内部各组

---

① 皮亚杰著,倪连生,王琳译. 结构主义. 北京:商务印书馆,1984:5.

成部分规律的相互转换。

荀子主张认识事物依靠人的"心",认为"心有征知"、能"虚壹而静",在荀书代表社会规律的"圣王之制"皆来自"圣王"能动地壹心静察自然规律所得,其中的"心"在荀书属于"天官"。荀子持自然天论,荀书之"圣心",因此客观具有物质和意识的双重职能,是自然规律和"圣王之道"两类规律系统联系的关键。荀书的"圣王之道"主要属于社会规律系统,则"圣心"又客观具有自然和社会的双重属性。因此,在荀子思想的建构中,由"圣心"客观生成自然规律系统和社会规律两系统的相互转换。

综合以上论述知,荀子思想的建构主要依从以"礼"为中心,以"礼法并重"为主体的道统体系的构建为主,其道统体系主要由自然规律和社会规律两系统组成;荀书主要以"群"的概念代表社会观念,以"明分使群"的论题说明社会关系中群体和个体的关系,则荀书的道统体系中的社会规律系统又客观涵盖社会群体和社会个体两个规律系统;荀书的自然规律、社会群体与社会个体等三个规律系统,各因"圣心"而生成以"礼"为中心、"礼法并重"的道统的主体转换。

结构的构造问题是结构主义学派的诸论题之一,其中的数学和逻辑结构、物理学和生物学结构,以及心理学结构等问题的阐释皆与构造的条件有关,皮亚杰所说的"事实上,一切已知的结构,从最初级的数学'群'结构,到规定亲属关系的结构……,等等,都是一些转换体系。但是这些转换,可以是非时间性的,也可以是有时间性的。而且,如果这些结构不具有这样的转换的话,它们就会跟随便什么静止的形式混同起来,也就会失去一切解释事物的作用了"①,该论当主要是对构造的有限性和运动性等转换条件的说明。表现在《荀子》思想的建构,以其有限性的条件方面为例,其道统体系中各种规律的转换事实上是在有限性条件下进行的,例《议兵》篇论齐桓公等五伯"是皆和齐之兵也,可谓入其域矣,然而未有本统也",杨倞注"本统,谓前行素修若汤武也",则该"统"字当指时间意义上的历史传统;《非十二子》篇评价孔子等,"若夫总方略,齐言行,壹统类,而群天下之英杰……仲尼子弓是也",杨倞注该"统"字作"纲纪",结合荀书旨意,"壹统"主要指将不同的个体存在整合于一种纲纪法则之内;"天下"一词本指地域而言,在荀书主要涵盖"十二子"所在的中国海内之地和"崏琐"所源的中亚大夏古国等海外之地,综合该句群意义当指孔子等的思想所具有的空间上政治一统的特性。历史承传的时间性和地域一统的空间性相结合,形成了荀书思想建构中相对系统的时空转换规律。此外,荀子还特别重视客观事物之间的逻辑关系,特著《正名》篇阐释名实相符的逻辑规律等问题。荀子的《性恶》篇曰"善言古者必有节于今,善言天者必有征于人。凡论者,贵其有辨合,有符验",从荀书思想建构的角度论,若说其中的"天人"论主要代表荀子思想结构中由诸多规律组成的转换体系,则"古今"论、"天"论和"符验"论就直接涉及转换所需依从的时空转换规律和逻辑规律等的有限性条件的诠释。

综合以上论述知,荀子思想的结构主要由以自然和社会规律为代表的诸多规律组成;各规律之间共同依循时空转换规律和逻辑规律等限定性条件,将辩证唯物的整体性转换至各组成部分全体的全体。其中被构成荀子思想结构辩证唯物的整体性特质的荀书道统体系的诸多组成规律,同时又构造了荀子的思想结构。所以在荀书,其道统体系的诸多组成规律具有被构成和构造的双重性,亦即在荀子思想的建构中,其道统体系具有转换的特性。由于荀书道统体系的主体主要以"礼"为中心、"礼法并重",所以荀子思想的建构便具有以"礼"为中心,以"礼法并重"的道统为主体的转换性特性。

3. 理想人格的自身调整性

结构主义学派认为,"结构具有自身调整性,它带来了结构的守恒性和某种封闭性……它意指一个结构所固有的各种转换不会越出结构的边界之外,只会产生总是属于这个结构并保存该结构的规律的成分",说明结构一经形成就客观具有的守恒性和某种封闭性,其内部及内外部所需要的调节主要通过结构自身具有的自身调整性完成。当今学界公认荀子集成先秦唯物主义思想,建立了辩证唯物主义的思想体系,意谓荀子通过集结先秦辩证唯物的知识领域而建构了荀书严密的思想结构,其中辩证唯物的思想结构的守恒性,既体现在《荀子》文本自身结构的建构过程中,又体现在学界至今受其辩证唯物的思想认识的积极影响,而古今对荀学诸多批判性的意见又客观反映了学界对荀子思想结构封闭性的消极之处的冷借鉴。谭嗣同《仁学》篇的有关"二千年来之学，荀学也，皆乡愿也"之评价，一定程度上反映了学界该类意见。皮亚杰认为"当人们一旦做到了把某个知识领域归结为一个有自身调整性质的结构时，人们就会感到已经掌握这个体系内在的发动机了"①，它意谓一个有自身调整性质的结构体系必定有其内在的制动关键。荀书的制动关键尚待讨论。

考察荀子思想的建构，主要有天与人两个规律系统，荀书以诠释人的规律为主；人的自然属性和社会属性规律系统论中，荀书以社会属性的规律论为主，学界通常称以"外王之学"；社会群体的规律和社会个体的规律论中，荀书侧重二者辩证统一基础上的社会个体相关规律的论述，即社会环境中的社会个体问题研究。《礼论》篇曰"祭者志意思慕之情也……圣人明知之，士君子安行之，官人以为守，百姓以成俗。其在君子，以为人道也，其在百姓，以为鬼事也"，荀子在此不仅明确分别人作"圣人""士君子""官人""百姓"四类，而且从人格的角度说，前三种都属于"君子"人格。考察荀书所论的"君子"，又是其理想人格的代表，它意谓荀子思想的建构中，有关个体人的规律系统的论述是以人的理想人格的阐释为中心，进一步说"君子"的理想人格既是荀子思想体系内在的制动关键，又使荀子的思想结构具有自身调整性。所以理想人格的自身调整性是荀子思想建构的特性之一。

结构的自身调整性并非任意而行，而是"按照不同的程序或过程才能实现的。……节奏、调整作用和运算，这些是结构的自身调整或自身守恒作用的三个主要程序"，其中调节作用在新结构的构造过程中又分作两个等级：有一些仍然"留在已经构成或差不多构造完成了的结构内部，成为在平衡状态下完成导致结构自身调整的自身调节作用；另一些参与构造新的结构，把早先的一个或多个结构合并构成新结构，并把这些结构以在更大结构里的子结构的形式，整合在新结构里面"②，皮亚杰在此详细阐述了结构的自身调整性实现的程序问题。在荀书其结构的自身调整性同样按照荀子设立的程序实现。

首先，"君子"不但是先秦思想界阐释理想人格的共名，也是荀书思想体系的

---

①　皮亚杰著，倪连生，王琳译．结构主义．北京：商务印书馆，1984：8，9．

②　同上，第9，10，11页。

制动关键。考察荀书的"君子"实在是其关键用语之一,它不断重复地出现且贯穿荀书始终,例始发章《劝学》篇阐述的中心论题就是论述"君子"所说的理论;诠释荀子最重的礼学思想的《礼论》篇,立"君子"为理想人格的代表;荀书还集先秦思想有关"君子"理论之成,特设《君子》篇专门从理想人格的角度诠释"君子"一词,杨倞认为"凡篇名多用初发之用语名之,此篇皆论人君之事,即君子当为天子,恐传写误也"①,查考该文的确皆论人君之事,但"君子"之篇名当不是"传写误",因为该文之旨,实归于说明"君子"理想人格的最高之境的"圣"性境界,即倡导荀子有关"圣王"的最高理想人格,所以对于"天子"来说,"君子"是其基本的理想人格,"圣王"才是其最高理想人格的取向,全文旨归以"圣王"人格限定"天子"品格的发展:"天子"既是天下"礼"的最高代表;又能"论法圣王",因而又体现荀子"礼法并重"思想的建构。总观荀书"君子"用语的出现也有特点:或多与"小人"等词组成反义性对称,或常与"圣王""士""官人"等词组成同义词对称,概意谓在荀书的思想建构过程中,不仅诸多规律多以对称和重复的状态出现,其制动关键也是依对称和重复的状态设置,具有节奏上不间断的连续性与谨严性特征。因此在荀书,主要通过"君子"思想、用语等诸种对称和重复等手段,保证其自身调节作用的节奏,是荀子思想结构的程序之一。

其次,从结构的角度说,"君子"理想人格的最高代表是"圣王"。考察荀子思想结构的诸多规律,多以"圣王之道"为代表的社会政治规律系统为重心;同时在荀子思想的建构中,"圣王之道"客观具有双重意义:它既是荀子认同的传统礼学思想等旧结构的组成部分,又参与《荀子》"礼法并重"思想新结构的构造,从而将荀子之前的传统结构、诸子结构和外来结构等合并构成荀子思想的结构。诸多结构在荀书以子结构的形式被整合于荀子以"礼"为中心、"礼法并重"的新结构里面。这就意谓"君子"的理想人格在荀书思想的建构中具有调节作用,是荀子思想结构不可或缺的程序。

最后,纵观荀书"君子"理想人格的表述,"君子"并非最高的理想人格。荀子于《修身》篇列"士""君子""圣人"三类中,"齐明不竭"的"圣人"是最高代表,杨

---

① 王先谦. 荀子集解. 诸子集成(2). 上海:上海书店,1986:330.

惊引《书》注曰"成汤克齐圣广渊",说明现实生活中只有成汤一类王者才是圣人；《礼论》曰"礼者人道之极也……圣人者道之极也,故学者固学为圣人也",意谓"圣人"只是学习所要达到的理想境界的追求而已,荀子于该文进一步详细论述了"圣人"的达成方法："礼者人道之极也……礼之中焉能思索谓之能虑；礼之中焉能勿易谓之能固。能虑能固,加好者焉,斯圣人焉。"现实生活中若说"能虑"尚可做到,"能固"和"好"则实难做到,所以"圣人"主要是儒家等的一种难以企及的理想而已,老子、孔子和孟子等皆有嗟叹之议①,在现实生活中则主要以一种假设状态存在。纵观荀书丰富的圣人论,其"圣人"的理想人格无论是其在现实生活中的存在,还是达成其境界的方法,都主要处于一种假设状态,所以荀子于诠释的过程中运用的假设和演绎推理等主要方法,依皮亚杰的结构程序理论,当属于逻辑运算的程序。纵观荀子思想的结构,主要通过假设—演绎推理等运算,完成了调节作用。

综合以上论述知,在荀子思想的建构中,通过理想人格的设置,经观念和语言等的对称及重复的节奏、完成旧结构的调整并参与构造"礼法并重"的新结构的调节作用、假设—演绎推理的逻辑运算等主要程序,实现了荀子思想结构的自身调整。所以,荀子的思想建构具有理想人格的自我调整性。

综观荀子的思想建构,主要经同化先秦时期传统思想结构、诸子思想结构、俗世思想结构、外来思想结构等已知结构客体和顺应传统思想结构环境等的两个过程；建立了以辩证唯物的整体性,以"礼"为中心、以"礼法并重"的道统为主体的转换性和理想人格的自我调整性为特性,且处于动态的平衡状态的荀子的思想结构。

第三节　《荀子》的话语系统

话语系统是语言学现代话语分析理论的学科术语,它源自该理论的开端《话

---

①　李宗桂. 中国文化概论. 广州：中山大学出版社,1988：101 - 102,133.

语分析》一文(1952年美国学者 Z. Harris 发表)。该文认为"话语系统"是指语言作为一种社会交往方式在具体情境中的运用形式,它具体地涵盖意识形态和话语形式(语言学中的语法规则和语言结构)的诸要素等,其中以意识形态的实践功能为主要方面。目前在中国该术语已被广泛使用于政治理论、学术理论、文学理论和文化学等场域,李忠杰先生具体概括为话语系统理论和应用问题研究、"中国话语"和"西方话语"问题研究、中国话语中"传统话语"和"时尚语言"问题研究,以及"主流话语"和"多元话语"问题等的研究①,其中"打造中国话语体系(系统)"等问题已引起学界的广泛关注②。目前,直接和间接从话语系统的角度研究《荀子》的论著主要有:程泽明《"自爱"的困惑——对〈荀子〉中颜回"自爱"话语的辨析》③、陈春保《周公形象的塑造与早期儒家话语的建构》、④过常宝《先秦散文研究–早期文体及话语方式的生成》一书,第七章"战国诸子文献"(下)的第三节"荀子文体观念"⑤、和柴秀敏的《话语主体与语法研究——〈荀子〉语法研究〉评介》等⑥。概括以上论述,学人或自伦理学角度,或自学术角度和文学角度等,皆关注于对《荀子》思想诠释的主要运用形式——话语系统的研究,从而显示了当今荀学研究的新视阈。其中《荀子》话语系统的生成原因、《荀子》的话语系统归类和《荀子》话语系统生成的意义等问题尚待讨论。

一、《荀子》话语系统生成的原因

根据目前荀子学界的研究,《荀子》有自己的话语系统。考察《荀子》话语系统的生成原因,既有《荀子》时代丰富的话语系统积淀的客观原因,又是《荀子》诠释其思想的主观需要,同时也是《荀子》从学术角度所作的自觉探究。

首先,《荀子》时代已形成丰富的话语系统的积淀。

---

① 李忠杰.谈中国话语体系的科学化、大众化、国际化.北京日报,2012 – 05 – 17.
② 张国祚.中国话语体系应如何打造.人民日报,2012 – 07 – 11.
③ 程泽明."自爱"的困惑——对《荀子》中颜回"自爱"话语的辨析.安徽农业大学学报(社会科学版),2014(4):127.
④ 陈春保.周公形象的塑造与早期儒家话语的建构.孔子研究,2011(5):91.
⑤ 过常宝.先秦散文研究——早期文体及话语方式的生成.北京:人民出版社,2009.
⑥ 柴秀敏.《话语主体与语法研究——〈荀子〉语法研究》评价.石家庄学院学报,2009(5):128.

《荀子·劝学》篇曰:

　　"学恶乎始,恶乎终,始于诵经,终于读礼。"①

以重视学习"经"和特别关注"礼"的认识表达了荀子的经学观,并同时详列《诗》《书》《礼乐》《春秋》"五经"的功用。考察荀子"五经"论的形成,经历了一个漫长的发展历程。《论语》常言诗书礼,孔子有"加我数年,五十以学易,可以无大过矣"之叹,杨伯峻先生译"易"作《易经》②,说明"五经"之说至迟雏形于春秋末战国初年。"五经"之说不仅见于儒家记载,《庄子》的《天运》篇、《天下》篇等皆系统说明了"五经"的内涵,以《天下》篇为例,"《诗》以道志,《书》以道事,《礼》以道行,《乐》以道和,《易》以道阴阳,《春秋》以道名分"③;《国语·楚语上》记载申叔时谈到教育王室公子时所开列的九种古籍:《春秋》《世》《诗》《礼》《乐》《令》《语》《故志》《训典》,而孔子称道的"六经"已大多包括在内④,而且这些书名已屡见于先秦其他文献;发展至荀子,从儒家学术的角度进一步系统成"五经"说,例《劝学》篇曰"礼之敬文也,乐之中和也,《诗》《书》之博也,《春秋》之微也,在天地之间者毕矣",对"五经"的内容特点和价值作了说明。荀书常列"五经"等经典的学说以论述其思想,说明荀子时代的学界已通行经典话语的使用。

　　考察先秦文献记载,"五经"说不仅见于北方学术系统,南方学术系统亦有见。1993年湖北荆门地区出土的"郭店楚简"中有一段关于"六经"的重要记载:"礼,交之行述也。乐,或生或教者也。书,□□□□者也。诗,所以会古今之诗也。易,所以会天道、人道也。春秋,所以会古今之事也"⑤,其中对"六经"内容较系统的说明,部分地显现南北方学术系统的异同。

　　以上论述说明,《荀子》时代已成型了经典话语系统,它成为先秦思想家论辩说理不可或缺的诠释话语。

　　荀书说理常列举历史事实,其中特别擅长以尧舜禹汤文武等明君与桀纣幽厉等暴君、周公伊尹箕子等贤臣与苏秦州侯张仪等态臣、王良造父等贤人与"涂之

---

①　王先谦. 荀子集解. 诸子集成(2). 上海:上海书店,1986:7.

②　杨伯峻. 论语译注. 北京:中华书局,1980:71.

③　郭庆藩. 庄子集释. 北京:中华书局,1982:1047.

④　韦昭注. 国语. 上海:上海书店,1987:191.

⑤　汤一介. 中国儒学史·总序. 北京:北京大学出版社,2011:37-38.

人"等夷人对比说明其思想。总观上述史实大多见载于《论语》《墨子》《庄子》等子书,说明荀书之前即已形成历史话语系统,它为荀书诠释荀子思想提供了丰富的话语。此外,还有自古以来至荀子时代,已为学界习用的"先王之道"等为代表的传统话语等。

其次,《荀子》的话语系统是荀子诠释其思想内容的主观需要。

根据客观事物变化的内外因原理,《荀子》话语系统的生成,主要是荀书自身诠释其思想的主观需要。哲学界公认荀子有集成先秦唯物主义哲学之功,只是这种集成在荀子不是消极的组合,而是以辩证唯物的科学方法,批判地继承其前诸多思想界成果,建立起《荀子》唯物主义思想体系的。总览先秦思想各有其独立的思想体系,尚且不论原始宗教崇拜背景下产生的宗教思想体系等其他传统思想,只以春秋战国转型时期形成的诸子百家思想来说,学界公认先秦各学派都有其独立的思想体系,所以荀子要建立自己的思想体系,首先要批判地吸收他们的思想;要熟稔各派的思想就必须首先熟悉各学派的话语系统。因此,必须以自身独立的思想承载对各学派话语系统的解读,亦即荀子必须以自身独立的话语系统进行对各学派话语系统的解读,是荀子诠释其思想内容的主观需要。

最后,因《荀子》自觉地从学术角度,对话语系统的建立所作的探索。

《正名篇》曰:

> "今圣王没,天下乱,奸言起,君子无势以临之,无刑以禁之,故辨说也。实不喻然后命,命不喻然后期,期不喻然后说,说不喻然后辨。故期、命、辨、说也者,用之大文也,而王业之始也。……辨说也者,心之象道也。心也者,道之工宰也。道也者,治之经理也。心合于道,说合于心,辞合于说,正名而期,质请而喻。辨异而不过,推类而不悖,听则合文,辨则尽故。以正道而辨奸,犹引绳以持曲直;是故邪说不能乱,百家无所窜。有兼听之明,而无备矜之容;有兼覆之厚,而无伐德之色。说行则天下正,说不行则白道而冥穷,是圣人之辨说也。"

学界通常用该篇说明荀子的逻辑思想,但细究该句群的内容实际还有丰富的学术思想。文中首先以"君子""圣人"代替"圣王",荀书"圣王"主要用于言论政治事,而"君子""圣人"则是通用语,由于可以广泛使用于各种思想论述的场境,便成为荀子诠释其思想的基本用语,"君子""圣人"等词也因之摆脱各类具体思想的阐释用语之限,而升作荀书诠释所有思想的普遍使用的叙词,亦即成为学术性术语。再则文中"期、命、辨、说"等词一般认作荀书应用性的逻辑用语,但杨倞注曰"若是事多会亦不喻者则说其所以然,若说亦不喻者则反复辨明之也"①,即"辨说"不是仅限于逻辑说明的应用文字,还多用于对客观事物表象作理论性的说明,原则上属于学术范畴的理论性用语。另外文中直接以"邪说"与"百家"对称,则证明该句群的"说"字主要属于学术范畴的同时,还含有"说"字内含思想内容和话语形式的意指,简言之就是话语系统。

概括先秦"说"字的意指颇为丰富,仅就诸子著作而言,《论语》中虽然以动词属性为主,但杨伯峻先生释"或问禘之说"的"说"字作"理论"之意,该处"禘"指禘祭,则所阐释的禘祭理论当属于学术领域;《墨子·经》上下二篇文字,通篇主要用"说"字链接,墨子又特设《经说》上下二篇论理,学界公认它们属于后期墨家的著作,有《墨辩》之称,主要代表后期墨家思想,则墨书之"说"字当有学术之意旨;《庄子·天下》篇概括庄子思想是"以谬悠之说,荒唐之言,无端崖之辞。时恣纵而不傥,不以奇见之也",成玄英疏其中的"说"所在句作"虚远深弘之说"②,则该处的"说"字当指学说,也属于学术范畴。总括诸子著作的"说"字虽然皆有学术领域意指的属性,但都是作为普通的学术应用的叙词而已。《荀子》继承其前"说"字使用传统的同时,将之纳进理论范畴专门讨论之,认为"期、命、辨、说"是"用之大文",杨倞注该"文"字作"文饰",则该处"说"字的功用性被因之界定,由此可见"说"字在此处已代表一个专门的概念,是以一种学术属性的独立主体而存在,它意谓荀书的"说"字不再是仅仅表示行为或理论的应用属性的单音词,而是涵盖了思想内容和语言形式的全部,进一步说是含指话语系统意义的理论属性用语。因之相较于其前诸子著作对"说"字学术范畴的使用主要呈现以自在状态,而荀子从学术角度对之所作的概念式的专门阐释,则是《荀子》对话语系统的建立的自觉探索。韩非子等"说"体的使用,当可佐证之。

---

① 王先谦. 荀子集解. 诸子集成(2). 上海:上海书店,1986:281.
② 郭庆藩. 庄子集释. 北京:中华书局,1982:1100.

二、《荀子》著作几个已知的话语系统

《荀子》思想体系主要建立在对先秦思想的继承和发展上，先秦思想主要经由各种话语系统得以表现，则荀书自然有对各种话语系统的客观反映。概括荀书的话语系统首先可以大致归类中国话语系统和外来话语系统两部分。

（一）中国话语系统

根据荀书内容，中国话语系统是其反映的主要方面，概可归为传统话语、经典话语、诸子话语、时代话语、俗世话语和《荀子》话语系统等类属，其中传统话语、诸子话语、时代话语、俗世话语和《荀子》话语系统最为荀书常道。

1.《荀子》的传统话语系统

所谓传统话语系统，其含义目前学界尚无统一的意见，李忠杰先生认为主要指通过一代一代的传承，形成的比较基础规范的话语体系。由此界定荀书的传统话语系统，当主要指三代经传承而逐渐生成的比较基础规范的话语体系，它在荀书既有一定的权威性、稳定性，又内涵丰富，具体表现在荀书主要有以经学为主的学术观，"大一统"为旨归的政治观、主动有为的人生观，以及注重功用的价值观等。谨以经学为主的学术观为例。

经学，顾名思义主要指研究经的学问。先秦经学以研用"六经"或"五经"为主，汉代特指儒家经典的研究，后来泛指各家学说要义的学问。表现在荀书主要是《诗》《书》《礼》《乐》《春秋》"五经"。杨伯峻先生于《经书浅谈》里表示，以"经"字命名先秦典籍的原因在于"经"是丝织之名，以丝织物装成册而给以"经"名的观点有点"难以肯定"，则以"经"名典籍的原因还有待学界的探究。根据目前所知文献记载，"经"名之起大概始于《墨经》①，此后通行于战国时期，后期墨家有《经》上、下和《经说》上、下篇，《庄子·天运》篇则始称《诗》《书》《礼》《乐》《易》《春秋》作"六经"，而《国语·吴语》里则有"挟经秉枹"的记载，可见荀子之前已形成以经学为权威的儒家学术传统，亦即经学的传统话语系统。若说荀子之前诸子的经学话语主要以零散的运用为主，荀子则在继承其前学界的

---

① 郭庆藩．庄子集释．北京：中华书局，1982：1079.

经学话语传统基础上进行全面发展,表现在认识方法的说明,《劝学篇》明确提出学习"始乎诵经,终乎读礼",并对"五经"的内容、价值、功用等方面进行系统说明,形成了以经学为主的学术观,在荀书它主要用于阐释荀子的思想,例荀子针对人的性恶问题,提出"化性起伪"的解决办法,其中的"伪"指的是人为的学习,而学习的内容主要就是以"礼"为中心的"礼法并重"的经学思想。总观荀书主要以经学的思想理论研究和尚经、用经等应用研究为主,形成其特立的以经学为主的学术观,体现了经学话语系统的自觉运用,客观表现了对传统话语系统的继承。

荀书表现的传统话语系统可上溯至诸子之前。考察荀书所涉经书主要有《诗》《书》《礼》《乐》《春秋》"五经"等,其中以《诗经》为主。不同于其前的或赋诗言志,或断章取义的引《诗》法,荀子主要通过引用《诗经》以证论其丰富而深刻的思想。尽管目前学界对诸子各自引《诗》数目尚无统一意见,根据董治安先生的统计,《论语》引用 8 次、《孟子》引用 35 次,①《荀子》的引用量争议较大,目前主要有 83 次说②、96 次说等③,若说诸子引《诗》大多是行文所致,荀子大量地引《诗》则的确在于彰显其"为礼"的思想,董治安先生将《荀子》引《诗》的特点概括为"荀子称诗以隆礼"④,即以《诗经》的权威性来论证他"为礼"思想的正确性。从语法结构的角度看,若说所引《诗》句在荀子前的诸子文中多点缀性的,在荀子则是其文本不可或缺的组成部分,以《君子》篇为例。《君子》篇全文仅一个自然段 944 个字,饾饤短文却连设三次引《诗》,显示出荀子的匠心。考察该文内容,旨在说明荀子有关"君子"理想人格的统一问题,其论述主要有天子、臣吏和庶人等角度。从行文的衔接来说,要在等级森严的时代破等级之限建立一种人格统一的思想理论,其中的级差连接是关键。该文首次引用的"《诗》曰:'普天之下莫非王土;率土之滨莫非王臣'"句,正位于天子和臣吏之间的链接,则此引《诗》主要用作二者之间的文意连接,即以《诗》中的"王臣"关系既比喻现实的天子和臣吏关系,又在

---

① 董治安. 先秦文献与先秦文学. 济南:齐鲁书社,1994:64 - 71.
② 赵伯雄.《荀子》引《诗》考论. 南开学报(哲学社会科学版),2000(2):10.
③ 董治安. 先秦文献与先秦文学. 济南:齐鲁书社,1994:64 - 71.
④ 同上,第 64 - 71 页。

《诗》前叙天子之事后引出《诗》后的臣吏论,所以该引《诗》不可或缺;第二次引用的"《诗》曰:'百川沸腾,山冢崒崩;高岸为谷,深谷为陵'"句,位于臣吏和庶人间的链接,成为二者间的级差不可或缺的连接;第三次引用的"《诗》曰:'淑人君子,其仪不忒;其仪不忒,正是四国'"句位于文尾,从议论文结构的角度说是全文不可或缺的结论部分,因为三者尽管于"君子"理想人格的理想境界上实现了统一,即由人格而至人、终至天下人的统一,但荀书的终极目的是诠释天下一统的政治主题,而该《诗》的"正是四国"句,正点睛了该文主题。由此可见三句引《诗》,在文中分别起乘上启下、连接文意和结论全文之用,不可或缺。追本溯源引《诗》传统不始于诸子,较早出现于《尚书》,《尚书·周书·金滕》曰"公乃为诗以贻王,名之曰《鸱鸮》"①,该诗见于今存《诗经·豳风·鸱鸮》中。且不论该诗是否周公所作,只以目前学界通常同意的《尚书·周书》是信史的角度说,以其作于西周年间,亦远早于诸子之作,亦即引用《诗》以抒情达意的话语形式很早就是传统话语系统的组成部分。

综合以上论述知,《荀子》著作有相对稳定的传统话语系统。

2.《荀子》的诸子话语系统

荀子主要生活在春秋战国百家争鸣时代的后期,参与百家之间相互辩论的同时著书立说,其思想有集成先秦百家思想之功。学界通常认为诸子百家思想大多各自成体系,即各有其独立的话语系统,所以荀子于批判地继承诸子思想影响的同时,其著述亦客观受到诸子话语系统的影响。考察荀书涉猎的诸子话语主要有《汉书·艺文志》的"九流十家",所以荀书所涉诸子话语系统也在此范畴。诸子话语系统于荀书主要用于证论荀子思想之用,其中主要表现为直接引用和间接化用等形式。

首先,荀书通过直接引用诸子话语证论荀子思想,例《仲尼》篇引"孔子曰:巧而好度必节,勇而好同必胜,知而好谦必贤",主要用于证论荀子有关"贤""圣"的君子人格理论;《性恶》篇引"孟子曰:人之学者其性善",用于反证荀子的性恶学说;《乐论》篇引"墨子曰:乐者圣王之所非也,而儒者为之过也",则以批判墨子的

---

① 孔安国传. 尚书正义. 十三经注疏(上). 上海:上海古籍出版社,1997:197.

"非乐"理论证论荀子的礼乐思想。此外,荀书还引用了宋钘、子贡和曾参等的话语,诸子话语的引用中以孔子较多。

其次,荀书通过大量的间接化用诸子话语以加强说明荀子思想,例《劝学》篇"学不可以已"之论,当来自《论语·学而》的"学而时习之"句的化用,以说明荀子的学习观;《儒效》篇"知之曰知之,不知曰不知"的观点,当化用《论语·为政》"知之为知之,不知为不知,是知也"的认知论,以说明荀子"礼法并重"的思想;《仲尼》篇"仲尼之门人,五尺之竖子,言羞称乎五伯",主要化用《孟子·梁惠王上》"仲尼之徒,无道桓、文之事者"句,以说明荀子的王道思想;《王制》篇"尚贤使能"论则无疑化用《墨子·尚贤》篇的思想,以加强说明荀子系统关于王者行政的观点。总观荀书,以间接化用诸子话语系统为多,由于所涉诸子话语较多,此不一一赘述。

诸子话语系统中,《荀子》相对熟稔的是儒家话语系统,书里多引用、化用儒家话语,诸如"孔子曰""曾参曰""子贡曰"等;还多阐释儒家思想,不仅于《儒效》篇专论儒家系列问题,其他文本亦常论到儒家,例《非十二子》既有"上则法禹舜之制,下则法仲尼子弓之义"之评,也有子张氏、子夏氏和子游氏"贱儒"之议,认为"偷儒惮事,无廉耻而耆饮食,必曰君子固不用力:是子游氏之贱儒也"。

由于荀子著述大量引用诸子话语,因此客观生成了荀书的诸子话语系统。

3.《荀子》的时代话语系统

若说发展变化是事物存在的客观规律,与时俱进则是古往今来的辩证唯物论者持守的普遍真理,它较早出现于《易经》,例"益卦"有云"益动而巽,日进无疆;天施地生,其益无方。凡益之道,与时皆行",其中"时"义从历史的角度说主要指时代,而"与时皆行"则义通"与时俱进"。表现在《荀子》,《正名》篇曰"道者,古今之正权也""善言古者必有节于今",若说其中的"古"字,在荀书主要代表荀子对其前社会历史的关注,"今"字则体现了荀子对《易》以后"与时俱进"传统思想的继承和发展,即荀子对当时时代问题的论述。总观荀书主要以时代问题的论述为主,表现出明确的时代意识和大量表示时代的词语的使用。

《非相》篇曰:

"凡说之难,以至高遇至卑,以至治接至乱,未可直至也……必远举而不缪,近世而不傭,与时迁徙,与世偃仰。"

文中的"与时迁徙"所言即指随时代的发展而变化,义通与时俱进,是荀子时代意识的明确体现。在荀书,其时代意识通常以"后王""今""今世"和"今日"等表示其所处时代的时间词语表现。仅以"后王"一词论。《不苟》篇曰"天地始者,今日是也;百王之道,后王是也。子审后王之道而论于百王之前,若端拜而议",杨倞注"端拜而议"作"从容不劳也",即"百王之道"中代表古代的"先王"和代表荀子时代的"后王"之间,以详致诠释"后王"之道为主,所以此处"后王"体现荀子发展了其前以"先王之道"为主的王道政治思想。《非相》篇曰"礼莫大于圣王。圣王有百,吾孰法焉……欲观圣王之迹,则于其粲然者矣,后王是也""彼后王者,天下之君也",《儒效》篇进一步称"法后王,一制度",由此可见荀子已将"后王"的政治之道纳进法律范畴论述,从政法合一论的角度表达荀子强烈地关注现实的态度。先秦诸子思想多起于时代问题论,但是若说荀子前的诸子主要从王霸政治思想的角度论述,则荀子于《儒效》篇所言"百家之说不及后王,则不听也"之论,已是将"后王"之论提升到了学术理论的高度,其中不只合政法和学术等范畴为一体,更将"后王"固化作学术评判的准则,由此不仅可窥见荀书所具有的集成先秦百家思想之功,亦可见深受荀学影响的后世学术发展之渊源。概括以上的荀书"后王"论有共同特征:"后王"一词在荀书已不仅仅是一种表意符号,而是合以丰厚的思想内容,成为荀子表达其时代问题论的主要话语。而荀书的《正论》篇则是专门讨论荀子时代前后的社会问题的,其使用的自然主要是荀子时代的话语。

综合以上论述知,《荀子》客观存在着时代话语系统。

4.《荀子》的俗世话语系统

《修身》篇曰:

"夫士欲独修其身,不以得罪于比俗之人也。"

文中以"士"和"俗"人对称,通常认为先秦的"士"之称代表当时社会特立的一个位列大夫之下的等级内的阶层,则在此作为对文的"俗"人,当主要指等级外之人。当然这只是相对的分法,荀书"俗儒"论指的便是士阶层的俗人。若说《致士》篇主要是荀书针对当时"士君子"阶层所作的理论专题研究,则《正论》篇以连续复沓的 7 个"世俗之为说"句群,集中表达了荀子对其生活时代的世俗问题的研究,因而形成荀书丰富的俗世话语内容,概括起来可归为重视世俗问题的理念和表述俗世话语的词语等。

首先,荀子主张游说君主应"与时迁徙,与世偃仰"(《非相》篇),意谓关注社会问题不仅要以当时时代为主,还要以当时的"世俗"问题研究为主,体现了荀子重视世俗问题的理念。荀书涉及的世俗问题相对集中地表现于《正论》篇,该文不仅说明了荀子有关君民的上下关系、圣王依靠礼制化治天下和"礼法并重"、因民情欲而治之等一系列关涉当时世俗生活问题的重要思想,体现荀子对当时主要的世俗问题的研究,同时体现荀书世俗话语内容的深刻。

其次,荀书还使用世俗生活中的语言说明荀子思想,例《劝学》篇曰"行衢道不至,事两君者不容",王先谦分别集诸家说证明之:其中"《尔雅》云:四达谓之衢。孙炎云:衢,交道四出也,或曰衢道,两道也。……下篇有杨朱哭衢涂,今秦俗犹以两为衢,古之遗言与? 郝懿行曰:按杨朱哭衢涂,见《王霸》篇注云,衢涂,歧路也,秦俗以两为衢。王念孙曰:《尔雅》四达谓之衢,又云二达谓之歧,旁歧衢一声之转,则二达亦可谓之衢,故大戴记作行歧涂者不至。《劝学》篇下文言两君、两视、两听,《王霸》篇下文言荣辱、安危、存亡之衢,皆谓两为衢也,《大略》篇又云,二者治乱之衢也,则荀子书皆谓两为衢"①。由上述集解可知"衢"是秦国的方言俗语,荀子借之以说明其学习要用心专一的思想。此外,《荀子》还运用民间歌谣等通俗文学样式表达其思想内容,例《赋》篇主要以韵散结合的形式说明礼智等道理;《成相》篇主要用诗体的方式说明政治道理,游国恩先生认为它"与《赋篇》都是采用民歌的形式"②。刘大杰、章培恒等先生则认为《成相》篇"是受了当日民间歌谣的影响,把他所主张的治国为政的道理,写成通俗的文体"③。诸位前辈的意见充分说明了荀书善于使用世俗生活中语言说理的特点。

荀书的俗世话语主要用于证论荀子的思想理论,例《非相》篇引用"今世俗"的相面论,荀书以其有乱君之误和"古之人无有"的事实作论据,证明荀子的"非

① 王先谦. 荀子集解. 诸子集成(2). 上海:上海书店,1986:5.
② 游国恩. 中国文学史(1). 北京:人民出版社,1963:73.
③ 刘大杰. 中国文学发展史(1). 上海:上海人民出版社,1973.

相"思想;《正名》篇有"约定俗成"论,即以世俗的规范为准则,从而引俗世标准进理论层面;至于《儒效》篇的"以从俗为善……是民德也"之论,则典型地体现其对先秦有关"善"的人性理论的发展,其前的论善性只限于善性获得路径的不唯等级论的层面,荀子则进一步提出评价善性的标准亦不唯等级论。荀书以世俗话语为标准的思想,实质代表了新的历史时代环境中俗世话语新的内涵。当然《荀子》虽然重视俗世话语,但并不媚俗,因为考察《荀子》引俗世思想证论荀子理论的形式主要有正引,例"约定俗成"论表示对俗世话语的认可;但是还有用于反证的,例《正论》篇阐述荀子思想的方式就主要运用反驳"世俗"说的形式。

以上论述说明,《荀子》客观存在内容丰富的俗世话语系统。

(二)外来话语系统

依据典籍记载和考古发现证明,中西文化交流的发生至迟在西周初年,相伴而生的自然是外来话语系统的出现和外来话语系统对中国先秦时期思想界的影响。若外来话语系统主要以含指译介话语和表达外来事物的话语归类,则《诗经》就已有外来话语的使用传统,因为"戎""狄""猃狁"等词皆指来自当时中国以外的主要是西北方的不同于华夏民族的异族。对外来话语内传中国的现象,学界多有论述:李绍曾先生认为《墨子》的"登遐"一词是西语的"死亡"单词的音译;苏雪林先生考证屈原作品的"三秀"一词是西方神话中祀神杖的义译;沈福伟先生说"西王母"之"西"字音译于西语"斯基泰"的"斯"音,等等。表现于《荀子》则相对复杂。

《天论》篇评判当时社会上出现的三类祭祀现象:"日月食而救之,天旱而雩,卜筮决大事。"其中"日月食"指的是其前的"日月之有蚀"论,而"日月食而救之"主要指当时社会上出现的针对诸多"日月食"等怪异天象所作的"人祆"之事。荀子将三类祭祀从"君子"和"百姓"两个角度进行评价,认为"君子以为文,而百姓以为神。以为文则吉,以为神则凶",杨倞注曰"淫祀求福则凶也"①。考察"淫祀"一词多见于古籍记载,《续资治通鉴》于"宋太祖开宝四年"曰,"邕州俗尚淫祀,被病者不敢治疗,但益杀鸡豚,徼福于淫昏之鬼"②,由此知"淫祀"可指"淫昏之鬼";

---

① 王先谦. 荀子集解. 诸子集成(2). 上海:上海书店,1986:211.
② (宋)李焘. 续资治通鉴(1). 北京:中华书局,1957:155.

孔颖达疏杜注《春秋左传正义》的"今一会而虐二君,又用诸淫昏之鬼"句的"淫昏之鬼"曰"此祀不在祀典,故云此水次有妖神"①,宋代姚宽认为该妖神"即火祆之神"②,当代学界认为"火祆"指的是源自中亚大夏古国的祆教,则"淫昏之鬼"该属于外来祭祀之一。尽管古今学界对该释义皆有异议,但综合以上考证,其共同意见是:外来祭祀不载中国祀典;"淫祀"不在中国祀典,则"淫祀"当属于外来祭祀的一类;荀书的"日月食而救之"的"百姓"所作的祭祀属于"淫祀",则其当亦属于外来祭祀的一类。由此可以看出,《荀子》对外来话语的使用已经不是单一的词语运用,其内容客观含有外来宗教的思想意识。

荀书使用的外来词语,根据学界的权威意见主要有《大略》篇所言"禹学于西王母"的"西"字,荀书多用的"狄""胡"等字,还有沈兼士、宋亦箫等先生考证的"嵬琐"等字,其中或是对传统的外来语词用法的继承,或是荀子时代发展的新词。总之,荀书的确有对外来思想意识的反映和外来话语形式的使用,其作用主要通过中外学说的比较以证论荀子思想。

综合以上论述知,《荀子》客观引用了外来话语系统。

三、《荀子》的话语系统

《荀子》现存文本通常认为 32 篇,主要通过说理散文的形式,表现了政治、哲学、经济、文学等各方面的思想内容,从辩证唯物的角度对先秦诸子百家学说进行了批评和吸收,建立了《荀子》的辩证唯物主义思想体系。按现代语言学话语分析理论对话语系统的定义,则《荀子》有其独立的话语系统。该系统主要由荀子的思想理论和表现荀子思想的话语形式等组成。

(一)《荀子》的思想理论

《荀子》思想向有集成百家思想等之誉,说明荀书首先有丰富而深刻的思想内容。学界通常认为辩证唯物是荀子思想的基本特征,该特征主要表现在荀子的天道自然观、"制名以指实"的认识逻辑和"化性起伪"的伦理观等方面。

天人关系问题是先秦哲学的基本问题,荀子提出"明于天人之分"的论题,既

---

① 杜预注. 春秋左传正义. 十三经注疏(下). 上海:上海古籍出版社,1997:1810.

② 姚宽,陆游. 西溪丛语·家世旧闻. 北京:中华书局,1993 – 12:41.

对其前各学派天人关系论作了相对全面的综合,又从辩证唯物的角度给天道自然论以新的阐释。荀子前对天人关系的认识,或以抽象的天论和以"知其不可为而为之"等夸大人的主观能动作用的认识角度论之,或以具体的天论和以"无为"等疏视人对自然界的主观改造作用的角度论之,荀子则于批判继承的前提下,对自然的天和具有主观能动性的人之间的关系作了辩证唯物的诠释。荀子认为天和人各有自己的职分;其中的人具有主观能动性,主要表现在既对以天为代表的自然界有主观能动的改造作用,又对人自身的命运有"制天命而用之"的主观能动作用;人在尊重"天道自然"的基础上,对天人之间关系有能动的主导作用。荀子于《天论》篇等文,批评其前中外思想界以"天"为中心和以"神"为中心的天人关系论,建立了《荀子》以"有为"的人为中心的辩证唯物的天人关系理论,从而将先秦天人关系的研究,提到了一个新的高度①。

新旧事物的更替既是客观规律,亦是人的主观认识的重要内容,所以认识方法就成为学界的重要论题,在先秦主要体现于名实关系等问题的阐释。荀子前主要有名家"唯乎彼唯乎此"的割裂名实关系论、墨子"取实予名"的唯物经验论的名实相符观等,荀子则批判地继承了其前的名实理论,于《正名》篇提出"制名以指实"的辩证唯物的名实观。荀子认为名实之间,"实"是第一性,"名"是第二性;认识客体要"稽实定数",不能以"名"乱"实";社会历史不断发展,制名当因之"约定俗成"。由此可见荀子从逻辑学的角度对有"名"的原因、名称同异的根据、制名的基本原则,以及各种名之间的辩证关系等问题所进行的系统论述,体现对其前唯物主义认识论和逻辑思想的发展②。

通常认为诸子百家主要因春秋战国时代裂变的社会形势而产生,考察先秦诸子多从伦理的角度阐释解决时代纷争的系列问题,其中对人性的关注是重要的理论焦点之一。不同的天人关系认识决定各家人性理论的差异,概括荀子前的人性研究多侧重于个体人的道德的自我完善问题,"人道有为"视阈下以人为中心的天人关系论的荀子,则主要关注群体人所生活的社会环境问题,以研究人有为于春秋战国时代裂变的社会形势的方法为主。《性恶》篇明确提出"化性起伪"论,认

---

① 任继愈. 中国哲学史(1). 北京:人民出版社,1996:244.
② 同上,第234页。

为人的本性恶,既要通过不断学习礼乐之道、修行礼义之道的道德自我完善的变化个体的方法,还要借助法规制度等对个体的规范机制、"礼法并重"以教化群体,从而达到变化个体人的恶性为善性、以个体善性化顺群体进而改变整体人生活的社会环境、终至天下一治的理想社会之境。尽管荀子的人性论是唯心的,但相较于"天人合一"视阈下的人性论和同一时期琐罗亚斯德教神学论视阈下的善恶二元神性论,则其辩证唯物角度的阐释方法,既代表了中国先秦时期伦理学的发展特征,又影响后世人性论的唯物主义倾向的解释①。

纵观《荀子》以丰富深刻的思想内容,建立了辩证唯物主义思想体系,代表了先秦辩证唯物主义意识形态所达到的新高度。

(二)《荀子》思想的话语形式

《荀子》既有集成先秦唯物主义思想之功,思想影响又源远流长,其中固然由于丰厚的思想内容,但精湛的话语形式同样不可或缺。司马光评说"荀子好礼,文富而丽"(《艺概·文概》引),若说"富"主要指荀书思想内容的丰富,则"丽"主要是针对表现形式而言。《荀子》32篇,其表现形式概可归为文体、说理和语言等方面。

《荀子》的文体,大多属于说理散文;但《赋》篇因其半韵半散的用语形式而通常被认作汉赋的来源之一,从文体的角度说通常归作赋体;《成相》篇主要采用三三七式的长短句和不固定的用韵形式,以具有诗歌的特点通常被认作诗体,清代卢文弨称"审此篇音节,即后世弹词之祖"②,则又与词有了关联。由上述可见荀书文体的丰富。考察先秦诸子不但文体使用的类属之丰以《荀子》为最,其散文因精湛的说理艺术亦成为先秦说理散文的代表。以说理散文体制发展的角度说,古典文学界公认先秦说理散文主要经历了语录体、对话式的论辩体和专题议论文体三个阶段,《荀子》以专题议论文著书立说,代表了战国后期先秦说理散文第三阶段的艺术成就。荀子议论散文在题目、议论方式和议论文体的使用等方面各有鲜明的特点,只以题目为例:荀子著述擅长专门立题、一题一事。以《劝学》篇为例,题目"劝学"二字,来自对该文思想内容的概括,且全文只就学习观的提出、学习的

---

① 任继愈. 中国哲学史(1). 北京:人民出版社,1996:245.
② 王先谦. 荀子集解. 诸子集成(2). 上海:上海书店,1986:304.

原因、学习内容和学习意义等方面一件事,进行专门议论,因而改变了其前说理散文惯用的首章或首句摘字标目法,使接受对象便捷地了然作品主题于题目中,客观一新了先秦说理散文的表达艺术;《正名》篇专题只议名实逻辑论,《君子》篇专题只议道德论等。总之荀书或继承旧制或再造新制,用各类文体及丰富的话语形式,诠释其丰厚的思想内容。

先秦说理散文因三阶段的体制不同,其说理形式在皆擅长形象说理的同时于形式逻辑的使用方面则各有差异。其中以《论语》为代表的语录体主要以概念、判断和比喻的形式说理,《孟子》擅长类比推理和譬喻,《庄子》则主要以演绎推理和寓言等方式为主,《荀子》在继承《墨子》形式逻辑说理的同时兼采各家之长,主要以演绎、归纳推理和譬喻等形式诠释其学说。表现在《正名》篇,首先从理论上研究了有关形式逻辑问题,对其中的名实关系进行详致阐释的同时又初步论述了概念、判断和推理的作用及相互之间的关系,例"制名以指实"论述名实关系,即概念的作用是说明"实"的;"辞也者,兼异实之名以论一意也",指出判断和概念联合表述一个意思;"辨说也者,不异实名以喻动静之道也,期命也者,辨说之用也",其中"期命"指的是判断和概念,综合文意旨在说明人的"辨说"即是运用判断和概念进行推理的过程。荀子还在论辩中既着重于演绎推理的运用,又注意演绎—归纳推理的综合运用,例《儒效》篇"以浅持博,以古持今,以一持万",这是由归纳至演绎;"倚物怪变,所未尝闻也,所未尝见也,卒然起一方,则举统类以应之"(《儒效》篇),这是由演绎至归纳;《解蔽》篇"疏观万物而知其情""经纬天地而材官万物",则有归纳之意,也有演绎之旨①。以上论述说明,荀子的说理方式是《荀子》话语形式的重要组成部分。

文学是语言的艺术,语言自是《荀子》说理散文不可或缺的话语形式。

首先,《荀子》十分重视语言的作用,并注意语言理论的研究。《正名》篇曰"君子之言,涉然而精,俯然而类,差差然而齐。彼正其名,当其辞,以务白其志义者也",要求语言作为一种艺术形式必须以表达礼义之道的思想内容为要务,以内容形式相辅相成说,从理论上明确了内容形式的关系;荀子还注意语言的

---

① 任继愈. 中国哲学史(1). 北京:人民出版社,1996:234.

艺术研究和语言逻辑方法的探讨,例《非相》篇"谈说之术:矜庄以莅之,端诚以处之,坚强以持之,譬称以喻之,分别以明之,欣欢芬芗以送之,宝之珍之,贵之神之,如是则说常无不受。虽不说人,人莫不贵"。荀子指出言论辨说的艺术不但在于施者挚诚的思想态度、真切的心理表现,还要有赋予真情美意的艺术和"譬喻""分别"等严密的逻辑等表达形式,从而将语言艺术研究提升至审美理论的高度。

其次,荀子自觉地以理论指导其著述,主要表现在语言风格、语法结构,以及修辞手法等表现技巧的运用。以荀书的修辞为例,运用修辞手段著述论辩是先秦诸子惯用的语言艺术,但因时因人而异,在《荀子》出现较多的有譬喻、排比、对偶、引用和重复等修辞手法。不同于其前的诸子大多以单类修辞的使用为主,荀子则侧重于综合数类修辞式的使用。若说《君子》篇的"尊圣者王,贵贤者霸,敬贤者存,慢贤者亡"是主要由排比、对偶综合而成的简单排偶式,则《儒效》篇"井井兮其有理也,严严兮其能敬己也,分分兮其有终始也,厌厌兮其能长久也,乐乐兮其执道不殆也,炤炤兮其用知之明也,修修兮其用统类之行也,绥绥兮其有文章也,熙熙兮其乐人之臧也,隐隐兮其恐人之不当也"十句中,有"井井"等十个重复字形成的叠字和十个既排比又对偶的句子,而十句话合一体又用以譬喻"圣人"的品格,概括十句话以重复、排比、对偶和譬喻等构成修辞手法综合使用的复杂形式,强调说明荀子圣人之道的思想。

最后,荀子还制作新词以加强说明其理论,《王霸》篇曰"儒者为之不然,必将曲辨"。古今对"曲辨"的释义不同,梁启雄释:"曲,周也……《说文》:'辨,治也。'"郭沫若先生则认为士农工商在荀子的认识里属于"'群居合一之道'(《荣辱》)。这种社会分工,他给予了一个特殊名称,叫着'曲辨'。这是荀子的独特的用语,别的文献里面还没有见过。曲是局部,辨就是别,因此所谓'曲辨'似乎就可译为区别"①。可见前人已有关于《荀子》独特的话语形式论。总之《荀子》丰富多样的语言形式是荀书话语形式的客观组成部分。

综合以上论述知,荀子不仅批判地继承了先秦诸子百家思想和先秦辩证唯物

---

① 郭沫若.十批判书.北京:东方出版社,1996:236.

主义思想,同时受百家话语系统的影响,建立了《荀子》的话语系统。郭沫若先生说:荀子"以思想家而兼长文艺,在先秦诸子中与孟轲、庄周可以鼎足而三"①。当是对《荀子》话语系统的精当概括。

《荀子》的话语系统和诸多已知的话语系统之间不是彼此孤立的关系,主要表现为《荀子》的话语系统依诸多已知的话语系统展开,已知的话语系统是荀子思想的表现,荀子以辩证唯物的方法、以《荀子》的话语为重心,融合诸多的已知话语系统,建立了《荀子》独立的话语系统。《荀子》话语系统的建立,既是对先秦诸多的话语系统的综合,又影响了后来中国话语系统的发展。对此,诸多学界的评议当以谭嗣同"二千年之学,荀学也"为精辟。

---

① 郭沫若. 十批判书. 北京:东方出版社,1996:219.

第三章

《荀子》的文学艺术

  《荀子》的话语系统,客观含有文学的表达艺术;其辩证唯物主义思想体系,依荀子书丰富的文学艺术而诠释。因此,荀书研究当不能疏视其文学艺术的方面。古今学界对此多有论及:清人谢墉于《荀子笺释序》言:"愚窃尝读其全书,而知荀子之学醇正,文之博达,自四子而下,洵足冠冕群儒,非一切名法诸家,所可同类其观也。"钱大昕认为"儒家以孟荀为最醇";郝懿行《荀子补注》与王引之《伯申侍郎论孙卿书》评荀"其学醇平,其文如孟子,明白宣畅"①。概括诸家所议,若说"醇"字主要指荀子的思想,则"文"字当主要指表达其思想的话语形式。郭沫若先生评价荀子"以思想家而兼长文艺,在先秦诸子中与孟轲、庄周可以鼎足而三"②,注重荀子思想的同时更以"文艺"一词明确了荀书所具有的文学艺术。当今学界多从不同的艺术形式方面,概论荀书的文学艺术。总之,古今学界不仅注重《荀子》思想内容的醇厚平正,亦皆注意到荀书表现艺术的丰富畅达。通常认为文本的思想内容主要表现作者的思想,在荀书同时表现思想的建构,因之《荀子》文本的艺术形式当指诸多表达荀子思想的文学方式。概括荀书的文学艺术,可归为文体、说理和语言等方面。

---

① 王先谦. 荀子集解. 诸子集成(2). 上海:上海书店,1986:8,10.
② 郭沫若. 十批判书. 北京:东方出版社,1996:219.

第一节　《荀子》的文体艺术

"文体"一词的含义发展至今相对复杂,即便是文学范畴的使用也还有文章的风格、结构或体裁之别,在《荀子》的文体艺术论题里,则主要指文章的体裁。根据《国朝四库全书总目·子部·儒家类》记载:"《荀子》二十卷……汉志儒家,载荀卿三十三篇。王应麟考证,谓当作三十二篇。刘向校书序录,称孙卿书,凡三百二十三篇,以相校除重复二百九十篇,定著三十三篇,为十二卷,题目新书。唐杨倞分易旧第,编为二十卷,复为之注,更名《荀子》,即今本也。"①则有关荀子著作篇数的意见至少有三类,唐杨倞以后,尽管对《荀子》的分卷不一,但篇数目通常以32 篇为主。其中古今学界考证《大略》《宥坐》《子道》《法行》《哀公》《尧问》6 篇非荀子作,则通常认为荀子的 26 篇作品,从文体的角度说,其表达方式主要有散文、韵文和韵散结合的体制。

其中散文以说理为主,通常称作说理散文;韵文以诗歌为主;韵散结合的体制则主要指荀子的《赋》篇等。

一、说理散文

先秦散文主要含有叙事散文和说理散文两类体制,不同于叙事散文的发展,说理散文因时代发展的不同通常被认为经历了语录样式、对话式的论辩文向专题议论文的过渡和专题议论文三阶段,每一阶段因代表作家、作品的不同而呈不同的文体特点。《荀子》说理因专门立题和擅长议论等特征而成为先秦说理散文发展第三阶段的主要代表作品之一,其特点主要表现在题目、结构和议论形式等方面。

(一)专门立题、一题一事、明确主题是《荀子》说理散文的题目特点

白居易《新乐府序》曰:"首句标其目,卒章显其志。"文中"目"字指题目;"志"字主要指作者的思想志向,代表作品的主题;白居易在此既总结了其乐府

---

① 王先谦. 荀子集解. 诸子集成(2). 上海:上海书店,1986:5.

诗及中唐等诗人擅长首章标目的作诗艺术,又指出了作品的题目、起句和结句对表达作品主题的作用。考察首章标目法并不起于唐代,较早地出现于《诗经》,而诸子的使用当以《论语》最典型,其二十章作品皆摘用首句的二字作为题目,开此后诸子著作或首句或首章标目的传统,杨伯峻先生概括:"《孟子》各篇,没有有意义的题目,如《墨子》'尚贤''非攻'、《庄子》'逍遥游''齐物论'之类,只是撮取篇首二三个字为篇题。这一点和《论语》完全相同。"①既指出先秦诸子标目法的传承、类别和特点,还指出标目艺术的发展动态,即题目要有意义,是作者思想、作品的思想内容及文本的主题等的综合体现,实际指出先秦时期标目法的局限。荀子前虽然墨子先破首章标目的旧制、建立专门立题目的标目传统,庄子又进一步发展,但墨庄等的行文多因一个题目下面议论多种事情而显得冗赘。以《逍遥游》为例,题目的重心点在"游"字,文本理应以诠释"游"的主题为主,但作品的意旨却实际亦关乎到"用"的问题。虽然"用"的问题客观含有作者对"心游"之意的阐释,但庄子又不立专题论述此类重要而玄虚的思想,仅以三个寓言故事表达,于文本设置上,当属于系联另一主要内容表达的手法,因之使该文因主题不明确而有空泛冗赘之嫌。荀子继承其前的标目艺术,多采用专门立题的新制,并进一步发展出一题一议且明确主题的行文方式。以影响至今的《劝学》篇为例。

《劝学》篇题目含指"劝"与"学"两部分内容,其中虽然重心在"学"字,但主旨在"劝"字,通篇内容只就劝人学习的主题展开,具体内容涉及学习的原因、内容、方法和意义等的细致而系统的论述,其中尤其侧重学习意义的论述,旨在通过强调学习的意义特别是关涉人生意义的阐释,达到劝勉人学习的目的。自行文方式的角度论,题目不摘自首章而是综合通篇意义另行命题;通篇以题目为中心,展开的只有阐释劝勉学习一件事;主题十分明确:只要不断学习,就能实现学习的目的,即达到理想的人生之境。从题目的角度论,《荀子》既继承了其前的标目传统,又形成新的命题艺术,其一新的标目手法首先直接影响其后的韩非子等先秦诸子的著述,并确立此后专门立题的说理散文艺术之先。再则"劝学"二字非荀子信手拈来,作为战国后期最大的儒家代表,于继承孔子礼学思想的同时亦受到《论语》

---

① 文史知识编辑部. 经书浅谈·孟子. 北京:中华书局,1984:124.

用语艺术的影响,其中"学"字当取自《论语·学而》章首句"学而时习之"的"学"字,而《劝学》篇的首句"学不可以已"与该章无疑义通。由此可知荀子标目用一"学"字,不只是表明该题目所涉内容仅限荀子思想,同时涵盖了以孔子为代表的其前全部的儒家思想,以及荀子对之的发展:由习"礼"而发展至学"法","礼法并重",以达政治的天下一统之境;由"性善"的"内圣"认识发展至"性恶"的"外王"研究,以达内外兼修的道德境界;由养性的"尽心"方法发展至"化性起伪"的学习方法,以最终达到实现"君子""圣人"人格的理想境界。所以,从《劝学》篇的角度说,其命题涵盖了该文旨归,即不在于说明有关学习的知识类问题,而是强调通过学习,获得"能定然后能应,能定能应,夫是之谓成人"的,亦即成为"内自定而外应物"(杨倞注)的内圣外王成就之人的能力问题,这从根本上已属于人生观的问题类。文中的"学"只是路径,主旨是劝勉,荀子旨在劝勉人借"学"之路径以达"君子"人格理想的实现之境,"劝学"二字的标目可谓寓意深刻;从《荀子》著作的角度言,荀子认为影响社会、人生发展的主要问题是人的"性恶",解决的主要方法是通过学习以变化人的恶性作善性,则"劝学"二字从改变社会环境的荀书思想的方面说,其内容可谓深厚;从荀子对儒家思想的发展角度论,若说"学"字代表荀子对其前儒家思想的全面继承,"劝学"二字则是荀子面对新的历史发展时期所作的方法理论的新探索,它已客观超出了学派之限,成为一种具有普适性意义的各学派的共有思想,韩非子的"儒墨共为显学"论当可佐证,由此说"劝学"二字的标目其内涵丰厚。以上论述说明《劝学》篇的标目确实体现了荀子的深思。考察《荀子》其他各篇的标目,多类《劝学》篇。谭家健先生特别指出荀子的标目特点:"《荀子》全书各篇(语录体除外)均以极简括精确的短语作题目,标明全文中心,因而每篇文章的主旨令人一望而知。"①

　　综合以上论述知,《荀子》对其前传统标目法的发展不只是形式的变化,而是涵盖思想内容和语言形式的全体。

　　(二)体制宏博、组织绵密、形制多样是《荀子》的结构特点

　　苏辙《上枢密韩太尉书》评价孟子"今观其文章宽厚宏博,充乎天地之间,称其

---

　　①　谭家健. 先秦散文艺术新探. 济南:齐鲁书社,2007:134.

气之小大",以"宏博"称述孟文特征。作为儒家传人的荀子,于批评孟子学说的同时客观受到其文风的影响,不仅思想"醇正",文风"博达"而"宣畅",而且以集先秦儒家思想、战国百家学说和先秦唯物主义哲学等丰厚内容的特点,形成《荀子》主要以体制、组织和形制为代表的独特的结构形式。

　　《荀子》作品多数因内容丰富而体制庞大。以不完全字符统计,最短的《君子》篇有944个字左右,代表其主要思想的《礼论》篇则长达4955个字左右,其他作品亦动辄数千言。总之,荀子惯以巨制表达其丰厚的思想理论内容。若说用"宏博"一词概括特善于长文制作的孟文体制特点以称述《孟子》风格,则"宏博"亦可指称荀文的体制特点。以不完全统计,《孟子·滕文公上》作为孟子长文的代表之一,仅有3163个字左右,从体制的角度说荀文远超孟文,古人对其即有"博达"之誉,谭家健先生则称荀子议论散文"结构周密""体制宏博"①,给《荀子》的结构特征以贴切的概括。

　　"体制宏博"通常易致文章的散化,影响主题的表达。虽然散文向有"形散神不散"的特点,但并不意味可以疏视结构的整严,例《孟子》常因较多的对话客观造成文本的无限制延长,不仅影响主题思想表达的精确,亦颇有形散神亦聚缓之憾。《荀子》吸取墨子注重逻辑说理的表现手法,主要按照议论文的逻辑范式著文,以准确的论点、丰富的论证和明确的结论组织其说理散文的内容,形成荀子组织绵密的结构特点。以长篇代表《礼论》篇为例,其结构主要有三部分:以"礼者养也"立论、以不同等级具体的礼义规范等论证和"足以成人道之节文"(杨倞注)的礼制目的作结论,全文详细地论述了礼的起源、内容和意义,在孔子仁礼为中心的仁学思想体系的基础上,初步建立了荀子的礼学思想体系。其说理由浅近的现实生活论逐渐达到深厚的"人道"的伦理境界,层层说议、首尾贯通。特别是礼的内容部分,以"礼有三本"的理论分析展开,接着分别从生死两方面详细地叙论礼在现实生活中的应用,其中又以反复推详丧葬事宜的重要性加强说明礼制主题。通篇由整体至局部,其文意皆以组织绵密的特点见长,从体制的角度说"宏博"而又不失其精整。

---

　　① 谭家健. 先秦散文艺术新探. 济南:齐鲁书社,2007:134.

此外形制多样也是荀子说理文结构的特点之一。《劝学》篇以"君子曰:学不可以已"确立论点后,即以论据、结论的逻辑形式构成首尾一体的一线式的说理形制;《正论》篇则不设总论点,通篇以七个"世俗之为说者曰"和两个"子宋子曰"共9个分论点的并列形式,成为荀文又一种说理形制。谭家健先生从叙法的角度概括荀书形制作特点:或开宗明义就提出重要观点,然后由浅及深地展开层层论述;或先开后合,逐段立论;或层层推进步步为营,遇到重要观点就用"夫是之谓"总结,古人形容是"十顾九回头"①等形式。

(三)叙议结合、说理抒情结合是《荀子》议论方式的特点

先秦说理散文源远流长,"《尚书》中的记言文字,已初具说理文的论说因素"②,而《尚书》作为先秦叙事散文的代表作品之一,"语言技巧超过了甲骨卜辞和铜鼎铭文……单独成篇,有完整的结构,对先秦历史叙事散文的成熟有直接的影响"③。诸论皆指出《尚书》具有说理叙事相间、叙议结合的艺术特点。《荀子》作为先秦说理散文的代表自然受到影响,其说理主要使用叙议结合的方式,其中所叙之事,主要来自历史事实和现实生活之事,其作品主要借所叙之事说明荀子思想,若说《劝学》篇主要以"登山"、临溪,以及南方之鸟、西方之木等日常生活之事论说学习的道理,则《仲尼》篇的文王、武王、成王和齐桓公、管仲等皆属于历史事实,荀子借之以阐述其有关"人主"、人臣治世处世的道理。总之,叙议结合是《荀子》议论方式的特点。

《非相》篇曰:

"谈说之术:矜庄以莅之,端诚以处之,坚强以持之,分别以喻之,譬称以明之,欣欢芬芗以送之,宝之珍之,贵之神之,如是则说常无不受。虽不说人,人莫不贵。"

荀子在此不仅详细说明成功的言论说辩应有的态度、方法,特别地从理论上强调要赋予感情;具体进行说理时,亦注重抒发强烈的情感。以《非十二子》篇为例,荀子于批评"十二子"的同时以"无置锥之地,而王公不能与之争名;在一大夫之位,

---

① 谭家健. 先秦散文艺术新探. 济南:齐鲁书社,2007:134-136.
② 袁行霈. 中国文学史(1). 北京:高等教育出版社,1999:108.
③ 同上,第89页。

则一君不能独畜,一国不能独容"等由衷的赞叹,表达了荀子对其所祖法的孔子子弓的仰慕敬爱之深情。通常认为荀子行文多排比句的使用,其实在连续排比的气势中涵蕴了荀子强烈的主观情感,可以说荀书除了以理服人外还以情动人。所以说理抒情结合是《荀子》议论的又一特点。

《荀子》的说理散文对后世产生重要影响,《文心雕龙·诸子》评价"诸子者,述道见志之书""研夫孟、荀所述,理懿而辞雅",充分肯定荀子与诸子之作的思想内容,且孟荀同尊以思想内容和艺术形式的完美结合;袁行霈先生称"贾谊、晁错、刘禹锡、王安石等人的创作中,也不乏荀文的风格"(《中国文学史》);谭家健先生则认为"正是从《荀子》开始,才使议论文正式作为一种独立的文体,构成文学散文中的一个部类"、后世人们心目中正统的常用的论说文体,"是沿着从《墨子》开始,到《荀子》形成,再经过韩非和汉初贾谊等人的发展,而后延续下来的"(《先秦散文艺术新探》)。

二、赋

"赋"本是《诗经》"六义"之一,原是一种文学表现的态度与方法,《荀子·赋》篇首次以特殊的内容与表现等方面固定的形体,变而为一种文体。考察《赋》篇的内容主要说明荀子的礼义思想,其中《礼》比较全面地阐释"礼"对个体、国家和王者等的功用,认为"礼"之径可达"为圣人""一四海"的境界;《知》侧重说明其"行义以正"等功用与"明达纯粹而无疵"的特点;《云》以其"德厚尧舜""德厚而不捐,五采备而成文"等特点,使天下因之或存或灭;《蚕》有"礼乐以成,贵贱以分;养老长幼,待之而后存"等功用与"功立而身废"的特性;《箴》则有"以能合纵,又善连横;下覆百姓,上饰帝王,功业甚博"的功用等。综合五小赋主要敷陈"礼""义""德""功""业"等伦理思想,"礼义"是其主导。荀子于饤饤短文之间,亦贯注其对礼义之道、"君子""圣人"人格等思深意密的宣说,《汉书·艺文志》称其与屈原"离谗忧国,皆作赋以风,咸有恻隐古诗之义",汉赋讽谏的内容自当受到荀赋影响,《文心雕龙·诠赋》篇"辞赋之英杰"当为符实之评。

综合《赋》篇的表现形式,主要有以下特点有:

(1)荀子首次以"赋"名篇,开文学史赋体文学之先;

(2)问与答的内容设置。五小赋在内容上皆分别由"臣"问"王"答两部分组成,影响汉赋主客问答的形式。

(3)韵散相间的叙法。五小赋"王"答的部分皆以固定的韵语叙述,其中《礼》篇连押五个"者舆"韵句,类推:《知》篇五个"者邪"、《云》篇六个"者舆"、《蚕》篇四个"者舆"和《箴》篇三个"者舆";"臣"问的部分散文叙述中时常贯以"兮"字的韵句。综合《赋》篇整体皆以散语式的"臣"问和韵文式的"王"答的韵散结合的叙法为主;

(4)隐语、谜语等语体的运用。《赋》篇非直言礼义等思想,而多数以假设等形式表达,《文心雕龙·诠赋》称"荀结隐语,事义自环";《谐隐》篇言"谜语","荀卿'蚕赋',已兆其体";郭晋稀注曰"隐语,即今谜语之类。荀卿五赋,皆假为隐语,以问于人"①;章培恒先生《中国文学史》概括《赋》篇"前半设谜,后半破谜";游国恩等先生的《中国文学史》亦称五赋"以四言韵语为主,亦杂有散文形式,很像谜语,乃战国'隐书'一体"。古今学界对《赋》篇隐语、谜语等语体的运用特点皆给予贴切的说明。

(5)特制出赋尾附诗的赋体样式。《赋》篇主要由《礼》《知》《云》《蚕》《箴》五短赋和赋尾等一首"佹诗"、两首"小歌"组成,从结构的角度说,通篇实际由赋和赋尾赋诗两部分组成。考察文学史的发展,虽然赋尾赋诗成为文学风尚始见于东汉,例班固的《竹扇赋》今存残篇,是一首完整的七言诗,原来当是系于赋尾;附于张衡《思玄赋》结尾的也是一首七言诗;赵壹的《疾邪诗》二首都是五言,附在《刺世疾邪赋》之后②,但其直接的渊源当是荀子的《赋》篇。

《荀子·赋》篇以深刻的思想内容与独特的表现形式结合,成功地新变了先秦时期《诗经》的一种作诗法和特殊场合"赋诗言志"的用诗法作一种独立的赋的文学体制,用于其思想理论的阐释,并对后世文学产生重要影响,刘大杰、游国恩、章

---

① 郭晋稀. 文心雕龙注译. 兰州:甘肃人民出版社,1982:91,172,92.
② 袁行霈. 中国文学史(1). 北京:高等教育出版社,1999:267,268,269,270.

培恒、袁行霈与谭家健等先生皆认为《赋》篇是汉赋体的来源之一①;从专题议论文的角度说,《赋》篇代表《荀子》除了说理散文体制外又一独特的文体。

三、诗歌

《荀子·成相》篇是一首诗歌体的作品,主要通过现实政治生活中"愚暗"与"贤良"两种现象的对比,颂歌"贤良"、批判"愚暗",抒写忧国忧民之思,表达荀子理想政治的思想等。全诗以"请"字的复沓为标志,概可分为五部分;其句式主要是"三三七四七"言的格式;其韵律不固定,多以章中换韵的形式为主;其表现手法以赋为主,通篇的力务敷陈中又掺以比喻;其语言方面则多用修辞,例"人主无贤,如瞽无相何伥伥"等比喻式,"尧不德,舜不辞"等对偶式,"蒙掩耳目塞门户,门户塞,大迷惑"等顶针式,"曷谓疲? 国多私"的设问式,等等。尽管古今学界对《成相》二字的释义有"成功在相""乐器""乐曲"与"杂辞"体等异议,但同时都给予高度评价,卢文弨称其为"弹词之祖"②,当代学界通常认为是民间歌谣体,归通俗文学类,是荀子诗歌体制的代表,体现了《荀子》文体艺术的丰富。

古代学界即已关注到《荀子》丰富的文体艺术,较早系统论述到的是刘勰的《文心雕龙》。《文心雕龙·诠赋》篇,通过对荀子的《礼》《知》二赋自赋体角度的论述,概括荀子的赋体成就;《诸子》篇曰:"诸子者,述道见志之书"、《荀子》"纯粹之类也""研夫孟、荀所述,理懿而辞雅"等,以荀书同《孟子》《礼记》等经书的渊源分析、对后世的影响和"纯粹"风格的评价等,盛赞《荀子》说理散文体制的价值;此外《谐隐》篇还从"隐语"发展渊源的角度,认为"荀卿《蚕赋》,已兆其体"。可见刘勰已精确地论述到《荀子》使用的散文、赋和隐语等的文体艺术。

此外《荀子》还表现出综合使用各类文体的艺术。

《荀子》并非孤立地使用诸多文体,而是善于综合使用各类文体,以说明其丰厚的思想学说,主要体现于《荀子》的说理散文的部分,例《儒效》篇通过说明

---

① 刘大杰. 中国文学发展史(1). 上海:上海人民出版社,1973:132;游国恩. 中国文学史(1). 北京:人民文学出版社,1963:132;章培恒. 中国文学史(1). 上海:复旦大学出版社,1996:132;袁行霈. 中国文学史(1). 北京:高等教育出版社,1999:118;谭家健. 先秦散文艺术新探. 济南:齐鲁书社,2007:142.

② 王先谦. 荀子集解. 诸子集成(2). 上海:上海书店,1986:304.

儒的作用,表达荀子对儒家思想的认识、儒家地位的确立和荀子坚定的儒家学派立场,所使用的体制主要是散文体;《韩非子·显学》概括战国后期的儒家作八派,说明儒家发展至荀子时代前后的复杂性,对此为了透彻地说明荀子一派传承的儒家特点,《儒效》篇特别地运用了各种修辞手法,其中最擅长铺叙、排比等形式。铺叙的手法在先秦通常又称"赋"法;大量使用排比句群,则又客观形成行文整齐的节奏感与韵律的和谐性,使文本具有韵散二体结合的特点,其韵语常有诗歌的特点。例文中的"井井兮其有理也,严严兮其能敬己也,分分兮其有终始也,厌厌兮其能长久也,乐乐兮其执道不殆也,照照兮其用知之明也,修修兮其用统类之行也,绥绥兮其有文章也,熙熙兮其乐人之臧也,隐隐兮其恐人之不当也"的句群,便是典型的诗歌体式:严格的叠字等对偶、句句押"也"字韵与句句中间用"兮"字的骚体诗标志语等,无疑是荀子自制的诗体性文字;此外古今学界公认,荀书引用《诗经》的量最丰,客观增加了荀文的诗体特性。可见仅《儒效》篇的文体,便涉猎了散文、赋、诗歌等体制,显示出荀文体制善于综合各类文体以说理的特征。《荀子》该特征实际开启了后世古典文学发展的传统,明清小说的多集诗词曲赋等韵散文体于一体的艺术,当与《荀子》自觉地尝试综合文体的使用有关。

第二节 《荀子》的说理艺术

《荀子》作为先秦说理散文的代表作家,自是熟稔说理艺术的运用。考察先秦说理散文三阶段的发展,不同体制的作品所用的说理方式不同,荀子前的说理主要运用形象和逻辑等形式,荀子于集成先秦各家思想的同时亦发展了各家的说理艺术。

一、以丰富的形象说明道理
《非相》篇曰:

"赠人以言,重于金石珠玉;劝人以言,美于黼黻文章;听人以言,乐

于钟鼓琴瑟。故君子之于言无厌。鄙夫反是，好其实，不恤其文，是以终
身不免埤污庸俗。"

其中的"文"指文采、文饰，该段表达荀子对语言的内容与形式的关系的认识，虽
与孔子"文质彬彬""尽善尽美"的观点一脉相承，但以"言"的角度说，该处
"文"当指说理语言的修饰而论，说明荀子对说理语言文采的重视。荀子于其著
述中亦颇注意文采的经营，主要表现在行文中善于用各类形象说明道理，以丰
富缤纷的形象佐助说理。不同于《庄子》等散文多用超自然的虚拟的形象说明
其玄虚的哲学道理，《荀子》则主要使用日常生活物象和历史人物事象等形象诠
释其丰富的思想。

　　《荀子》有规律地使用不同类别的形象以说明不同的道理，大致表现为说明伦
理道德等普适性的道理时多用日常生活物象；阐释国家、政治及学术等重大理论
问题时则主要通过一系列历史人物事象的叙述进行论证，叙议结合，说理透辟深
刻，例《劝学》《修身》《天论》等篇，主要说明学习、修养及天人关系等日常现实生
活中普遍性的道理。因此，其形象地运用多选自或天、地、风、雨、鸟、木、山、水等
自然界物象，或规、砺、戈、壶、耳、目、声、貌、冠等关联日常生活的物象。《王霸》
《臣道》《非十二子》等篇，主要阐释治国平天下的政治道理和百家的学说，其中论
证时所运用的形象主要是有影响的历史中的人物事象，有商汤、文王、武王、成王
等"先王"和齐桓公等以五霸为代表的"后王"；有以伊尹、周公、管仲等为代表的
贤臣；还有以孔子、墨子、庄子、慎到等为代表的思想家。当然形象的分类不是绝
对的，荀子于论述中主要根据思想内容阐述时之所需，在以一种形象为主的前提
下辅之以多种形象的整合运用，既说理透彻又达到意想不到的艺术效果，例《王
制》篇曰：

　　"北海则有走马吠犬焉，然而中国得而畜使之；南海则有羽翮、齿革
曾青、丹干焉，然而中国得而财之；东海则有紫结鱼盐焉，然而中国得而
衣食之；西海则有皮革、文旄焉，然而中国得而用之。故泽人足乎木，山
人足乎鱼，农夫不斫削不陶冶而足械用，工贾不耕田而足菽粟。故虎豹
为猛矣，然君子剥而用之。故天之所覆，地之所载，莫不尽其美、致其用，
上以饰贤良，下以养百姓而安乐之。夫是之谓大神。诗曰：'天作高山，

大王荒之;彼作矣,文王康之。'此之谓也。"

句群主要阐释王霸安危存殆等"为政"的道理。其中,既有四海、马、鱼、天等自然物象和皮革、文旄等日用物象,又有中国、百姓和太王、文王等历史人物事象,多种形象整合运用,不仅论述了以宣说王道思想为主旨的国家政治主题,还以具有理想国之境的艺术的描述使该文涵蕴深厚的审美意义。

二、以缜密的逻辑说明道理

先秦说理散文发展的中期,以《墨子》《孟子》《庄子》等为代表的诸子已有意识地在他们的作品里运用逻辑形式说理,尽管其逻辑的运用难免初期之疏陋,但墨子以其相对严谨的形式逻辑的运用,开此后逻辑说理之风气,发展至《荀子》已形成熟稔的逻辑说理艺术。其中主要有概念、判断和推理等形式逻辑的运用;推理形式中大致有类比推理、演绎推理和归纳推理等。

(一)以概念、判断说理

先秦诸子中运用概念、判断说理最早的当数《老子》《论语》,因之形成了他们语录体为主的说理文体。此后渐成诸子百家普遍运用的逻辑形式,至荀子于娴熟运用的基础上进一步将之理论化。通常认为《正名》篇是荀子逻辑思想的代表作品。

荀子首先明确概念、判断的作用:"彼正其名,当其辞,以务白其志义者也。"意谓概念、判断的作用是必须准确表达思想的;其次阐述了概念、判断和推理各自的职能和三者之间的关系:"名也者,所以期累实也。辞也者,兼异实之名以论一意也。辩说也者,不异实名以喻动静之道也。"即概念是要符合事实的,判断是用几个不同的概念表达一个旨意,推理是运用已确定的概念来判断道理的是非,由此可见三者各有其职,相辅相成。其中荀子特别强调概念之间必须统一的问题,反对"托为奇辞以乱正名"的现象。实事求是地说,一种推理过程能否畅达,概念、判断的准确是关键。

荀子以理论化的角度阐释概念、判断等推理问题的同时,亦自觉地运用于著述,表现在具体的作品里,凡属重要问题多先以演绎推理法对其中所涉猎的概念等或详细说明或予以判断,例《修身》言"以善先人者谓之教,以善和人者谓之顺;

以不善先人者谓之谄,以不善和人者谓之谀;是是非非谓之知,非是是非谓之愚",于提出系列概念的同时,说明深刻的伦理与认识论的道理;《劝学》曰"礼者法之大分,类之纲纪也。故学至乎礼而止矣,夫是之谓道德之极",荀子对于至为关注的"礼"的问题,即采用概念、判断的推理形式。所以不同于《墨子》擅长归纳推理,《荀子》则多倾向于演绎推理。

（二）以演绎推理的形式说理

《荀子》于辩论中重视演绎推理的运用,于理论上提出"类不悖,虽久同理"原则的同时,重视"类"与"故"的问题,认为以"类"的知识可以"事起而辨""物至而应",杨倞释义该"类"字作种类。具体运用时,荀子惯以不同的演绎推理形式说明不同的思想道理,例《仲尼》篇开篇即提出"大君子"的论点,中经人主、人臣、常人等分门别类的比较分析论证,最后以"故君子时诎则诎,时伸则伸也"结论全文。通篇以缜密的三段论式,对孔子的有关君子问题进行了演绎推理的说明。《非相》篇曰:

> "君子必辩。凡人莫不好言其所善,而君子为甚焉。是以小人辩言险而君子辩言仁也。言而非仁之中也,则其言不若其默也,其辩不若其呐也;言而仁之中也,则好言者上矣,不好言者下也。故仁言大矣。起于上所以道于下,政令是也;起于下所以忠于上,谋救是也。故君子之行仁也无厌。志好之,行安之,乐言之,故言君子必辩。"

句群以"君子必辩"立论,中经不同辩说之言的比较分析,以"故言"结论。该句群用简短的三段论式,说明荀子的辩说理论,而该类演绎推理的形式普遍运用于荀书。由此可知三段论的演绎法为荀子常用。此外还有《王制》篇"义以分别则和,和则一,一则多力,多力则强,强则胜物,故宫室可得而居也",以顶针格形成语义累进式的关系推理的演绎法;《天论》篇"水行者表深,表不明则陷;治民者表道,表不明则乱"假言推理的演绎法等。纵观荀书的确擅长演绎推理法的运用。《庄子》虽亦惯用演绎推理,但于其整严来说当逊于《荀子》,例《逍遥游》的前一部分使用演绎推理,但自尧让天下以后则主要用历史传说、神话故事和寓言说理了,而该说理形式也为庄子惯用。由于《荀子》演绎推理的运用,引起说理散文体制的根本性变革,荀子去掉了庄文神话、寓言等的结尾,以缜密的演绎推理等整合了文本的基本结构,规范了议论文体的基本形式。"使议论文正式作为一种独立的文体,构成文学散文中的一个部类。后世人们心目中正统的常用的论说文体,既不是《论语》《孟子》式的,也不是《老子》《庄子》式的,而是沿着从《墨子》开始,到《荀子》形成,再经过韩非和汉初贾谊等人的发展,而后延续下来。"①

(三)综合运用演绎归纳的形式说理

《荀子》还运用归纳推理的形式说理。荀子主张"是非疑,则度之以远事,验之以近物"(《大略》),即用考核过去的经验,参照当前已知的事物,推论尚不清楚的事物,表明对归纳推理的关注,例《修身》篇从"血气、志意、知虑""食饮、衣服、居处、动静""容貌、态度、进退、趋行"等方面的"由礼"和"不由礼"的经验分析,归纳出"人无礼则不生,事无礼则不成,国家无礼则不宁"的道理;《非相》篇由人的短长情况的具体分析,归纳出"是非容貌之患也,闻见之不众,论议之卑尔"的道理。

考察演绎、归纳推理的使用,在《荀子》通常是综合运用的,任继愈先生概括为由归纳而演绎、由演绎而归纳、归纳与演绎的双重意义三类②。具体表现于荀书,用荀子概括的推理程序则是既可"以浅持博,以古持今,以一持万"(《儒效》篇),即由归纳而演绎,对此荀子直接示例于《王制》篇曰:"天地者,生之始也;礼义者,治之始也;君子者,礼义之始也。为之贯之,积重之,致好之者,君子之始也。故天地生君子,君子理天地,君子者,天地之参也,万物之总也,民之父母也。"由自然、伦理等法则的归纳而演绎出深刻的政治思想;又可以"倚物怪变,所未尝闻也,所未尝见也,卒然起一方,则举统类以应之"(《儒效》篇),即由演绎而归纳,《礼论》篇曰:"礼有三本,天地者,生之本也;先祖者,类之本也;君师者,治之本也。无天地恶生,无先祖恶出,无君师恶治,三者偏亡焉无安人。故礼上事天,下事地,尊先祖而隆君师,是礼之三本也。故王者天太祖,诸侯不敢坏,大夫士有常宗,所以别贵始,贵始得之本也。"由"礼之三本"的演绎而归纳出不同等级的礼仪规范;还可以"疏观万物而知其情""经纬天地而材官万物"(《解蔽》篇),则内含归纳、演绎的双重意义,例《王制》篇曰:"水火有气而无生,草木有生而无知,禽兽有知而无义,

---

① 任继愈. 中国哲学史(1). 北京:人民出版社,1996:234.
② 谭家健. 先秦散文艺术新探. 济南:齐鲁书社,2007:144.

人有气有生有知,亦且有义,故最为天下贵也。"以对自然界客观事物特点的归纳,演绎出人不同于其他事物的根本特征与对人在自然界的地位的充分肯定,其中内含归纳、演绎的双重意义。由此可见,荀子的逻辑推理已然理论化,其唯物主义的逻辑学说推动了我国古代逻辑思想的发展。

三、类比推理法的运用

《非相》篇曰"故以人度人,以情度情,以类度类,以说度功,以道观尽,古今一也",《正名》篇曰"类推而不悖,听则合之,辨则尽故",其中"类"是荀书常用的概念,意指类比推理。尽管荀书"类"的所指不尽相同,但代表逻辑范畴的理论内容颇为丰富,代表了为《孟子》擅长用的该逻辑形式,发展至荀子已进到理论研究之境。

荀书常见类比推理的运用,《劝学》篇的"登高而招,臂非加长也,而见者远;顺风而呼,声非加疾也,而闻者彰;假舆马者,非利足也,而至千里;假舟楫者,非能水也,而绝江河;君子生非异也,善假于物也",类举众多事例,推出学习方法重要之理;《儒效》篇的"造父者,天下之善御者也,无舆马则无所见其能;弈者,天下之善射者也,无弓矢则无所见其巧;大儒者,善调一天下也,无百里之地则无所见其功",类举事例推出主客观条件的关系之理;《正论》篇批评子宋子的有关人、己的情欲多寡问题时,便以"五綦"的别类,于比较今古之人的情欲多寡的状况后,以"先王"的情欲之道为标准,用类比推理的逻辑形式说明了子宋子情欲论的错误。

综合以上论述知,《荀子》主要运用概念、判断和演绎、归纳、类比推理等丰富的逻辑形式,说明其深厚的思想道理。

第三节　《荀子》的语言艺术

文学是语言的艺术,《荀子》作为先秦说理散文的代表作品,以专题议论的形式体现出独特的语言艺术。通常论述的《荀子》的语言艺术主要有语言风格、结构和形式等方面,例谢墉称的"博达"、郝懿行等论的"宣畅",当指荀书的语言风格;谭家健先生的"立意统一、浑然成体"之议当主要从结构的方面;至于学界公认的文采、修辞的特点无疑属语言的形式类。学界通常以语言形式为代表进行综合性论述,其中铺陈、修辞、语法结构和词采等手法的运用,普遍为学界关注。

一、《荀子》善于运用铺陈等手法议事、论辩、抒情

铺陈作为一种主要源于《诗经》赋法的表达手法,为先秦时期的学人惯用,墨子用之铺叙丰富的历史事实说明墨家的兼爱、尚贤等思想;孟子用以铺叙其性善、仁政学说;庄书不但铺叙神话、传说和寓言故事,以丰富的形象进行说理时所运用的语言形式还是以铺叙为主。荀子继承前代的铺陈手法,以之议事、论辩和抒情。

(一)《荀子》擅长用铺陈的手法议事

不同于墨子多铺叙尧舜禹汤文武等历史生活之事,荀子还以之铺陈现实日常生活之事,而且不避繁琐:其中涉及七国的军政要事,例《儒效》篇的秦昭王问政孙卿子、《礼论》篇详列的各等级的礼义丧葬等事宜;学界的辩说之事,《非十二子》篇以"假今之世"开篇,批评当时的"矞宇嵬琐"和"十二子"等代表的不良学风;社会的异常之事,例《非相》篇批判的古代没有的相面问题;百姓的安危之事,以《富国》篇所言的"百姓之力,待之而后功;百姓之群,待之而后和;百姓之财,待之而后聚;百姓之势,待之而后安;百姓之寿,待之而后长"等为代表,概括性地铺叙了百姓生活的全貌;还涉及登山、临溪、天象物候等丰富的日常生活琐事。总之,荀子著述主要通过铺陈一系列繁富的事情,具体而形象化其要说明的不同思想学说,使接受对象易理解进而达成其说理的目的。

(二)《荀子》运用铺陈手法于论辩

论辩是先秦百家争鸣发展时期诸子多用的说理形式,其文体主要经历了对话式论辩文和专题议论文两阶段。不同的发展阶段其表现特点亦不同,若说战国中期的孟子还因"予岂好辩哉,予不得已"而被动地采用对话的形式论辩,战国后期的荀子则以"君子必辩"等明确的论辩主张和专题议论的论辩形式,将论辩发展为自觉的说理行为,而铺陈手法的运用则是其具体的表现之一。在《荀子》常将一系列内容相关的人、事、物、理等,按照演绎——归纳等逻辑形式,顺序铺排成几段结构基本相同、语气基本一致的句群说理。《荀子》的这种重复内有变化、变化中有重复的章法,使荀文既有整体的节奏感,又在"十顾九回头"式的议事辩说中,主题更突出、感情更强化,以《王制》篇为例:

> "仁眇天下,义眇天下,威眇天下。仁眇天下,故天下莫不亲也。义眇天下,故天下莫不贵也;威眇天下,故天下莫敢敌也。以不敌之威,辅服人之道,故不战而胜,不攻而得,甲兵不劳而天下服。是知王道者也。
>
> 知此三具者,欲王而王,欲霸而霸,欲强而强矣。"

该句群主要针对思想界的王霸关系论,由伦理、军事而政治的三层论述中,又各含"仁""义""威""胜""得""服""王""霸""强"三层,以此层层纵深铺排、叠为因果、连锁论辩,阐明荀子礼法并重、王霸兼治的重要思想理论。古人即有"词气悠扬,敷畅通篇"之誉[1],此处的铺陈主要用于论辩。虽然诸子皆擅长铺排论辩,但荀子将铺陈的手法发展至更繁富之境,例针对史上的汤武革命一事,《孟子·梁惠王下》篇只有四句话,而《荀子·正论》篇从阐释"有天下"和"王"的含义开始,比较汤武、桀纣不同的政治行为以与"世俗"之说辩论,发出"汤武非取天下也,修其道,行其义,兴天下之同利,除天下之同害,而天下归之也。桀纣非去天下也,反禹汤之德,乱礼义之分,禽兽之行,积其凶,全其恶,而天下去之也。天下归之之谓王,天下去之之谓亡。故桀纣无天下,汤武不弑君"之议论。全文运用铺陈手法,相较于孟子铺陈手法的使用,荀子的更为细腻深厚;其大前提、小前提和结论兼具的严谨的三段论式的演绎推理,比墨子的确更加绵密。总之,《荀子》熟稔用铺陈手法论辩的语言形式。

(三)《荀子》还用铺陈的手法抒情

《荀子》著作不仅诠释荀子丰富的思想,同时还涵蕴了荀子"醇正"的情志,表现于荀子著述时不仅多引用《诗经》等诗歌,还有意运用诗体等韵语形式,例《儒效》篇:

> "井井兮其有理也,严严兮其能敬己也,分分兮其有终始也,厌厌兮

---

[1] 谭家健. 先秦散文艺术新探. 济南:齐鲁书社,2007:141.

其能长久也,乐乐分其执道不殆也,照照分其用知之明也,修修分其用统
类之行也,绥绥分其有文章也,熙熙分其乐人之臧也,隐隐分其恐人之不
当也。"

该句群连续铺排了十个"也"字押韵的句子,又以句中带"分"字的楚辞体的诗歌
形式,于说明儒者特点的同时寄寓着荀子对师门的深情。《乐论》篇曰:

"穷本极变,乐之情也;著诚去伪,礼之经也。墨子非之,几遇刑也。
明王已没,莫之正也。愚者学之,危其身也。君子明乐,乃其德也。乱世
恶善,不此听也,於乎哀哉! 不得成也。弟子勉学,无所营也。"

句群铺排以整齐的四言体和基本一致的"īng""yē"韵,于批评墨子非乐论的同时,
明确以"於乎哀哉"之叹,抒发了荀子对音乐等的挚情。谭家健先生认为荀子"在
主要以散文说理的情况下,遇到形容描写或抒发感情时",常用韵语,时或近与
诗①,是对《荀子》著作情理相兼的表达艺术的说明。由以上荀子著述情况的分析
可知,其抒情时运用的多是铺陈手法。

二、《荀子》擅长运用修辞的手法阐释其思想理论

修辞是先秦文献通用的一类表达方式,《诗经》已普遍运用。若说诸子著作的
《论语》擅长用比喻、《孟子》好用排比、《庄子》多用夸饰等修辞手法,则《荀子》因
总结先秦思想发展内容的客观需要,表现出继承其前修辞运用基础上的发展,其
特点主要有多用修辞和复合式修辞形式的运用。

(一)《荀子》的修辞类属众多

《荀子》著作所用的修辞,类属众多,大致有比喻、比拟、对偶、排比、夸张、反
复、引用、顶针、借代、反问等诸多形式;其中的比喻又可别为明喻、借喻、博喻、譬
喻、引喻等。众多修辞的运用形式又多样,《荀子》提倡"譬称以喻之"的譬喻手法
的使用,以《劝学》篇为例,当代学界概括其善变的譬喻形式主要有"正反为喻"和
"并列为喻"等②。以上论述说明荀子著述多用修辞以说理。

---

① 谭家健. 先秦散文艺术新探. 济南:齐鲁书社,2007:142.
② 袁行霈. 中国文学史(1). 北京:高等教育出版社,1999:119.

（二）《荀子》复合式修辞形式的运用

不同于其前修辞的使用多以单一运用的形态为主，《荀子》则多是复合式修辞形式的运用。以学界通常列举的荀书擅长用的排偶式，便是排比和对偶两种修辞形式的复合运用。《修身》篇曰：

"人无礼则不生，事无礼则不成，国家无礼则不宁。诗曰：'礼仪卒度，笑语卒获'。"

该句群主要由三个相互对偶的排比句和一句引诗组成，其中"无礼""则不"二词各重复三次；其修辞形式主要是排比、对偶、重复、引用和比喻等的复合运用式；荀子以之强调礼对修身的重要意义。复合式修辞的使用，既有利于涵纳《荀子》"醇正"的思想内容，又体现了荀文"博达"的风格特征，"宣畅"了文章气势，表现了《荀子》擅长运用修辞阐释其思想理论的语言艺术。

综观荀子修辞手法运用的成功，当因其明确而系统的文学理论的指导。《礼论》篇曰："凡礼始乎棁，成乎文，终乎悦校。故至备，情文俱尽；其次，情文代胜；其下复情以归大一也。"郝懿行释义"棁"作"收敛"、"文"作"文饰"。若说文中"棁""悦"等多属于"情"的内容，则"文"当属于文采，荀子认为"至备"之文是"情文俱尽"，即内容、形式兼备。由此可知，荀子既重视思想内容，又重视思想内容的表达形式，二者相辅相成。《荀子》修辞方面的成功当是荀子文学理论的表现。

三、《荀子》注重语法的灵活运用和词采的精工凝练

文质关系是先秦诸子的重要论题之一，荀子前主要有以墨子为代表的"重质轻文"、以庄子为代表的"重文轻质"和《论语》记载的孔子的"文质彬彬"等观点，荀子继承孔子的"文质彬彬"论，于重视作品内容的同时重视作品的文采等形式，例《正名》篇阐述名实相符关系的同时明确提出文质并重的观点："文理情用，相为内外表里，并行而杂，是礼之中流也。"文中的"理"，《大略》篇作"貌"，这里当指形式的条理性，杨倞注"文"，"谓礼物威仪也"，"文理"当指礼仪的文采条理；杨倞注"情"谓礼意，丧主哀、祭主敬之类，"情用"当指情意、实用，句中代表"实"。该句意指礼仪的文采条理与情意、实用，内容与形式，互为内外、相互融合统一,明确了文质统一观。表现于具体行文中注重语法和词采等语言艺术要素的自觉使用。

(一)《荀子》注重词采的精工凝练

《富国》篇明确强调文艺对人认识和审美生活的作用,特别强调文章的词采:

"故为之雕琢刻镂黼黻文采,使足以辨贵贱而已,不求其观;为之钟鼓管磬琴瑟竽笙,使足以辨吉凶、合欢、定和而已,不求其余。"

"黼黻",古代衣服边上有规律的"黑白""黑青"相间的花纹,此指官服;"文采"指官服的花纹和色彩,是古代不可或缺的官阶标志;八类乐器,是用于祭祀、婚仪和外交等礼仪场合演奏的音乐媒介,是礼乐制时代不可或缺的制度的象征。虽然"贵贱"论体现了荀子思想的时代局限性,但从内容与形式的关系角度说,文中"文采"、乐律所代表的形式,无疑是表达礼乐制度内容的关键,没有"文采"、乐律等形式,礼乐制度的内容表达就不复存在。荀子在此以"文采"、乐律等代表的形式问题的论述,明白而正确地强调了文艺对人的认识和审美生活的作用,要求行文兼艺辞藻和音乐,因而体现荀子对词采的特别关注。荀书词采的使用并非随意,而是别有匠心,表现于行文中多以精工凝练为主。《礼论》篇曰:

"天地以合,日月以明,四时以序,星辰以行,江河以流,万物以昌,好恶以节,喜怒以当。以为下则顺,以为上则明。"

荀子于该排偶句群中,设置三层对偶:以"天"对"地"等的各单句内部正反对偶,一层;以"天地"对"日月"的单句之间对偶,二层;以"天地以合,日月以明,四时以序,星辰以行"的自然界之物理论、与"江河以流,万物以昌,好恶以节,喜怒以当"等的社会事理论构成对称的排偶句对偶,三层。三层之间,层层叠放式递进,构成立体的文字空间,涵纳《荀子》醇厚的思想内容。其中"江河"在先秦文献里主要专指中国的长江、黄河,实又代指中国;按王先谦注《礼论》篇"礼之中流也"曰"中流犹中道"①,则"流"有"道"的含义;"道"是先秦诸子表达各类社会等万物规律的基本用语;则此处所含之"道"当有自然之道和社会之道的双重寓意,从句群的层次发展角度说,客观具有承上句之自然物理论、启下句之

---

① 王先谦. 荀子集解. 诸子集成(2). 上海:上海书店,1986:238.

"万物""好恶""喜怒"之社会事理论的作用。该句群最终归旨于代表中国思想文化的礼义之道的阐释，从语言艺术的角度说可谓构思精巧、行文工整、思想凝重而表达简练。综合以上该句群的重重对偶式设置特点分析，则《荀子》确实注重词采的精工凝练。

(二)《荀子》还注重以灵活多变的语法形式说理

荀书首先灵活运用句群说理，其中既有《劝学》篇主要用因果关系等组成句群的语法形式，说明学习的原因和结果；也有《正论》篇连续以七个"世俗之为说也"的并列关系组成句群的语法结构，用以表达荀子对先秦思想全面总结基础上的发展的思想内容。句群成为荀子擅长的说理形式。

其次句法的灵活运用。考察荀书单句、复句运用形式复杂多样，其中多用复句；对复句的多种类型，于峻嵘先生在依层次归之于单重复句、二重复句和多重复句的基础上，进一步将之分作让步复句、总分复句、按断复句和假设复句等类别①，学界通常认为荀子擅长用排比式的复句说理，例已为接受者熟悉的"积土成山，风雨兴焉；积水成渊，蛟龙生焉；积善成德，而神明自得"的句群，便由三个内部分别各含两个分句的复句组成。荀子在此以三个连续排比的复句，设立《劝学》篇关于"积"的分论点，从学习方法的角度阐释其学习问题。

最后活用字法。荀子多用叠字：《儒效》篇连续用"井井"等十个叠字排偶句，说明成为"圣人"的方法之理，同时表达了荀子对"圣人"类的儒者由衷的敬慕之情，因而达到理情交融的艺术境界。荀子多用重复字：《非十二子》篇描绘"士君子之容"时，连用"俨然、壮然、祺然、蕼然、恢恢然、广广然、昭昭然、荡荡然""俭然、侈然、辐然、端然、訾然、洞然、缀缀然、瞀瞀然"十六个基本属于褒义词的"然"字句；形容"学者之容"时则连用十三个基本属于贬义的"然"字句，通过两类人的对比批评了当时不正常之学风。重复字手法较早始自《诗经》，《大雅·生民》"实方实苞，实种实褒。实发实秀，实坚实好。实颖实栗"，以连续重复十个"实"字的字法，构成排偶句群，以叙事的方式赞美了周的始祖神后稷神奇而勤劳的农稼事功。荀子的继承并发展《诗经》重复字法至说理抒情融合的艺术，已臻化境，并直接影

---

① 于峻嵘.《荀子》语法研究. 安徽大学博士论文，导师：白兆麟，2004：Ⅰ.

响到后世的文学家,例韩愈的《南山》诗,即连续以五十一个"带"字,抒发其特殊遭遇里的心情、意趣。总之,荀子善于运用灵活的句群、句法和字法等的语法结构说理。

《荀子》丰富的语言艺术,与荀子注重语言理论的建树有关,后人由荀门《大略篇》"语言之美,穆穆皇皇"之语言的审美论可窥一斑。司马光说"孟子好诗书,文直而显;荀子好礼,文富而丽"(《艺概·文概》),当是对《荀子》繁富而美丽的语言艺术精当的概括。

综合以上论述知,《荀子》自觉运用文体、说理和语言等文学艺术,表达丰厚的思想理论,内容形式相辅相成,成功建立了荀子辩证唯物主义的思想理论体系。

第四章

荀学概论

荀子辩证唯物主义思想体系的建立,在当时产生重要影响,是战国后期"儒墨共为显学"局面的重要组成部分;此后经历代的荀子研究和《荀子》解读,至清代形成专门研究荀子的独立学科——荀学。虽然晚清的李慈铭较早以"荀学"一词命其斋名,但通常认为"荀学"正式使用于学术界的是谭嗣同《仁学》的"二千年之学,荀学也"之论。当今荀学已经发展成为集文本解读、理论和应用性研究于一身的综合性学科。本章主要论述荀学的概念、荀学的发展历程与荀学的特征。

第一节　荀学目前的发展状态

荀学发展至今,荀子研究领域随时代的发展,逐渐出现除文本解读之外的理论、应用性研究兼行的相对复杂的状态,并形成对荀学的概念、荀学的发展经历和荀学的特征、价值、传播等有关荀学的学科研究问题集中而系统的论述,主要体现于荀学的概念、内容、发展经历和特征等方面。

一、"荀学"概念的界定

谭嗣同《仁学》篇曰:"二千年来之政,秦政也,皆大盗也;二千年来之学,荀学也,皆乡愿也。"其中"荀学"一词,虽主要指与"秦政"相对的学术领域里的荀子学说,但与主张"经世致用"的乾嘉学派殿军的李慈铭提出的"荀学"比较而论,其内涵当有一定的外延。以内涵角度论,若谭嗣同所言"秦政"主要侧重秦朝的政治实践,句中与之相对的"荀学"则当指荀子的学说,属于学术范畴;荀子学说主要记载于《荀子》一书,荀学也当含指荀子思想和《荀子》思想的研究;学界辨伪后通常认为其书主要是荀况和其弟子的合著,则荀学又指荀子及其后学的思想研究。综合而论谭嗣同的荀学概念的内涵,从研究对象的角度论,主要指荀子及荀子后学的思想研究;从研究内容的角度说,主要侧重政治、伦理、道德等思想的研究。中国古代学术向有主张政教合一、教为政用的特点;清初尤为重视实学,延及荀学领域则以倡导经世致用的研究理念为主;发展至谭嗣同的维新时期,该理念便成为变法运动的影响理论之一。由此可见,谭嗣同的荀学概念的内涵实际已由单一的学术范畴或经世致用的理论层面研究,外延至应用领域或经世致用的社会实践范畴;其研究内容则外延至法律等合乎封建学术体制规范的具体实践问题的研究,因之自是不同于李慈铭的学术范畴或经世致用理论层面意义的"荀学"概念。

当今,荀学的概念,以研究对象论,其内涵主要由谭嗣同所关注的荀子学说的"乡愿"部分的批评,发展为主要深化、细化地研究荀子辩证唯物主义思想的方面,其中大致关涉天人观、性恶论、名实关系和"虚壹而静"等方法论,以及"明分使群"的社会观等内容,当代系列的《中国思想史》《中国哲学史》《中国通史》等著作,通常评以先秦唯物主义哲学之集大成者;其外延已由戊戌变法时期主要限于官方层面的研究经世致用的实践问题,普及发展至整个社会自觉的实用行为,例邯郸市承办的中国荀子文化节,当属于由政府支持的主要用于发展以邯郸市为中心、以河北地区为链接的中国整体经济建设链条的客观组成部分。以研究内容论,当代荀学已由谭嗣同的政治、伦理、道德等普通的学术性议题内涵,向学科性方面的深层发展,以伦理思想研究为例:"1987 年开始,学界更侧重于荀子伦理思想的道德、规范、道德教化、应用伦理等方面的研究,从而使研究不断引向深入。"①主要表现以理论的细致化、应用的渗透化与学科的系统化研究为主,例第二届荀子文化节设立的"首届荀子文化高峰论坛",有 12 位专家学者在论坛作专题发言②,说明当今荀学已由理论层向应用层、由学术层向社会各阶层的逐渐渗透和发展;其外延则由谭嗣同的法律思想研究发展至哲学、文学、美学、艺术、教育

---

① 陈光莲.港台及国内荀子伦理思想研究综述——人性论视域下的德性透视.船山学刊(社会科学版),2008(3):86.
② 惠吉兴,许卉.荀学研究的新进展——"首届荀子文化高峰论坛"综述.河北学刊,2012(6):257.

学、经济理论与经济思想史等众多学科,以及学科间的综合性研究。

综合以上论述知,荀学概念的使用,目前尚无统一意见。概括当今学界有以下几种代表性观点:

1. 荀子的思想学说

谭嗣同"乡愿"的"荀学"释义,主要指荀子的思想内容;当今学界仍有持同者,且更设限为"荀子之学是由荀子个人来完成的,是一个具有完整性、连贯性的思想体系"①,则荀学的概念当主要指荀子的思想学说。

2. 荀子的思想、荀子后学的思想和对荀子及后学思想的研究

冯友兰先生说:"荀子为战国末年之儒学大师。后来儒者,多出其门。荀子又多言礼,故大小戴《礼记》中诸篇,大半皆从荀学之观点以言礼。……盖当时荀学之势力,固比较汉以后人所想象着大多多也。"②文中前一"荀学"确指荀子的思想;而后一"荀学"则概指其"势力"之整体,即主要含指荀子后学,以及对荀子和荀子后学的思想性研究。

3. 研究荀子思想的学科

廖名春先生《荀子新探·绪论》言:"荀子及其思想研究,亦称荀学,是一个古老而又富于现实意义的课题",对"荀子的评价从荀子死后就已经开始"③。其中的荀学概念主要指研究荀子的生平经历、思想和后世评价荀子的学科,它主要涵盖对荀子自身、《荀子》著作、荀子思想等的基础性介绍和学术性理论研究两部分。目前学界多同此说,马积高先生《荀学源流》④上篇主要论述生平、思想等,下篇专论历代荀子研究,其荀学意义的限定当同此说。此外郭志坤⑤、田富美⑥等亦同之。

4. 荀学的研究历史

江心力博士认为:"改革开放以来出版的荀学研究著作,关注的重心是荀子思

---

① 赵莹莹. 浅谈荀学的集成性. 青年科学,2013(11):343.
② 冯友兰. 中国哲学史(上). 上海:华东师范大学出版社,2011:206-210.
③ 廖名春.《荀子》新探·绪论. 北京:中国人民大学出版社,2014:4.
④ 马积高. 荀学源流. 上海:上海古籍出版社,2000.
⑤ 郭志坤. 荀学论稿. 上海:三联书店上海分店,1981.
⑥ 田富美. 清代荀子学研究. 导师:董金裕. 台湾"国立"政治大学中国文学系博士论文,2005.

想学说自身的特征,对于荀学研究的历史不够重视""荀学的发展,经历了荀学形成和荀学研究两个阶段。战国时期是荀学的形成阶段"①。文中十分明确荀学的概念:荀学是由荀子思想学说、特征和荀学的研究历史两部分组成,其中荀学的形成主要指荀子的思想学说及特征的形成,荀学的研究则主要指历代对已经形成的荀学的研究。可见作者的"荀学"一词涵盖荀学形成、荀学的研究等思想性和荀学发展等史学性研究内容。因此作者的荀学概念,实则由荀子的思想学说、特征和荀学的研究历史等内容组成。

强中华博士分荀学概念作狭义和广义两类。其中的广义类又分作荀子自身的思想,有关荀子的点评,研究荀子生平、思想、影响等相关问题的学问和有关荀子的接受问题三层②,其中的接受问题当与荀学的研究历史问题相关。因为由于接受对象等情况的不同,其研究内容自是不同,荀学概念的含义当随之不同。可见其概念涵盖了荀子思想性研究、学术性研究,以及史学性研究范畴等丰富的内容。虽然该含义相对而言比较完善,但仍有阙失,例荀子传统研究中出现的荀学与其他子学、荀子思想中伦理与政治、哲学及法律等不同学科之间的交叉综合性研究,新世纪出现的文化学视阈下的综合哲学、伦理,以及经济等门类的应用性研究内容,便失涵于其荀学的概念。

综合古今学界有关荀学概念的诠释,根据当今荀学的新发展,目前学界的概念主要含有三方面意义:

其一,对荀子和荀子后学的思想性研究,主要表现于对《荀子》等的研究;

其二,对荀子及后学的生平经历、思想发展渊源等的学术性研究;

其三,对荀学发展的史学性、荀学与其他子学和不同学科之间的交叉综合性的研究。

二、荀子的研究内容

根据荀学概念的界定,荀子目前的研究内容主要涉及《荀子》文本的整理研究、荀子的理论性研究和荀子的应用性研究等。

---

① 江心力. 20 世纪前期的荀学研究. 北京:中国社会科学出版社,2005:3,6.

② 强中华. 秦汉荀学研究. 导师:方勇. 华东师范大学博士论文,2010.

首先,《荀子》文本的整理研究。

《荀子》文本的整理研究,古今主要涉及注、疏、译诸方面,据唐代杨倞《荀子序》记载最早可上溯至西汉刘向。杨倞序曰:"分书十二卷三十二篇为二十卷,又改《孙卿新书》为《荀卿子》""孟子有赵氏章句""独荀子未有注解,……辄用申抒鄙思,敷寻义理"①,则刘向首次结集《荀子》文本,杨倞首次注释《荀子》。对此晁公武《郡斋读书志·子类·儒家类》、陈振孙《直斋书录解题·儒家类》、王应麟《汉艺文志考证》和《国朝四库全书总目·子部·儒家类》等皆持同杨说②唐以后的《荀子》文本整理研究迄今不辍。目前,大陆学界主要有高正的专著《荀子版本源流考》、刘延福的《〈荀子〉文献学研究述略》、江心力的专著《20世纪前期的荀学研究》和廖名春先生的《20世纪后期大陆的荀子文献整理研究》等,系统论述了历代《荀子》文本的整理研究情况。其中高正概括清代以前的《荀子》版本作18个系统;刘延福主要从文献学研究角度,分刘向以后的《荀子》文本整理时期作20世纪以前、民国至新中国成立前和新中国成立以来(止于2005年)三段,并综合分析了各时段的整理研究情况;江心力于书中详细分析了1900—1949年之间的《荀子》文本整理研究情况;廖名春先生则主要介绍1950—2005年之间,大陆学者《荀子》文本的整理研究情况。其他学者之论恕不赘述。考察目前学界的《荀子》文本整理研究所涉时间,主要止于20世纪末,多未涉新世纪的研究情况,而新世纪以来的《荀子》文本整理研究事实上方兴未艾。

综合古今学界《荀子》文本的整理研究,其经历概可分作20世纪以前的古代时期、20世纪的现当代时期和新世纪三个时期。

1. 20世纪以前的《荀子》文本整理研究

以高正、刘延福为代表详细介绍了20世纪前的文本研究,概括各时段的主要文本有:西汉刘向《孙卿新书》12卷32篇;唐代杨倞《荀子》注20卷32篇;宋代钱佃江西槽司刻本("乃《荀子》'最早之合校刊本'")③;明代许宗鲁《六子书》本等;明末清初傅山《荀子评注》,清人对荀书的考校工作进至"千年以来第一个鼎盛期,

---

① 王先谦. 荀子集解·序. 诸子集成(2). 上海:上海书店,1986:2.
② 王先谦. 荀子集解·考证. 诸子集成(2). 上海:上海书店,1986:3-5.
③ 高正. 荀子版本源流考. 北京:中华书局,2010:32.

学者对《荀子》版本的校勘、文字训诂的考释等方面做了全面系统的整理"①,主要代表有卢文弨《荀子笺释》二十卷、刘台拱《荀子补注》(一卷,补正杨注而作)、郝懿行《荀子补注》(二卷,补正杨注、刘补注)、王念孙《荀子杂志》(八卷,主要校正此前注的字、音、义等问题)、愈樾《诸子平议》录《荀子平议》(四卷,考订荀书文字及意义)、日本久保爱《荀子增注》二十卷、王先谦《荀子集解》(二十卷,"代表了自唐以降至清末校释《荀子》的最高成就,也是目前为止《荀子》最通行的版本")②等。

2. 20 世纪的《荀子》文本整理研究

刘延福、江心力和廖名春等先生主要研究了 20 世纪的《荀子》文本整理,其中现代时期的代表性成就主要有刘师培《荀子补释》、梁启雄《荀子柬释》、钟泰《荀子注定补》、于省吾《双剑誃〈荀子〉新证》、叶玉麟《白话译解〈荀子〉》等;廖名春先生统计当代至少有 24 部,除去 2000—2004 年的 9 部,则 20 世纪后期的大致有 15 部,其中两岸学术价值较高的有:王叔岷《荀子斠理》(原载台湾中央研究院《历史语言研究所集刊》,1962 年)、熊公哲《荀子今注今译》(台湾商务印书馆,1975 年)、李涤生《荀子集释》(台湾学生书局,1979 年)、毛子水《荀子训解补正》(台湾华正书局,1980 年)、章诗同《荀子简注》(上海人民出版社,1974 年)、北京大学《荀子》注释组《荀子新注》(中华书局,1979 年)、杨柳桥《荀子诂释》(齐鲁书社,1985 年)、董治安和郑杰文《荀子汇校汇注》(齐鲁书社,1997 年)、骆瑞鹤《荀子补正》(武汉大学出版社,1997 年)、杨任之《白话荀子》(岳麓书社,1991 年)、张觉《荀子译注》(上海古籍出版社,1995 年)、蒋南华等《荀子全译》(贵州人民出版社,1995 年)等。学界通常以梁启雄《荀子柬释》、骆瑞鹤《荀子补正》与张觉《荀子译注》等为代表。

3. 新世纪的《荀子》文本整理研究

21 世纪的新世纪,《荀子》文本的整理研究发展迅捷,初步统计自 2000—2015 年的 15 年间,《荀子》全译注的文本仅大陆就至少有 22 部,除去廖名春先生统计的 9 部外代表性的文本还有:

① 刘延福.《荀子》文献学研究述略. 河南理工大学学报(社会科学版),2013(7):297.
② 同上,第 298 页。

①李中生:《荀子校诂丛稿》(广东教育出版社,2001 年)

②王天海:《荀子校释》(上海古籍出版社,2005 年)

③安小兰:《荀子》(中华书局,2006 年)

④王学典:《荀子》(中国纺织出版社,2007 年)

⑤蒋南华、杨寒清:《荀子全译》(贵州人民出版社,2009 年)

⑥孙安邦:《荀子》(山西古籍出版社,2010 年)

⑦东方朔导读、王鹏整理:《荀子》(上海古籍出版社,2010 年)

⑧方勇、李波:《荀子》(中华书局,2011 年)

⑨褚世昌:《荀子》译注(黑龙江人民出版社,2013 年)

⑩周先进:《荀子全本注释》(中国文史出版社,2013 年)

⑪王威威:《荀子》译注(上海三联书店,2014 年)

⑫方世豪:《荀子》译注(中信出版社,2014 年)

⑬黄建军:《荀子译注》(商务印书馆,2015 年)

新世纪 15 年间的《荀子》文本整理成就,仅大陆数量已远超 20 世纪后半期 50 年海内整理的总数,彰显《荀子》文本整理研究发展之新机,其中主要以李中生、王天海和方勇等的注释为代表。李中生和骆瑞鹤"可以说是大陆 50 多年间《荀子》训诂考释工作的双子星座"①;王天海的校释则是"目前为止最全的《荀子》校释本"②;方勇等译注的《荀子》,则以王注为底本、参考业内专家的著述和注释而成,并将成为方勇先生主持的中华《子藏》结集中的一部分。

其次,荀子的理论性研究。

荀子的理论性研究主要含指荀子的思想、《荀子》的思想内容和荀学史等的研究,其产生时间最早可上溯至战国时期,此后历代发展不一。

1.20 世纪以前荀子的理论性研究。

目前学界公认荀子弟子《尧问》篇"观其善行,孔子弗过"等对孔荀思想的比较评议,是较早而系统的荀子理论性研究。此后则主要表现在历代的《荀子》文本

---

① 廖名春.《荀子》新探. 北京:中国人民大学出版社,2014:268.
② 刘延福.《荀子》文献学研究述略. 河南理工大学学报(社会科学版),2013(7):300.

注释及思想家的著述里,多以零散的点评和不系统的说明为主。韩愈"大醇小疵"的评说开宋代贬荀尊孟、明代荀孟同尊而重荀之风。直至明末清初傅山的《荀子评注》完成了荀子研究的清际转型,一是,傅山主要"从义理方面对荀学进行了阐发,并对《荀子》一书的思想、文章风格进行评论""将荀子看成是先秦各家的集大成者"①;二是,从荀学发展的角度说,傅山整合字、词、句进行集中评说的注释方法,对清代学者的荀子理论研究,无疑有"开创性的意义"②。乾嘉时期汪中的《荀卿子通论》《荀卿子年表》,是司马迁、刘向之后首次相对系统地重新考证荀子生平与学术源流的两部力作,开了荀学系统的理论性研究之先,梁启超认为自此"荀子书复活,渐成为清代显学"③。清代学者的理论性研究实际成为 20 世纪以前的主要代表,汪中之外还有《四库全书总目》《四库全书简明目录》的"子部儒家类"对荀子的评论,以及谢墉、钱大昕、郝懿行、王念孙、黎庶昌等于荀子注释本所作的序跋,分别从荀子姓名及生平、荀子思想及学派渊源、《荀子》版本及来源等不同角度进行理论性的论说;胡元仪的《郇卿别传》和《郇卿别传考异二十二事》,以荀子生平经历、学术传承的详细传述和详致的荀子传经考证等,开清末民初以后 20 世纪的荀学传统;清末还有愈樾的《荀子平议》四卷和《荀子诗说》一卷等。

2. 20 世纪荀子的理论性研究

20 世纪初西学东渐、中西学交融,中国的学术传统逐渐转型,此后的西学思想和马克思主义思想与中国思想文化融合,形成中国二三十年代和 80 年代的两次"文化热",其时波及学界各领域,涵盖国学、经学、子学等关联先秦诸子研究的学科,客观推动文化学视阈下的荀子理论性研究的发展。目前,大陆学界的 20 世纪荀子理论性研究的文献主要以江心力和刘君花等为代表。

江心力统计 20 世纪前期 50 多年的时间内,荀学的专门著作 10 多部,100 多篇研究论文,相当多的点评言论。其中从义理角度研究荀学的专著主要有陶师承《荀子研究》、陈登原《荀子哲学》、熊公哲《荀卿学案》、杨筠如《荀子研究》、刘子静《荀子哲学》、王恩洋《荀子学案》等。由于此时期受西方的学科理论影响,对荀学

---

① 刘延福.《荀子》文献学研究述略. 河南理工大学学报(社会科学版),2013(7):297.
② 赵伟. 乾嘉荀学研究. 导师:蓝武,何林夏. 广西师范大学硕士论文,2008:19.
③ 梁启超. 中国近三百年学术史. 北京:东方出版社,1996:254.

进行了分科研究,从而促进了荀学研究方法的现代转型。若说陶师承《荀子研究》以重点探讨荀子的政治、心理、伦理和教育等学说,较多体现了西学分科研究的影响;则熊公哲的《荀卿学案》,前有儒学系事表、荀子传略、荀子考略和荀学源流,正文分"道隅""学行""天人""止足""中事中说""伦类"等20部分,"采纳了旁搜书证以解说、辩证的汉学方式""展现了传统与现代视角的交融",而"20世纪的三四十年代,马克思主义学者郭沫若、杜国祥、侯外庐等人对荀学义理进行了新的研究,促进了荀学研究的深入发展",较之于清代荀学复兴期,20世纪前期的荀子理论性研究,更多地体现出复兴更新时期的特征①。

刘君花《二十世纪后半期的荀学研究》分该时期荀子研究作"薄弱研究期(1945—1976)"和"全面展开期(1977—1999)"两阶段,并统计该时期大陆的专著主要有49部,含有"薄弱期"李德永的《荀子——公元前三世纪的唯物主义思想家》一书和"全面展开期"的48部,还有673篇论文。理论性研究的代表作则主要有夏甄陶《论荀子的哲学思想》、惠吉星《荀子与中国文化》、孔繁《荀子评传》等②;该时期荀子的文学研究也有成就,主要以杨鸿铭《荀子文论研究》(文史哲出版社,1981年)一书为代表。港台理论性研究专著从70年代末到90年代初,约有43部③,主要代表有牟宗三《荀学大略》和韦政通《荀子与古代哲学》等。

总括20世纪海内的荀子理论性研究,专著总量至少102部,内容丰富、研究方法多样,从而奠定了新世纪荀学发展雄厚的基础。

3. 新世纪的荀子理论性研究

新世纪以来的荀子理论性研究,在其前研究的基础上进一步向内容的全面深化细致、方法的注重新变之境界发展。其内容方面既有整体性研究:郭志坤《荀子评传》、廖名春《荀子新探》等;又有分科研究:陆建华《荀子礼学研究》、路德斌《荀子与儒家哲学》等;既有思想研究:康香阁、梁涛《荀子思想研究》,王军《荀子思想研究:礼乐重构的视角》,韩德民《荀子与儒家的社会理想》等;还有语言研究:黄珊《荀子的虚词研究》等,文学研究:刘延福《荀子文艺思想研究》等,文化研究:卢永

---

① 江心力. 20世纪前期的荀学研究. 北京:中国社会科学出版社,2005:264,13,265,10.

② 刘君花. 二十世纪后半期的荀学研究. 导师:程恭让. 首都师范大学硕士论文,2007:42 –43.

③ 同上,第32页。

凤、王福海《荀子与兰陵文化研究》等。其研究方法则由继承而新变:即主要继承传统的义理论说法和马克思主义辩证唯物的理论分析法,时贤等的著述多采用之;此外还有比较分析法、个案分析法等。其中有古代思想家的比较研究:李亚彬《道德哲学之维:孟子荀子人性论》、周炽成《荀子韩非子的社会历史哲学》等;中外思想家的比较:孙伟《"道"与"幸福":荀子与亚里士多德伦理学比较研究》等;个案研究法则可以陈光莲《荀子"分"义研究》为代表,全书专门针对荀子著作中有关"分"的思想问题,从"分"的概念、"分"在荀书不同语境中的哲学含义、"分"在儒道两家和黑格尔道德哲学等的致思路径中所彰显的荀子"分"思想理性主义特征,直至荀子以"分"为中心的道德哲学体系的构建等问题,都进行了较详致的论述,通过"分"的单个案例分析,对荀子的思想进行整体研究。新世纪荀子研究方法的新变则主要表现在新的研究视角的生成,其主要代表一是文化学视角:虽然它出现于 20 世纪后半期,但熟稔地为学界使用却是新世纪之事,目前荀学领域的使用已发展至荀子应用研究之境,例荀子文化节的设立等便是主要代表;二是结构主义视角研究的出现:王军《礼乐重构的视角》一书,旨在从结构主义的角度再建荀子以礼乐思想为中心的思想体系,体现了荀子研究又一新的角度;三是方法论研究视角:以李子荣《作为方法论原则的元语理论:荀子伦理思想研究》为代表,通常荀子伦理思想多属于荀子思想内容的研究范畴,该书则从修辞学领域的元语言研究角度,将荀子的伦理思想内容的研究范畴,归之于荀子方法论研究的范畴,从而体现了研究视角的新变。综合以上论述知,新世纪以来的荀子理论性研究取得了一系列重要成果,概括地表现在研究专著和论文、学术会议、荀子研究的组织管理特别是信息化的管理等方面。

初步统计 2000—2015 年大陆的荀子理论性研究专著至少有 45 部。在 CNKI 数据库以"荀子"为题名,检索到 2005—2015 年间的期刊论文有 1339 篇,其中博士学位论文 33 篇,硕士学位论文 253 篇,15 年之论文的总数量远超刘君花统计 20 世纪后半期的 673 篇,亦超过廖名春先生统计的"1950—2005 年中国大陆发表的荀学研究专题论文至少有 1177 篇"①。其中廖名春、梁涛、林桂臻、周炽成、路德斌、韩德民、陈光莲等学者以论文观点的新颖、多而自成系列受到重视。21 世纪大

---

① 廖名春.《荀子》新探. 北京:中国人民大学出版社,2014:257.

陆代表性的理论研究专著目录,依内容可分列作:

1)荀子理论的整体性研究。

(1)马积高:《荀学源流》(上海古籍出版社,2000年)

(2)刘庭尧:《后圣荀子》(济南出版社,2006年)

(3)郭志坤:《荀子评传》(中国社会出版社,2010年)

(4)廖名春:《〈荀子〉新探》(中国人民大学出版社,2014年)

2)荀子理论的分类、分期研究。

(5)韩德民:《荀子与儒学的社会理想》(齐鲁书社,2001年)

(6)吴雪玲:《孔子·儒家研究文丛——荀子治国之道简论》(齐鲁书社,
2001年)

(7)周炽成:《荀子韩非子的社会历史哲学》(中山大学出版社,2002年)

(8)张国风:《荀子·王霸之道》,中国社会出版社(2004年)

(9)高春花:《荀子礼学思想及其现代价值》(人民出版社,2004年)

(10)陆建华:《荀子礼学研究》(安徽师大出版社,2004年)

(11)李子荣:《作为方法论原则的元语理论:荀子伦理思想研究》(黑龙江
人民出版社,2006年)

(12)王颖:《荀子伦理思想研究》(黑龙江人民出版社,2006年)

(13)李亚彬:《道德哲学之维:孟子荀子人性论比较研究》(人民出版社,
2007年)

(14)吴树勤:《礼学视野中的荀子人学》(齐鲁书社,2007年)

(15)陈文洁:《荀子的辩说》(华夏出版社,2008年)

(16)梁启超等:《荀子二十讲》(华夏出版社,2009年)

(17)路德斌:《荀子与儒家哲学》(齐鲁书社,2010年)

(18)王军:《荀子思想研究:礼乐重构的视角》(中国社会科学出版社,2010
年)

(19)陈荣庆:《荀子与战国学术思潮》(中国社会科学出版社,2012年)

(20)陈光莲:《荀子"分"义研究》(东南大学出版社,2013年)

(21)林庆彰:《中国学术思想研究集刊(礼仪之统)·荀子政治哲学研究》
(文化艺术出版社,2013年)

(22) 刘桂荣:《西汉时期荀子思想接受研究》(合肥工业大学出版社,2013年)

(23) 李慧芬:《荀子管理思想论》(山东人民出版社,2014年)

(24) 陈光莲:《荀子"知性"道德哲学研究:知识与德性》(东南大学出版社,2014年)

(25) 谭绍江:《荀子政治哲学思想研究》(华中科技大学出版社,2014年)

(26) 康香阁,梁涛:《荀子思想研究》(人民出版社,2014年)

(27) 李加武:《郭店儒简》与荀子思想比较研究(武汉大学博士学位论文,导师:欧阳祯人,武汉大学出版社,2015年)

(28) 金妍妍:《"群居和一":荀子社会伦理思想研究》(中南大学出版社有限责任公司,2015年)

(29) 孙伟:《"道"与"幸福":荀子与亚里士多德伦理学比较研究》(北京大学出版社,2015年)

(30) 高春海:《荀子的人际关系思想研究》(世界图书出版公司,2015年)

(31) 涂可国,刘廷善:《荀子思想研究》(齐鲁书社,2015年)

(32) 江心力:《20世纪前期的荀学研究》(中国社会科学出版社,2005年)

(33) 高正:《荀子版本源流考》(中华书局,2010年)

3) 荀子语言研究。

(34) 黄晓冬:《荀子单音节形容词同义关系研究》(巴蜀书社,2003年)

(35) 黄珊:《〈荀子〉虚词研究》(河南大学出版社,2005年)

(36) 鲁六:《荀子词汇研究》(河南大学出版社,2007年)

(37) 于峻嵘:《荀子语法研究》(河北教育出版社,2008年)

(38) 殷晓明:《荀子句法专题研究》(黄山书社,2012年)

(39) 谢序华:《唐宋古文与〈荀子〉句法比较研究》(西南交通大学出版社,2015年)

4) 荀子文学研究。

(40) 郑炯坚:《荀子文学与美学》(科华图书出版公司,2001年)

(41) 刘延福:《荀子文艺思想研究》(山东大学出版社,2015年)

5) 荀子文化等研究。

（42）许志强:《荀子与枣庄市文化产业相关研究》(山东枣庄,2007 年)

（43）卢永凤,王福海:《荀子与兰陵文化研究》(山东大学出版社,2013 年)

（44）武术臣,韩星:《中国兰陵·"荀子思想与依法治国"学术研讨会论文汇编》(兰陵东方荀子研究院,2014 年)

（45）杨金廷,范文华:《荀子史话》(人民出版社,2014 年)

15 年大陆专著数量近半于 20 世纪大陆为主的海内百年专著之总量,其中分类研究是主流;《荀学源流》《〈荀子〉新探》《20 世纪前期的荀学研究》与《荀子版本源流考》等皆受重于学界。廖名春先生《〈荀子〉新探》的内容主要由荀子的生平事迹、著作、思想与"20 世纪后期大陆的荀子文献整理研究"等组成,其中尤为关注荀子"虚壹而静"的方法论的探讨,于第六章设第三节论述后,特辟附录一"荀子'虚壹而静'说新解"专论之。不同于学界通常运用哲学的理论分析法,而主要用详致的考证法,例对荀子"心,卧则梦……不以梦剧乱知谓之静"一段话的解释,就引证以杨倞、物双松、王先谦、刘师培、梁启雄、北京大学《荀子》注释组、李涤生、邓汉卿、骆瑞鹤、王天海等十家之说,体现著者严谨求实的学术理念。高正《荀子版本源流考》列以 18 个部分,分别考证了始自西汉刘向止于清代王先谦的《荀子》18 个版本系统,其中涉及流传于朝鲜、韩国与日本的版本介绍,于 17 部分特辟"日本久保爱荀子增注本系统",视阈全面、论述精慎。诸论著的共同特征主要在于针对具体问题多向细化、深化方面的探究。

若说 20 世纪的荀子研究尚处于相对散在的状态,则 21 世纪已趋于自觉化,其中正规化的荀子研究管理机制已经形成,主要表现在:

国内三级荀子研究组织的设立。目前国内已设立了国家、省和县三级组织机构:国家级以 2014 年 6 月 9 日成立的中国先秦史学会·荀子研究会为代表;省级以 2012 年 9 月 29 日成立的河北工程大学荀子研究所为代表;县级主要以 2011 年 11 月 10 日成立的邯郸荀子研究会为代表,此外还有山西省安泽县的荀子文化研究会和山东省兰陵的"东方荀子研究院"等机构的设立。诸多研究机构主要负责管理荀子研究及相关事宜,它标志着中国的荀子研究正以有组织、有目的、有计划自觉而有序的状态,成为当今中国发展时代主题内容的部分。

在各级荀子研究组织机构的管理下,荀子研究的各类学术会议定期举行。目前大陆定期召开各类荀子研讨会,其中以会议主体论,概可分作官方、民间二类:中国先秦史学会·荀子研究会由政府主办,而邯郸荀子研究会等目前属于民间机构,但是该分类只是相对的,实际上二者的研究活动和内容经常互通,例第二届荀子文化节便设立了"首届荀子文化高峰论坛",有 12 位专家学者于论坛上作了专题发言①;以时间角度论,可别作定期举行的年会和不定期举行的各类会议;以空间角度论,主要有中国大陆、港台地区和国际三类。中国大陆主办的荀子学术研讨会,以年会的形式定期召开,首届会议召开于 1990 年 10 月的山东省临沂市;2014 年 11 月 7 日河北邯郸市召开的年会,在总结 2014 年荀子研究工作成果的同时,确定同年开通中国荀子网,并列出 2015 年的年会工作计划:确定 2015 年注重荀子研究的现实意义,将其与经贸发展的研究结合②。港台地区和国际型的荀子学术研讨会等则以不定期的方式举办③,以 2015 年 11 月 14—15 日于复旦大学召开的荀子国际学术研讨会为例:本次会议主要由复旦大学哲学系的林宏星教授主持,荀子研究会廖名春会长发了贺信,中外学者共同参与了 7 场讨论会,内含中国大陆、港台和世界各国的专家学者及荀学爱好者的研究成果。其间没有地域、身份、级别和内容等的差别,以其特有的综合性质彰显出新世纪荀学综合性发展的特征。

21 世纪的荀学,随信息化时代的发展而行。为便捷荀子研究、及时交流荀学信息,河北省在原有的《邯郸学院学报》设立的荀子研究专栏的基础上,于 2014 年 10 月 14 日,同中国先秦史学会·荀子研究会、河北省社科院哲学研究所、邯郸市荀子研究会联合主办开通了"中国荀子网",主要栏目有"当代荀子潮""荀子研究"等,旨在运用现代化媒体,通过互联网,为荀子研究和宣传提供新的平台,对进一步深化荀子研究有重要意义。荀子研究信息化管理的实施,有利于吸引更多的专家学者深入开展荀子研究。

---

① 惠吉兴,许卉. 荀学研究的新进展——"首届荀子文化高峰论坛"综述. 河北学刊,2012 (6):257.

② 李海荣. 市荀子研究会召开年会. 邯郸日报,2014 - 11 - 10.

③ 王堃. 涉然而精:翻开荀学新篇章——海峡两岸荀子研究的新拓展研讨会纪要. 邯郸学院学报,2015(2):79;吕初军. "荀子研究的回顾与新探索"国际学术研讨会综述. 高校社科动态,2014(4):12.

综合新世纪的荀子理论性研究知,其内容自整体至分科、其方法自传统至新变、其管理自主体至时空,皆呈现全方位开放式发展的态势。

最后,荀子的应用性研究。

重视客观事物的应用价值研究,是中国古今的学统之一,古代儒家尤为重视思想理论的应用研究。《论语·子路》有"子曰'诵诗三百,授之以政,不达;使于四方,不能专对。虽多,亦奚以为'"之论,较早提出重视《诗经》的应用价值研究的意见;朱熹以程子曰"穷经将以致用也"的学以致用之意,加强说明朱子自己的"诵之者,必达于政而能言也"的释文,其重视学术的应用价值的理念当承《论语》而来;此后古今学界多承袭孔子学以致用的诗学观。作为先秦儒家代表的荀子,其《儒效》篇曰"知之而不行,虽敦必困",从而将孔子限于《诗经》等文献的应用研究范畴,延伸至全部的"知"识类的应用研究;《天论》篇又曰"大天而思之,孰与物畜而制之;从天而颂之,孰与制天命而用之;望时而待之,孰与应时而使之",将物用研究进一步扩至"命"用研究,并指出所有的应用研究皆当以时事研究为重。由此可知,荀子在继承其前儒家等学派重视应用的思想基础上,已形成明确的应用理论,荀子思想既是应时事需要而作,又成为后世学界探讨解决时事问题的思想之源。由荀子的《富国》篇,经汉初贾谊的《治安策》、宋代李觏《富国策》的发展,至清初在实学思潮推动下,以系统的经世致用思想,开启荀子应用思想研究的新时期,至今已发展至荀子思想在当今经济建设时代里的意义研究:东北财经大学的张宇硕士以《先秦荀子的富国论》为题,专门自《富国》篇所反映的荀子经济思想的角度,讨论荀子思想在当今经济发展中的应用价值。廖名春先生于其著作以专章"富国裕民论",讨论荀子的经济思想及影响。所以荀子的应用性研究是目前荀学发展所显示的基本状态之一。

目前,荀子的应用研究普遍被关注于海内外学界。陈光莲《港台及国内荀子伦理思想研究综述——人性论视域下的德性透视》一文道:"从 1987 年开始,学界更侧重于荀子伦理思想道德规范、道德教化、应用伦理等方面的研究,从而使研究不断引向深入。"①明确指出荀子的"应用伦理"等研究是港台荀学进一步发展的

---

① 陈光莲. 港台及国内荀子伦理思想研究综述——人性论视域下的德性透视. 船山学刊, 2008(3):86.

基本走向。高颖《台港学术动态·中华文化的传承与拓新:经学的流衍与应用国
际学术讨论会》一文,指出港台地区的经学应用研究地域已发展至海外①,梁涛先
生提出的含有《荀子》一书的"新四书"说,在学界产生的影响当足以使传统经学
研究的内涵,外延至荀学,所以荀子的应用研究当为国际荀学界关注。大陆的荀
学应用研究已由新世纪初的展开期,发展至当今的兴盛状态,主要以荀子研究会
和荀子文化节等形式为代表,促动荀子应用研究的发展,例邯郸市荀子研究会于
2014 年会时,明确列出 2015 年工作计划:首先筹办在邯郸市召开第二届世界中华
文化研究会年会,大会主题确定为"荀子礼法思想对现实的指导意义";其次让文
化和经济接轨,筹办文化论坛和经贸论坛,届时将邀请国内外著名的荀学专家和
国内外知名企业家来邯郸参加。该年会的召开,昭示荀子的应用研究不仅是中国
荀学的发展走向,亦是世界荀学的发展宗旨之一,其发展特征已由 20 世纪主要务
虚的内容,发展至文化、经贸的虚实统一的境界。

三、荀学的研究特点

荀子研究经历了漫长的发展而形成的荀学,其间的每个时期各呈现不同的特
点。目前的荀学特点主要表现在理论化、组织化和多元化等方面。

(一)理论化

《荀子·尧问》篇对荀子人格、思想和孔荀比较、时人评价等的简要说明,开战
国荀子理论性研究之先。此后 20 世纪以前的古典学术时期,对荀子的理论性研
究主要有义理式的文本注释、点评式的理论说明、历代思想家特别是清代学界对
荀子的生平经历、思想渊源和学术传承等的较系统论述等,虽简约却无疑奠基了
20 世纪的荀子理论性研究。20 世纪的荀子研究虽仍以文本注释为主,但荀子及
其思想研究专著的出现,标志荀子研究已经完成了由古典而现代的时代转型,其
间牟宗三的《荀学大略》、郭志坤的《荀学论稿》等荀学专著,以荀学发展史的研究
视阈,呈现出荀子研究已进至学科化的新域界。新世纪马积高的《荀学源流》之
后,荀子研究即主要以荀子、《荀子》和荀学的研究对象为主,其中理论性的研究成

---

① 高颖.(台港学术动态)中华文化的传承与拓新:经学的流衍与应用国际学术讨论会.中
国哲学年鉴,2010(1).

果不仅首次出现远超文本整理注释的局面,同时15年间之荀子理论研究专著、专论之数量,近半于20世纪百年理论研究之总量;荀子研究内容,自思想整体至分类,自思想研究至语言、文学和文化等,呈全方位开放的发展势态。总之目前的荀子研究首先体现出理论化的特征。

(二)组织化

古代荀子研究长期处于一种不组织的境遇里,谭嗣同的"乡学"论当含有不列于官学的散在状态之意。虽然北宋熙宁本是经国子监组织的官刻本、清代《四库全书》的刊本亦经官方审订,但真正有组织地研究荀子还是当代事。新世纪,荀子的研究组织迄今已形成基本的三级管理机制,主要负责荀子研究对象的设立、研究活动的组织和研究导向的发展等,使荀子研究真正成为有组织、有目的、有计划与有价值的科学的学术行为。目前的荀学发展已呈现出明确的组织化特征。

(三)多元化

20世纪以前的古典期,囿于政教合一、教唯政用的学术思想的禁锢,"乡学"附庸于官学、荀学附庸于经学,荀子研究主要以诠释封建制度等的合理性的单一的模式化形态为主。20世纪受中西学交融的影响,荀子研究内容既有文本的注释译等,其理论研究又涉及荀学史的范畴;研究方法既有传统的汉宋法和清代考据法等,又有西学特别是马克思主义的理论分析法和文化学视角研究法等。20世纪丰富的研究方法,开阔了新世纪荀学的研究视阈。新世纪的荀学全面发展:表现在研究领域的多元,出现思想领域、学术领域和文化领域特别是民间文化领域等同研共融的局面;研究内容的多元,涵盖荀子的文本整理研究、理论性研究和应用性研究等多方面;研究地域的多元,海内有大陆和港台,海外则主要表现为海内学者对欧美、韩日和其他地区的荀子研究的论述及海外对其所在国等的荀子研究的说明。目前学界尚无海外荀子研究的专著,2014年安徽大学出版社出版的戴俊霞《诸子散文在英语世界的译介与传播》一书,主要将《论语》《孟子》《荀子》《道德经》《庄子》《墨子》和《韩子》七书视作一个文化单元,系统探寻诸子散文在英语世界里的译介与传播轨迹,其中《荀子》的海外研究属分部研究性质;专门的研究论文则呈发展性态,20世纪只有中国学者的初步涉猎,例傅云龙的《中、韩、日、越

"93 年孔、孟、荀学术思想国际研讨会"综述》只是报道性说明①；21 世纪则已发展
至中外学界的共同参与、深层论述。目前，中国学界研究海外荀子研究的主要有：
徐庆文《"儒学全球论坛（2007）：荀子思想当代价值国际学术研讨会"综述》，介绍
了除中国以外的其他国家、地区的荀学代表的研究情况②；胡可涛《国外荀子研究
述评》、曹思琦《〈荀子〉的英译研究》③、孙倩《〈荀子〉三个英译本的译者主体性研
究》（硕士论文，2012 年）、潘甜《中国典籍英译中的三个翻译取向》（硕士论文，
2012 年，主要以《荀子》三个译本的个案，分析翻译的忠实性、可读性和创造性，客
观体现了海外荀子的研究情况）等，从不同角度介绍了目前海外的荀学情况。外
国学界的荀子研究主要有韩、日等国，韩国郑宰相的《韩国荀子研究评述》，将
1950—2005 年间韩国荀子研究史划分为三个时期，通过介绍荀子研究的专著与主
要论文，详述韩国学者的研究视角及研究方法的变迁④；日本佐藤将之的《被遗忘
的荀子研究：日本早期荀子研究评述》等论文，主要介绍了日本的荀学情况⑤。中
外学界有关荀子的海外研究论述以胡可涛的相对系统和理论化，其《述评》一文主
要通过"西方世界的荀子研究"（关涉英、德、法等国的哲学等角度的研究介绍）、
"日本的荀子研究"和"韩国的荀子研究"三个部分，以全面介绍、各国比较分析等
方法，从文本译介、思想研究特别是哲学思想、人性问题和"礼"思想等的论述，对
目前世界领域的荀子研究作了相对全面而深层的论评⑥。综观目前的荀子研究
呈现出多元化的特征。

---

① 傅云龙．中、韩、日、越"93 年孔、孟、荀学术思想国际研讨会"综述．孔子研究，1993（4）：
 125.
② 徐庆文．"儒学全球论坛（2007）：荀子思想当代价值国际学术研讨会"综述．文史哲，2008
 （2）：168.
③ 曹思琦．《荀子》的英译研究．大学英语：学术版，2013（1）.
④ （韩）郑宰相．韩国荀子研究综述．汉学研究集刊，2006.
⑤ （日）佐藤将之．被遗忘的荀子研究：日本早期荀子研究评述．荀子研究的回顾与开创系
 列研讨会：第一、二次，2005.
⑥ 胡可涛．国外荀子研究述评．社会科学评论，2008（3）：125,126,127.

第二节 荀学的形成和发展经历

"荀学"一词虽然较早出现于谭嗣同的《仁学》篇,说明由清代复兴的荀子研究至此已成为专门的研究学科,但追本溯源,目前学界根据《尧问》篇对荀子的研究,认为荀学当产生于荀子生活的战国时代。综合古今学界有关荀学发展的研究,其经历概可分作 20 世纪以前、20 世纪和新世纪三个时期;20 世纪以前的荀学又可分作先秦、秦汉、六朝、唐、宋、元、明和清近代等阶段。各时期、各时段的荀学皆有其研究成果和表现特征,目前学界亦各有不同程度的研究。

一、20 世纪以前的荀学

20 世纪以前的荀学,研究成果丰富,其代表性专著主要有郭志坤《荀学论稿》的第二十二章"历代对荀子以及荀学的评论",涉及自汉至近代的荀子研究。此外诸多论文则多以确切的历史时代命题其研究,内容涉及各个历史朝代。综合学界研究,20 世纪以前的荀学发展,经历了诸多不同的历史阶段。

(一)先秦的荀学

当今学界的马积高、廖名春、孙丽娜等学者依典籍记载,认为荀子研究最早应始于荀子生活的战国后期。目前,专门讨论先秦荀子研究的文章,主要有马积高《荀学源流》的第九章"荀子与《吕氏春秋》和韩非子"、邵颖涛《论韩非、李斯对荀学的继承》、孙丽娜的《唐前荀学研究》①等,其他多散见于荀子研究的相关论文里。

先秦的荀学研究主要表现在《荀子·尧问》篇、《战国策·楚策》《韩非子·难三》篇及《韩非子·显学》篇等文献,以上记载或简要说明荀子的经历、学派和时人评价,或概论荀子思想等,其中《尧问》篇通过对"荀子不及孔子"时议的批评,从荀子思想产生的时代背景、荀子"善行"而"志修德厚"的人格和荀孔比较等方面,

---

① 邵颖涛. 论韩非、李斯对荀学的继承. 贵州师范大学学报(社会科学版),2011(4):29;孙丽娜. 唐前荀学研究. 导师:王保国. 郑州大学硕士论文,2008.

将荀子的思想特点和价值上升至"世不详察,云非圣人"的高度进行评价,并以之批评时人的"不察其实,乃信其名"。《尧问》篇相对集中而系统的荀子研究特别是其明确的尊荀倾向,直接影响了后世荀子研究尊贬荀研究传统的形成。此外,学界还从思想内容的关联角度,论及《吕氏春秋》、李斯的《谏逐客书》等对荀子思想的反映。

概括先秦荀学,主要关涉荀子的生平经历、人格学派、政治思想为主的荀子思想和价值,以及荀孔比较视阈下的荀子评价等问题的研究,以其简明扼要而相对全面的特征,首开后世荀学之先。

(二)秦汉的荀学

荀学首先兴盛于汉代,其间历经秦代的链接。目前,学界对秦汉时期的荀学研究除了《荀学源流》等的简要介绍外,主要有强中华的《秦汉荀学研究》、刘涛的《汉唐荀学的嬗变及其特点》、孙丽娜的《唐前荀学研究》、邵颖涛的《论韩非、李斯对荀学的继承》等。①

1. 秦代的荀子研究,为古今学界公认的主要表现在传经和荀子思想的应用等方面

秦代传经情况的研究主要依据清代汪中的《荀卿子通论》所述的荀子传经学统考证,概可分作荀子的直接传经者和间接传经者两类。一是荀子直接传经于毛亨、浮丘伯和张苍等弟子,虽然荀子的生卒年至今仍存异议,但通常认为是战国后期和秦汉之际人,则荀子的弟子当主要生活于秦代,是秦代传经者的主要代表;二是荀子通过浮丘伯等弟子间接传经于楚元王刘交和鲁国的穆生、白生、申公等弟子,《汉书·楚元王交传》云:"少时尝与鲁穆生、白生、申公同受诗于浮丘伯。"刘交是汉高祖之弟,则刘交受诗的时间当在秦朝时期,因之鲁穆生、白生、申公亦当于秦朝受经,他们同属荀子在秦朝时期的再传弟子,当与荀子弟子同为秦朝荀学传经一脉的代表。

秦代的荀子思想以应用研究为主,毛泽东主席说"秦始皇用李斯,李斯是法家,是荀子的学生"②,则秦始皇、李斯等在秦朝政治等生活里当主要受影响于荀

① 刘涛. 汉唐荀学的嬗变及其特点. 船山学刊,2012(1):118 – 121.
② 盛巽昌. 毛泽东眼中的历史人物. 上海:上海辞书出版社,2005:37.

子的法思想;孙丽娜认为"秦代的思想家、政治家们更多的是在实践中贯彻荀子的学说""荀子学说在秦代得到尊奉",对此邵颖涛《论韩非、李斯对荀学之继承》一文,就李斯对荀子有关帝王之术等思想的施行亦有较详细的论述,此不赘述。秦朝注重荀子应用性研究的特征对后世产生重要影响,并直接关乎荀学该传统的形成。

综合以上论述知,秦朝荀学继承先秦而在学术、政治理论与应用研究等领域得到进一步发展,同时以尊荀为主要导向,成为汉代荀学发展的重要链接。

2. 汉代的荀学,继承前代成就而发展

汉代荀学主要表现在《荀子》文本整理和荀子的理论性研究等方面。

尽管荀学发生于先秦,但《荀子》文本的整理性研究却始于两汉。西汉末年刘向删校时传荀子著作三百二十二篇作十二卷三十二篇,定名《孙卿新书》,荀子著作首次得以全面系统地整理结集;刘向于《孙卿书录》荀孟同尊之同时给予"人君能用孙卿,庶几于王"等尊荀之评,当由继承其前之尊荀传统而来,而其有关帝王之术角度的评价荀子等则当主要源于李斯等思想的影响。东汉班固《汉书·艺文志·儒家》著录《荀卿子》三十三篇(王应麟考证三十二篇);并简要说明其学术渊源"孙卿道宋子,其言黄老意",认为荀子受宋钘和黄老两派道家思想的影响。

汉代荀子的理论性研究主要表现在传经、荀子生平经历、思想渊源、学术师承、人性论和文学等研究及荀孟比较等。汉代主要经荀子的再传弟子等继续了六艺等的传授,据汪中等考证毛苌传《毛诗》、申公传《鲁诗》、贾谊传《春秋左传》、申公传《春秋穀梁传》、后仓等传《礼》等,至于大小戴的《礼记》、司马迁的《礼书》《乐书》则皆直取之于《荀子·礼论》,该论目前虽有微词,但多为学界之共识。任继愈先生称:"汉诸儒未兴……六艺之传赖以不绝者,荀卿也。"①孙丽娜于其论文中的"《荀子》与'六艺'"的部分作了较详细的考证②。

司马迁继承先秦的荀子经历等问题的研究,通过《史记·孟子荀卿列传》《李斯列传》《老庄申韩列传》等,首次系统论述了荀子的生平经历、思想及其渊源、学术流派、师承和著述等,同时继先秦孔荀比较、以孟荀并列纪传的形式进行荀孟比

---

① 任继愈. 中国哲学发展史(先秦). 北京:人民出版社,1983:670.

② 孙丽娜. 唐前荀学研究. 导师:王保国. 郑州大学硕士论文,2008:19.

较研究。此时还有董仲舒的"作书美孙卿",其性三品论的理论无疑有荀子性恶论思想的影响,而西汉初年陆贾的人性论、贾谊的礼论等从理论至实践皆受到荀子思想影响。此外,班固《汉书·艺文志·赋家》记"孙卿赋十篇",则说明汉代荀学已含有荀子文学研究的内容,同时当启示六朝时期《文心雕龙》、唐代韩愈等对荀子文学价值的进一步研究。

荀子地位问题可谓荀学史的公案,始于先秦孔荀比较,汉代则主要转向荀孟比较:司马迁以"孟荀齐号"、贾谊以主张礼学肯定荀子地位;陆贾、董仲舒、刘向、王充认为荀子人性论中"亦包含有合理的因素",尽管扬雄以"同门异户"和性善恶混的观点"尊孟贬荀",但王充"性恶之言,有缘也"的说明体现了汉儒"对荀子人性论的包容"[1];刘向则以"孟子、孙卿、董先生皆小五伯……人君能用孙卿,庶几于王"之论,于荀孟董同尊之时当内含尊荀之意。总之,汉代以尊荀、荀孟并重和贬荀之论,开此后荀学中荀子地位与荀孟比较研究之传统。

综观汉代荀学,自《荀子》文本整理至理论研究、自对荀子系统性的理论研究至人的本性论和君王政治论的深层研究、自荀子地位问题至"同门异户"的儒家学统的研究等,初步显现出体系化研究的特点,体现了继承前代基础上的新超越,影响了后世荀学的发展,从荀学发展史的角度说,荀学可谓首次兴盛于汉代。

(三)六朝至隋代的荀学

目前,学界涉猎六朝研究的主要以孙丽娜的《唐前荀学研究》和刘涛的《汉唐荀学的嬗变及其特点》等为代表。

古今学界共识,唐杨倞最早注释《荀子》,其"序"言"荀氏之书千载而无光焉",文中"无光"概指荀学发展过程中没有或少有超出前代的新造之处。杨倞所言客观说明了自西汉末年至唐代,其中间经历的六朝时代当以传荀为主,此一时期虽"无光"于荀学,却也没有中断荀学的发展。换言之,荀学得以传承至今,亦该归六朝时代的传荀之功。

文献记载的六朝并非只限于传荀,于荀子的理论研究亦有所论及。其中有荀子的伦理思想研究:徐幹《中论》于《法象》《贵言》《审大臣》《亡国》等篇,引述荀子之言以说明其礼论与君臣论等观点,体现其尊荀意向;有政治思想:魏晋政界曾

---

① 刘涛. 汉唐荀学的嬗变及其特点. 船山学刊,2012(1):119.

就《荀子·正论》篇提出的"肉刑"问题展开讨论,曹操、孔融、曹羲反对肉刑,傅干、张华等则同意肉刑,体现荀子肉刑论思想对当时政治思想的影响;还有学术思想:南朝有梁孝元帝萧绎因"楚人畏荀卿之出境"而产生儒道实可尊的议论,北齐思想家刘昼以荀子、思孟并列大儒而重视荀子礼思想的研究,他们主要代表南北朝时期对荀子学术思想及渊源研究的重视;隋代则主要有王通的"志意修则骄富贵"的修身论、礼论与性情论等的分别论述,体现荀子《修身》《礼论》《儒效》等篇思想理论的影响①。综合而论,六朝至隋代的学界,不同程度地关注了荀子思想的研究。

文学独立是南北朝学界之重事,南朝文学理论家首次以自觉的文学意识、自文学理论的角度研究《荀子》著作。刘勰的《文心雕龙》首先于《诠赋》篇对荀子的《礼》《知》二赋作以"爰赐名号,与诗画境,六义附庸,蔚成大国"等述评②,并自赋体的命名、独立、内容与艺术特点及流传等角度,评论了荀子的《礼》《知》二赋。若说班固以荀子、屈原比较而称二者"咸有恻隐古诗之义"的评论,有因仅仅侧重荀子二赋"义"的内容而过于简要之嫌,则刘勰首次自文体理论的角度系统而明确地说明了荀赋的思想内容、体制特点与价值等。刘勰又于《诸子》篇曰"诸子者,述道见志之书",指出《荀子》思想内容的深厚;"《礼记·月令》取乎吕氏之纪;三年问丧,写乎荀子之书。此纯粹之类也",以荀书同《礼记》经书等的渊源分析、对后世的影响和"纯粹"风格的评价,盛赞《荀子》的价值;"研夫孟、荀所述,理懿而辞雅",更以孟荀同誉表明其荀孟同尊的学术立场;此外,《谐隐》篇还从"谜语"发展渊源的角度,认为"荀卿《蚕赋》,已兆其体"③。由此可见,刘勰最早从文学理论的角度,系统研究了《荀子》的文本特征、思想理论特点与价值等,代表了六朝时代文学理论角度研究荀子的最高成就,是六朝荀学的重要部分,唐宋古文运动标榜先秦诸子散文、提出文道关系的理论、韩愈以"醇"评价荀孟等,当携刘勰之功。

据学界研究,六朝同时又是荀子应用性研究较为典型的时代。荀子《富国》篇的"富国论中的政策主张已被应用到封建国家的施政方针中""很明显的例子,魏

①　刘涛. 汉唐荀学的嬗变及其特点. 船山学刊,2012(1):119.
②　郭晋稀. 文心雕龙注译. 兰州:甘肃人民出版社,1982:86.
③　同上,第197,200,205,174页。

李安世的均田制改革中实行的按人口授田、多植桑麻、征赋有常、减免杂税"等,就是在荀子"务其业而勿夺其时""轻田野之税"的轻税原则等指导下进行和展开的①。

综合而论,六朝至隋的《荀子》文本整理虽"无光",但刘勰、王通等理论研究的重要成果和明确的荀孟同尊观、荀子应用性研究的新特点等,既代表了该时期荀学发展的典型特征,又直接影响了唐以后的荀学发展。

(四)唐代的荀学

唐代荀学继承前代研究成就,在《荀子》文本整理、荀子理论性研究等方面皆有发展。目前,学界关于唐代荀学研究主要以孙丽娜的《唐前荀学研究》、刘涛的《汉唐荀学的嬗变及特点》等为代表。此外,《荀学论稿》有"汉唐时被奉为圣人"一章、《荀学源流》有"唐代荀学的闪耀"一章等的研究。综合而论,唐代以尊荀为主要特点。

唐代荀学首功当在《荀子》文本的整理。杨倞于整理传至唐代的刘向《孙卿新书》基础上,易其书名作《荀卿子》、更其卷数作二十卷,并于以类相从、序其篇第后对荀子著作进行注释,在荀学史上首开注荀之先例。尽管杨倞的《荀子》注并非善本,但以其有正字、订音、通义等注释方法,既章句训诂字句,又具体说明文句的义理,因之颇为自然地将汉法导至宋法。它既是荀学史上最早的《荀子》注本,又代表了《荀子》文本整理研究的转型。

唐代荀子的理论性研究主要表现在韩愈、李翱与皇甫湜等师生的论述里,具体涉及对荀孟的评价、对荀子人性论思想的研究与荀子的兵论、非相论等的研究。其中荀孟论主要以韩愈等为代表。

唐代古文运动明确提出文以明道的文道关系主张,韩愈以《读〈荀子〉》一文的"孟氏,醇乎醇者也。荀与扬,大醇而小疵"之论,开唐代以儒家道统论评价荀孟的新理路,进而引出唐及以后历代荀子研究尊贬荀的争议,其中宋儒多借儒家道统论贬荀。考察韩愈《原道》篇之旨归,概在于明确树立儒家的道统观,荀子的性恶论不同于孔孟的扬善论,因此被排于儒家道统之外,客观体现出韩愈尊孟贬荀的倾向。《四库全书总目提要》认为:"卿之学源出孔门,在诸子之中最为近正,是

---

① 张宇. 先秦荀子的富国论. 导师:于秋华. 东北财经大学硕士论文,2001:39.

其所长;主持太甚,词义或至于过当,是其所短。韩愈大醇小疵之说,要为定论。"主要从道文关系的角度,既纠正韩愈斥荀于道统之外的阙失,又以荀子文学表达之误认可韩愈说,以此调和荀孟两派之矛盾;当今刘涛则根据韩愈一生思想和著述的发展变化,相对客观地从道统和人生现实两角度,提出韩愈其实是道统论的贬荀者和人生现实的尊荀者①,该论当不失为唐代荀孟公案的一种新读法。总之,若说唐代以前学界评议荀孟大多通过对他们的思想个体进行相对孤立的比较分析,其研究因之常以标准的不统一而受限;韩愈为代表的唐代学界,则开始破除孤立封闭的研究模式,尝试以其人性论等的思想为基点,以儒家道统作参照,将荀孟研究纳进以儒家之道为统一标准的抽象的道统理论系统中进行,从而相对深化了荀子研究。从荀子理论性的研究方法说,它体现了唐代荀学的转型。

唐荀学还表现在对荀子人性论的集中讨论。韩愈作《原性》篇,提出性三品说;皇甫湜作《孟荀言性论》,比较孟荀人性论的优劣以尊孟;杜牧则以《三子言性辨》的孟、荀、扬的比较分析而尊荀。总观唐代人性论研究的特点,既是对传统人性论思想的继承和发展,又是评判荀孟地位的理论依据。

此外,唐代荀子的应用研究也有所发展,主要表现在政治和文学等领域。以政治领域说,唐以前多为朝臣的偶作之事,或吏民为主的即"乡学"为代表的荀子思想的政治经济等实务性研究。唐代则或主要以初唐李氏王朝为代表,广引荀子言论作政治实践的借鉴;或是中唐永贞政治革新的刘禹锡、柳宗元等的尊荀之举;或是晚唐杜牧《论相》篇对荀子《非相》论的模拟发展等。总之,由唐初持续至晚唐,多以政治中心层代表人物为主,他们多引荀子思想以指导其政治行为、散文创作实践和人生实践等,使唐荀学呈现出文道合一、政教合一的特征。荀子应用性研究亦因之呈现普及化和现实政治化的发展特点,显示了唐代荀学发展方向的转型。

唐代荀学发展呈现的新特征,首先表现在《荀子》文本整理、荀子理论性研究与应用性研究诸方面,较以前的荀学发展显示出转型的特征;其次以特有的渗透性发展格局,向政治中心层、现实生活领域渗透,显示出荀子研究内容由传统的伦理道德思想等的虚论性研究向重视经世实务性的实用之学研究的转型。

---

① 刘涛.汉唐荀学的嬗变及其特点.船山学刊,2012(1):120.

（五）宋代的荀学

宋代思想于理学之外又生实学。宋代程颐曰："道之在经,大小远近高下精粗,森列于其中……如中庸一卷书,自至理便推之于事,如国家有九经及历代圣人之迹,莫非实学也。"[1]于中国古代思想发展史领域首开实学研究,影响整个宋代直至清末民初。其中延及宋代荀学的发展,宋代荀学于北宋熙宁元年以后出现前代未有的"荀学热",主要表现在以《荀子》传播为主的荀书整理研究,以文庙祭祀、道统论等为代表的荀子理论研究和以政治等实践研究为主的荀子应用性研究。总之,宋代荀子研究受时代思想影响,继承具有转型特征的唐荀学,于文本、理论和应用等的研究进一步发展。目前,宋代荀学研究主要以刘涛的《宋代荀学研究》为代表,此外郭志坤《荀学论稿》有"宋明时期被打入冷宫"一章和《浅说荀子及其荀学之浮动》一文对宋荀学的论说,马积高《荀学源流》有"宋（金）元明时期荀学的衰微与遗响"一章的论述等[2]。

1. 宋代《荀子》的文本整理研究,发展出刊刻与注解等形式

宋代《荀子》文本整理的发展主要表现在刊刻的出现,于传播与接受等方面有新特点。高正研究历代《荀子》版本流传情况,统计宋代流传的版本有 16 个,仅次于明代的 17 个;统计历代荀子版本系统作 18 个,宋代有 8 个,居历代之首。考察宋代荀学的传播路径呈自上而下的特点:宋代荀学传播始于北宋的政治中心,其中熙宁本《荀子》是"奉旨校订""送国子监开版""印造进呈及宣赐劄付国子监"的版本,15 位校勘官之一的曾公亮[3],以北宋三朝元老之尊,曾力荐王安石主持熙丰年间的变法,以后的宋本皆发于熙宁本;南宋则有淳熙八年知台州的唐仲友所刻台州本,亦曾送于淳熙前后于朝中主张新政的朱熹。由此可知,南北宋荀书的传播皆始自上层的政治中心。宋代荀学的广泛传播则是南宋民间事,宋代的 16 个版本里,15 个产生于南宋;严格意义的官刻本只有熙宁本,余多为民间或私刻或坊刻本。宋代荀学概已传至海外,高正统计南宋本的"朝鲜古刻本""韩本手抄本"

---

① (宋)程颢,程颐. 二程遗书. 上海:上海古籍出版社,2000:52.

② 刘涛. 宋代荀学研究. 导师:黎红雷. 中山大学博士论文,2010;郭志坤. 浅说荀子及其荀学之浮动. 学术月刊,1994(3).

③ 王先谦. 荀子集解·考证. 诸子集成(2). 上海:上海书店,1986:1.

尚存疑①。总之,宋代《荀子》的传播地域广涉海内外,其接收对象含有政治中心层的执政者、理学等领域的学者和普通百姓等社会各阶层,例刊刻台州本的蒋辉供便是牢役。可见普及化是宋代《荀子》研究特征之一。

熙宁本之后,高正考证的宋《荀子》版本有《纂图互注监本》《纂图分门类题注本》和《音点大字句解本》等,说明宋代发展了杨注,其注解形式主要有文图互注、分类题注和音注等。

2. 荀子的理论性研究

宋代荀子理论性研究主要表现于荀子地位的确立、荀子人性论与外王学等思想研究。

宋代荀子地位的确立主要表现在官方的态度和思想界的荀孟论。北宋元丰七年(1084 年),荀子以“传道之儒”的身份,同扬雄、韩愈一起“从祀”孔庙,象征宋代荀子儒家地位的首次确立②,荀子儒家道统地位至此已正式得到官方的认可③,体现宋代的尊荀倾向;“《荀子》一书乃是两宋科举考试制举、进士等科中‘论’文部分的必读书目,亦是于其中频繁出题的考试热点,在两宋科举中有着较为重要的地位”④。宋初思想界以孙复、石介、苏洵与陈襄等为代表,以“四君子”“五贤人”之论,荀孟同称以尊荀;但二程认为“荀学极偏颇……一句‘性恶’,大本已失矣”(《河南程氏遗书》卷十九),于反对韩愈的醇疵说之同时反对纳荀学入儒家道统;朱熹则言“荀卿全是申韩”“不须理会荀卿,且理会孟子性善。……荀扬不惟说性不是,从头到底皆不识”(《朱子语类》卷一百三十七),可见宋代理学家主要因荀子的性恶论,自儒家道统至儒家学派地位等对荀子予以全面的否定。程朱等主要代表了宋代的贬荀倾向。但宋代官方的认可、思想界的尊荀研究和《荀子》的广为传播等,客观说明宋代荀学整体上以尊荀为主要特征。

宋代荀子人性论研究,虽然有欧阳修正反角度相对客观的评价,但自司马光、王安石、吕元钧至程朱、陆九渊等,多对其性恶的思想予以批判。对此,谢墉概论之曰:“(荀子)顾以嫉浊世之政,而有《性恶》一篇,且诘孟子性善之说而反之,于

① 高正. 荀子版本源流考. 北京:中华书局,2010:110 – 111.

② 李菲. 宋代孔庙从祀贤儒研究. 东北师范大学硕士论文,2015.

③ 刘续兵. 文庙祭祀的文化意义. 光明日报,2013 – 03 – 25,15 版.

④ 刘涛. 宋代荀学研究. 导师:黎红雷. 中山大学博士论文,2010:66.

是宋儒乃交口攻之矣。"①当属客观之情。

宋代关注荀子外王学的研究,刘涛以"荀子外王学在宋代之新诠"为题,主要从"礼论""周公论""《春秋》论"与"刑兵术合论"等角度,对之作了较详细的研究②。此不赘述。

总之,宋代荀子的理论性研究既持续有宋一代,又自上而下关涉社会各领域,其研究内容由理学心学角度对人性善恶问题的继续深化研究、至实学视阈的外王学特别是兵、刑、术等问题的研究。其中的刑兵术合论思想当是对魏晋时荀子的肉刑思想讨论、唐代道教思想家李筌的有关荀子用兵论等思想研究的发展。

3. 宋代荀子应用性研究的发展

受实学思想影响,相较于前代,宋代荀学尤为关注荀学的应用研究,主要表现在政治、经济与文学实践诸方面。

宋代官方同意荀子等"从祀"孔庙、科考部分内容出自《荀子》,是荀学史上的重要事件,它意味宋代政治中心对荀子思想理论的正式施用。王安石变法直接影响其后宋朝的诸多新政,其中王安石以富国为首位,其诸多法令或直接受到荀子《富国》篇思想的启示,或直接来自其中的理论,例王安石基于富国理念,其"变法不革'三冗'之弊而重在开源'富国'"的观念③,当源于荀子《富国》篇"故明主必谨养其和,节其流,开其源,而时斟酌焉"开源节流的理论。总之,宋代政治的关注荀学,昭示着对荀子理论的研究已渗透至具体的政法律令施用研究的层面。

荀子的《富国》《强国》等篇有丰厚的经济思想,启发后世朝政用之解决现实的经济问题。北宋李觏继《荀子·富国》篇作《富国策》,就富国问题提出具体的"尽地力""驱游民""均田地"等建设策略,无疑是对荀子经济思想的践行;"宋朝还颁布一系列诏令和法律条款来保护自然资源和生态环境,这也显然是荀子'斧斤不入山林,不夭其生,不绝其长'等保护自然资源主张的影响""荀子的经济思想通过诏令政策而体现在实际操作中,就比一般政治思想家们坐而论道的经济观点

① 王先谦. 荀子集解. 诸子集成(2). 上海:上海书店,1986:12 - 14.
② 刘涛. 宋代荀学研究. 导师:黎红雷. 中山大学博士论文,2010:144,155,161,168.
③ 叶坦. 熙丰富国法的枣核型曲线——析王安石新法的阶级利益趋向. 江淮论坛,1991(3):66.

更具有实际意义"①。可见宋代荀学还有经济领域的应用研究的内容。

荀子文学成就丰富,对后世多有影响,宋文坛继唐古文运动明确提出"文以载道"的主张,王安石以北宋政治革新家身份兼倡文学革新,与欧阳修等人共同兴起了宋代古文运动,不仅奠定宋代散文在中国文学史上的地位,对宋代诗、词、赋与小说等诸多文学样式的发展亦有重要影响。唐宋古文运动主要师法先秦散文,荀子散文自是师法的对象,袁行霈先生认为《荀子》在文学史上的影响,于宋代王安石等人的创作上"不乏荀文风格"②,明确指出荀子文学对宋代文学创作具有的实际指导作用。因此,宋荀学亦有文学领域的应用研究之功。

综观宋代荀学的诸多研究相辅相成,例主要由宋朝官员勘、刻的《荀子》的经典版本熙宁本,产生于熙丰变法年间;王安石等身兼政治和诗文革新的双重身份,进行了系列的政治、经济及文学等领域的变法革新。可见荀学在宋代相对全面的综合性发展。

总括宋代的荀学特征,《荀子》文本整理研究的发达前所未有,其刊刻数量之丰于荀学史上唯明代与之比肩;其经典版本是后世《荀子》文本整理之源本。从版本兴盛的角度说,宋荀学的发达实已经奠定了明清荀子的思想研究及清以后荀学复兴的基础。荀子的思想研究则主要向深层研究渗透,表现在宋思想家多不囿门派之限,直接参与荀子的研究评判诸事宜,自二程至朱陆至欧王,由儒学家兼及理学、心学以至实学家等的研究,不限于以往的师承、派别之争,直接自儒家道统论、本体论的高度,论述关乎人类心、性与命运等系列深刻的问题。宋代官方层面对政治、经济特别是关乎民生等问题所作的系列重大的施行性改革,无疑又直接启示了明清之际以经世致用为主要特征的荀学转型,宋代荀学始终体现出政治、经济和文学等领域的应用研究相统一的特征。

(六)元代的荀学

元代因民族文化差异和程朱理学独尊而缓滞了荀学发展。以荀学传播为例:高正考证元《荀子》版本只有4本,版本系统则阙失,该状况与其前宋代16个版本和其后明代的17个版本对比,可谓是两个"荀学热"高峰中冷落至极的低谷。至

---

① 张宇. 先秦荀子的富国论. 导师:于秋华. 东北财经大学硕士论文,2001:39.

② 袁行霈. 中国文学史(1). 北京:高等教育出版社,1999:123.

于荀学相关问题的研究更微弱。目前,学界研究主要以左桂秋《元代荀学略述》、陈来等的《中国儒学史·宋元卷》与郭志坤、马积高先生著作涉及的元代荀子研究的内容,以及学界其他有关的研究等①。

元代不仅《荀子》文本的整理研究贫乏,且"荀子著作的研究处于阙失状态",除了陈访《削荀子疵》等著作、词人张之翰《西严集》的"李君"精通荀书外,罕见其他记载②。

荀子的理论研究多呈时代性特点。元代荀学史上少见荀子生平考校之文,主要是吴师道就荀子适齐时间问题的简略考辨。对荀子思想的研究,主要受唐代韩愈的醇疵评论和宋理学家儒家道统论思想影响,表现于理学家郝经《续后汉书·道术篇》所列"正传""诸子""异端"三类序列中,以列思孟于"正传"、列荀子于"诸子"显明其尊孟贬荀倾向。

元代荀子的应用研究较丰富,主要表现于政治和日常生活领域等的应用研究。其中政治的应用研究主要发生在统治者和汉族学者两个群体内,元代统治者意识到荀子礼乐思想所具有的教化社会的积极功用,所以多在宗庙之制中征引荀子的礼制言论,以强调尊君的等级意识,左桂秋考证,元代该类征引最多的当属马端临的《文献通考》;元汉族学者的征引旨在"用夏变夷",以荀子的礼学思想所表现的礼乐文化精神同化异族③。此外,元代还表现在经学、农书、日常生活之事、文学、医学、音韵学,以及民间普及性著作中时常引用荀子话语以佐证之。在元代荀学传播贫乏的情况下,元代自上而下所具有的普遍引用《荀子》的学术氛围,不能只归因于程朱理学的作用,而当与宋代《荀子》主要以刊刻形式、普及于全社会的荀学传播有关。

总括元代荀学,主要以应用性研究为发展特征。

(七)明代的荀学

对于宋明两代的荀学,目前学界主要有"宋明时期打入冷宫"和"明代荀学已

---

① 左桂秋. 元代荀学略述. 临沂大学学报,2015(6):42-46;陈来,杨立华,杨柱才,方旭东. 中国儒学史(宋元卷). 北京:北京大学出版社,2011.
② 左桂秋. 元代荀学略述. 临沂大学学报,2015(6):42.
③ 同上,第45页。

走出宋代衰微局面"等意见①,盖时贤之说主要来自于宋明两代学术思想界对荀孟儒家地位的评价,而较疏视其他方面对荀子的研究。刘涛在总结目前宋代荀子研究特点时认为,应注意"理学之外"的儒者评价、理学内部有关荀子地位的争议梳理及宋代官方的态度等②,亦指出荀学的研究视阈应关注到荀学内容的整体。

概括明代的荀子研究,在文本整理、理论研究与应用性研究等方面皆有成就。自荀学发展史的角度说,明荀学承宋代荀学继续发展。目前,学界研究明代荀学的主要以李甜的《明代荀学研究》、郭志坤和马积高先生等的相关研究为代表

1. 明代《荀子》的文本整理研究主要表现在刊刻。

高正统计明代《荀子》刊本共十七个,为历代之最。其刊刻版本大致可分作普及版和学术版,不同于宋代的多普及版,明代则出现较多的学术版。明代学术版以接受对象与刻书主体的不同又有专门的学科和私人刻书之分,其中"崇德书院本""耶山精舍本"等,当主要面向儒佛学界等专门学科的研读对象;其私人刻书家则因为通常又是著名藏书家,学识渊博,所刻图书自有学术价值和以学术化的接受对象为主。以明代子书的刊刻为例,宋代多坊刻本,明代则发展为私刻,"世德堂六子书本"由明代私刻家顾春刻、"吴勉学二十子全书本"的刻家是明刻书家,而"孙矿评本"的作者孙矿,史记著作宏富,多达四十种七百多卷,自是明代重要学者。明代学术版的丰富,说明其时荀子研究已由宋代的一般性研究发展为自觉的学术行为,从荀学史的角度说,奠定了清代以科学化与学科化发展为主要特征的荀子学科研究独立的基础。

明代《荀子》文本整理在注释方面,以孙矿的《评荀子》二十卷为代表,其评注形式当对明清之际傅山的《荀子评注》产生影响。

2. 明代的荀子理论性研究

明代荀子的理论性研究继承前代而发展,主要表现在对荀孟的态度、道统论与人性论等方面相对细致而深层化的研究。以对荀孟的态度为例,程朱理学家多因荀子性恶说和弟子韩李的峻法暴政等问题而简单地贬荀尊孟,但是明代思想界

---

① 郭志坤. 荀学论稿. 上海:三联书店上海分店,1991;李甜. 明代荀学研究·摘要. 导师:周炽成. 华南师范大学硕士论文,1.

② 刘涛. 宋代荀学研究. 导师:黎红雷. 中山大学博士论文,2010:5.

虽有前期薛瑄、胡居仁等为代表,继宋儒道统论的标准,批评荀子的性恶、王霸、非思孟及为人等,却亦有宋濂从文与道两方面对荀子与其性恶思想的客观评价,认为"况之著书,主于明周孔之教,崇礼而劝学。其中最为口实者,莫过于非十二子及性恶两篇"(《国朝四库全书总目·子部·儒家类》),"其论殊精绝。然况之为人,才甚高而不见道者也。由其才甚高,故立言或弗悖于孔氏。由其不见道,故极言性恶,及讥诎子思、孟轲不少置。学者其务知道哉!至若李斯虽师卿,于卿之学憭乎未之有闻。先儒遂以为病,指卿为刚愎不逊、自许太过之人,则失之矣"(宋濂《诸子辨》)。归有光、李贽和焦竑等思想家则多针对具体问题,比较分析评说荀孟,例张居正在分析荀子"法后王"思想的基础上,肯定荀子学说;李贽作《荀卿传赞》,分别从"才""文""用(荀)"等角度,详细区分荀孟二者的不同,进而反对学界"独析荀而扬孟"之举;不同于朱熹注孟弃荀的贬议荀过,焦竑则特著《荀子品汇解评》一书,虽然其书至今未见,但亦可从他通过详致地评点荀书而阐发人性论等方面,管窥其研究荀子的求实态度。综观明代思想界主要通过针对荀学的具体问题进行具体分析的方法评价荀子,整体体现了尊荀的倾向。

3. 明代荀子的应用性研究

在官方有"入孔庙"至"出孔庙"之举①;在思想界主要关注其经济思想的研究。以荀子《富国论》为代表,明代丘浚受其影响提出"安富"思想,认为"富家巨室,小民之所赖,国家所以藏富于民者也"(《大学衍义补》卷十三,《藩民之生》);吕坤、李雯提出富人与贫民"依以为命"的问题。明代思想家对国富与民生问题的关注进入现实层面的研究,主要以李贽等思想家为代表,将传统义利关系论发展作义利统一的思想,指导他们"更注重从庶民百姓的立场思考问题,关注饮食男女、治产修业、衣食住行等问题,其内在逻辑为满足百姓日用的这些需求,就是符合'道'的",即富国就是富民,富民亦属于义利统一的儒家传统之"道"思想的范畴,所以自"用"的角度说,李贽等认为荀子的富国而富民思想亦属于儒家道统的范畴。明代思想家注重荀子思想应用性的研究,同时深刻影响了明代民众特别是商人的认知,认为"人知利之为利,而不知义之为利;人知利其利,而不知利自有

---

① 李甜. 明代荀学研究·摘要. 导师:周炽成. 华南师范大学硕士论文,2012:21,22.

义,而义未尝不利"①,即视其唯利之商务经济作施义之举,合经济思想与礼义思想于商务一体,体现了荀子经济思想在社会应用层面的普及和在儒家道统论层面研究的现实化、深层化。刘仲华说:"清初,以李贽、傅山为代表的反理学派从经济实用的角度出发,认为荀子'更通达而不迂'。"②明确指出明末清初的尊荀倾向,确实与当时思想家和实业家注重从经济实用的角度进行荀子的应用性研究有关。

明代李贽、焦竑等学者为代表的以求实的态度研究荀学的方法,对明末清初实学家注重经世致用的荀子研究理念的确立,当有重要的启示意义。

综观明代荀学知,以文本整理之丰、尊荀的主导倾向、求实的荀子人性论等思想研究,以及关注荀子应用性领域的研究等方面,显现其主要特征。

(八)清近代的荀学

当今大陆学界多关注清代的荀学发展,主要表现在对清荀学所作的整体性研究与分期研究等方面。其整体性研究的主要代表有:梁晓园的《清代荀学研究》、刘仲华的《清代荀学的复活》等。分期作清初荀学研究的主要有:白立超的《以傅山为转折的荀学研究》、吴之声与周炽成合著的《从〈明史〉和〈清史稿〉看荀学的历史演变》、杨华的《清初情欲观的荀学因子》等;研究清代中叶的主要有:赵伟的《乾嘉荀学研究》、石永之的《惠栋微言荀子的蠡测》、毛国民的《清中期的礼学研究与荀学复兴——以汪中与凌廷堪的相关思想为中心》等;晚清近代的研究主要有:袁靓的《王念孙、俞樾、孙诒让〈荀子〉校注研究》、牛嗣修的《荀学在晚清的历史命运——以晚清政府、谭嗣同、章太炎对荀子的态度为例》、张铮的《试论清末民初的"荀学"研究》、孙尧天的《章太炎的荀学研究与近代法家的复兴——从晚清

① 刘雪晶. 明代"利"论中的君、国、民关系思想研究——以丘浚、李贽为例. 导师:罗冬阳. 东北师范大学硕士论文,2005:36.
② 刘仲华. 清代荀学的复活. 兰州大学学报,2001(1):55.

"孟荀之争"说起》等①。综合目前学界相对集中于清代荀学的研究,尤以晚清近代的研究为主,虽然其原因之一和始于宋兴盛于清的实学学术思想的发展有关,但其直接原因当是明末清初开始的荀子经济实用性研究对晚清近代的实业以救亡图存运动的影响。因此,注重荀子的应用性研究成为晚清近代发展的主导方向。学界对清代荀学向有"复兴"之论,概可表现于文本整理、理论与应用性研究等方面。

1. 清近代的《荀子》文本整理研究

清近代《荀子》的文本整理盛况空前,依据现代学者严灵峰整理所见的《荀子》研究书目,包括至今仍然存在或已亡佚者,在清代以前的上千年间共有四十一部,严灵峰《周秦两汉魏诸子知见目录》统计清一代的 260 多年间,清儒研究《荀子》的书目四十八部,"加上严氏未载的两种:惠栋《庄子微言》与汪中《荀子校本》"则清代至少有五十部,数量高于清代以前历代之总和②。

清代《荀子》的传播全面发展,据高正考证的明末至有清一代《荀子》的刊刻共有十一本,其中上涉清朝廷统辖的官刻《文渊阁四库全书本》,下有普通的坊刻本中涉及海内外学界的不同刊刻,例"傅山批评本""谢墉刻本""荀子集解本""荀子增注本"(日本),以及黎庶昌集日本所见的中国古书所辑刻的"古逸丛书本"。通常认为《荀子集解》是"最好的注本"③,高正、王天海则推崇"古逸丛书本",说明由杨注开始的《荀子》注释,其最高成就亦在清代。至于为学界常道的卢文弨《荀子笺释》、刘台拱《荀子补注》、郝懿行《荀子补注》、王念孙《荀子杂志》、愈樾

① 梁晓园. 清代荀学研究. 暨南大学硕士论文,2006;刘仲华. 清代荀学的复活. 兰州大学学报,2001(1);白立超. 以傅山为转折的荀学研究. 理论界,2011(12):106-107;吴之声,周炽成. 从《明史》和《清史稿》看荀学的历史演变. 临沂大学学报,2015(6):24-29;杨华. 清初情欲观的荀学因子. 青岛大学学报,2015(3):12-16;石永之. 惠栋微言荀子的蠡测. 现代哲学,2014(6):113-118;毛国民. 清中期的礼学研究与荀学复兴——以汪中与凌廷堪的相关思想为中心. 哲学研究,2014(6);袁靓. 王念孙、愈樾、孙以让《荀子》校注研究. 导师:刘精盛. 吉首大学硕士论文,2013;牛嗣修. 荀学在晚清的历史命运——以晚清政府、谭嗣同、章太炎对荀子的态度为例. 东岳论丛,2016(4);张铮. 试论清末民初的"荀学"研究. 才智,2012(6):1,4;孙尧天. 章太炎的荀学研究与近代法家的复兴——从晚清"孟荀之争"说起. 杭州师范大学学报(社会科学版),2015(2):46-55.
② 赵伟. 乾嘉荀学研究. 导师:蓝武、何林夏. 广西师范大学硕士论文,2008:21.
③ 廖名春.《荀子》新探. 北京:中国人民大学出版社,2014.

《荀子平议》等,皆以考据的形式,全面系统地对《荀子》版本的校勘、文字训诂等方面作了详细的考释,成为王先谦本集结的主要来源,至此《荀子》文本的整理工作千年来首次进至鼎盛期①。

由上述可知,清代荀学已广泛传播至社会的各阶层,从文本整理注释的角度说,不仅有集结前代研究之功,更有奠基后世研究传统之用,部分地显现了清代荀学的复兴之势。

2. 清近代荀子的理论性研究

在考据的基础上,清人对荀学义理亦多有阐发,形成了有别于宋明理学家的研究评论,主要表现于荀孟评价、荀子生平思想研究与荀子的学派属性之争等。

根据现代学者的研究,清近代对荀子的评价大致经历了清初的尊贬各半、清中叶的尊荀与晚清近代的由"绌荀申孟"而尊荀诸时段。清初理学家熊赐履归荀子于杂家、理学名臣张伯伦以荀子等的性恶论贬荀;傅山则以"《荀子》三十二篇,不全儒家者言",认为荀子"是战国时期诸子百家的总结性人物"之论,开有清一代尊荀论之先。此后费密以经学即儒学之论,归荀子于儒学学统以尊荀;谢墉、钱大昕与郝懿行等或以荀孟同称"最为战国老师",或以荀孟"最醇"等议而尊荀;《四库全书总目》则以荀学源"出孔门,在诸子中为近正"而尊荀②。清代中叶以汪中、凌廷堪等为代表的乾嘉学派,以集中注荀、论荀从而将尊荀之举推至荀学峰巅,形成梁启超所言的"荀子书复活,渐成为清代显学"之局面③。晚清近代的时局之变,则既有谭嗣同、康有为等维新变法之士,主要归颓败的时局之因于荀学的两千年影响而力务"排荀",又有梁启超由排荀而尊荀的转变和章太炎称荀子为"后圣"的尊荀之举④。综合有清一代,尊荀是主流,其前提或以归荀子于孔子的儒学道统,或因荀子的传经之功等,其间虽清人对荀子的评价多沿承传统,但章太炎将荀子的"礼""群"等思想与西方社会学思想理论结合研究,"从而推动了荀学研究

---

① 刘延福.《荀子》文献学研究述略. 河南理工大学学报(社会科学版),2013(7):297-298.

② 刘仲华. 清代荀学的复活. 兰州大学学报,2001(1):50.

③ 毛国民. 清中期的礼学研究与荀学复兴——以汪中与凌廷堪的相关思想为中心. 哲学研究,2014(6):53.

④ 江心力. 20世纪前期的荀学研究. 北京:中国社会科学出版社,2005:30,33,64.

由古代向近代的转变"①。

荀子的生平事迹研究是清荀学的重要内容之一,其于《史记》尚属偶为之辞,清以前疏于详述,清汪中以《荀卿子通论》《荀卿子年表》等,胡元仪以《郇卿别传》《郇卿别传考异二十二事》等为代表,较早对荀子的生平事迹、师承等问题作了相对全面而系统的论述②,不仅奠定清代荀学复活为"显学"的深厚基础,同时开20世纪系统评传荀子生平事迹之先,促使荀学由"知人论世"而渐达理论的深层化、应用的实务化之境。

清代荀子思想性研究还表现于性恶论、法后王与弟子韩李之辩等方面,继承前代所作的进一步研究。以钱大昕等的人性论研究为代表,主要从等同孟荀善恶论、"伪"与"为"通假论等角度,贯通宋儒关注的"气质变化之性"论中的"性"与荀子的"化性起伪"说里的"性"之间的渊源关系,从而归荀子于儒家道统之位而尊荀③。与宋代较片面的批判性恶、明代较孤立的善恶论和割裂式点评研究相比,清人以比较与联系的方法侧重于荀子人性理论的发展角度的研究,当更有益于荀学发展史及中国古代伦理思想的研究。

荀子学派的属性研究始于《韩非子·显学》,以"孙氏之儒"归孙卿于儒家八派之列;《史记》只言"推儒、墨、道德之行事兴坏",没有确指荀子的学派属性;《汉书·艺文志·儒家》则著录了《荀子》,此后历代史籍皆著之以儒家类。但自韩愈以"大醇小疵"说微词荀子后,荀子的儒家道统地位便开始受到历代儒学界的质疑;至宋代程朱理学,更将荀子贬出儒家道统之外。清代荀子学派属性研究随着荀孟评价而成为荀学内容之一,其时主要有熊赐履的"杂家"批评说、傅山"精挚"的儒法名墨综合的尊称说,以及《四库全书总目》荀"学源出孔子"的儒家说等,而戊戌变法运动中的"绌荀"尊荀论又贴近了荀子与法家的联系,例以《后圣》称荀子的章太炎便于《诸子学略说》一文,纳荀子入法家人物的谱系④。综观荀子学派属性的研究,作为清代发展性荀学论题的出现,不仅伴随有清一代学术与政治时

---

① 江心力. 20 世纪前期的荀学研究. 北京:中国社会科学出版社,2005:81.
② 梁晓园. 清代荀学研究. 暨南大学硕士论文,2006:42–45.
③ 刘仲华. 清代荀学的复活. 兰州大学学报,2001(1):51.
④ 孙尧天. 章太炎的荀学研究与近代法家的复兴——从晚清"孟荀之争"说起. 杭州师范大学学报(社会科学版),2015(2):52.

局等的不断变化而易帜,同时因 20 世纪中国的客观形势发展、荀学分科研究的出现而成为学界的重要议题之一。

3. 清近代荀子的应用性研究

清代荀学主要发展于实学兴盛、经世致用思想为主导倾向的学术背景,以及晚清近代实业救亡运动成为主流的时代背景里,所以自清初至晚清近代,自清朝廷至学界,自政治、军事、经济至伦理、教育等多领域地注重荀子的应用性研究。

首先,清代官方重视对荀子的研究。主要表现在:①列《荀子》于科举考试之列:1892 年的会试中,荀子成为策题之一;1894 年朝考,荀卿再次成为考试题目。清朝廷通过“对传统考试在出题内容和形式方面做出调整,以适应变革的需要”①。②借助政治特权,有目的地普及化《荀子》的传播:例时任湖广总督的洋务领办者之一的张之洞,于 1898 年以同名与荀子的《劝学篇》一文,宣说其“中体西用”理论,从而自逻辑理论上整合了学术史上经济与伦理的矛盾关系,因为其学说完全维护清朝廷等政治集团利益,所以光绪帝特令《劝学》篇“广为刊布”,西方名之以《中国唯一的希望》译成英文版②。荀学于当时海内外的发达盛况由此可窥一斑。③借助学术特权,以《四库全书总目》源出孔子的钦定论,归荀子位于儒家道统之列。综观清代官方尤为重视荀学的应用价值研究,其主导原因当若学界所论。“清政府是妄图利用荀学精神来富国强兵,维护自身的统治,而章太炎则是利用荀子‘法后王’的思想来变法改制,建立新的社会。……不论是尊荀还是反荀,都重视荀学的现实功用。荀学不仅仅是一门书斋里的学问,荀学更是经世致用之学,不同的人士或利益集团为着自身的目的对它有不同的取舍、解读和诠释,因此呈现出荀子的多面相。但是无论是何种面相,它都关乎国计民生,与国家民族的前途息息相关,具有强烈的现实主义色彩。”③

其次,荀子的经济思想影响了清代实业经济的发展。荀子的《富国》论对后世有深远影响,其富国论中的富民思想,为清代经世致用思想家的代表王夫之朝向

① 牛嗣修. 荀学在晚清的历史命运——以晚清政府、谭嗣同、章太炎对荀子的态度为例. 东岳论丛,2016(4):152,153.
② 任继愈. 中国哲学史(4)(第 2 版). 北京:人民出版社,1997:268.
③ 牛嗣修. 荀学在晚清的历史命运——以晚清政府、谭嗣同、章太炎对荀子的态度为例. 东岳论丛,2016(4):157.

商业经济理论的方面发展提供了理论性借鉴,王夫之认为"大贾富民者,国之司命也""国无富人,民不足以殖"等(《读通鉴论》卷二),体现了反传统儒家的农本商末的经济思想倾向。晚清近代兴起了模仿西方工业化模式,以"自强""求富"为目标,集军事、实业一体化的和以洋务派重臣为代表的洋务运动,其代表之一的张之洞,既以《劝学》篇影响当时学界,其开办的汉阳铁厂等官办企业,又成为中国早期现代化的重要组成部分①,究其原因当不可否认荀子经济思想的影响。当今学者认为"荀子是现实主义儒学传统的奠定者,在外王学,即统一中国及其制度文明的理论设计方面发挥了较为重大的作用"(郭齐勇语),荀子"外王学的内容集中表现在《王制》《王霸》《富国》《强国》诸篇,荀子精心设计了王者理想的施政纲领,即富国强国的目标"②。诸论皆是对荀子经济思想的关注。

最后,荀子求实的认识方法论还影响至清代的学术领域。荀子明确提出"制名以指实""稽实定数"(《正名》)认识方法的理论,其中"名"主要指概念类的意义,"实"指客观事物;名实的关系是认识、命名客观事物时必须依据客观事物的实际情况,即名决定于实,体现了荀子实事求是的认识论思想。求实思想作为实学的组成部分,客观影响到清代学界。梁启超概括清学代表之一的考证学作二步说,其中"第一步须先将此学之真相,了解明确",即搜求研究对象的真实情况;认为"清代学之成绩,全在此点",即清学以求实为主要特征;认为清学的主要代表戴、段、二王诸贤成就的方法"一言以蔽之曰:用科学的研究法而已",且"乾嘉以还,考证学统一学界",即明确认可清代以求实为主要特征的考据学方法的科学性③。梁启超高度概括了以乾嘉为代表的清代考据学,以实证为主要特征;乾嘉是清荀学发展的顶峰期,所以乾嘉形成的以实证为主要特征的考据学研究方法,固然与清代实学的主导和乾嘉荀学热相关,但追本溯源当与荀子名实关系论的认识方法的影响有关。因为转变至尊荀思想倾向的梁启超曾刊发《荀子正名篇》《读书示例——荀子》等文,对荀子的思想学术进行了系统的阐发④,所以自是熟稔荀

---

① 冯天瑜. 中国文化史. 北京:高等教育出版社,2005:223.
② 牛嗣修. 荀学在晚清的历史命运——以晚清政府、谭嗣同、章太炎对荀子的态度为例. 东岳论丛,2016(4):153.
③ 梁启超. 清代学术概论. 北京:中华书局,2010:65,66,77.
④ 江心力. 20世纪前期的荀学研究. 北京:中国社会科学出版社,2005:35.

子有关名决定于实的认识方法论。总之清代学术领域亦注重荀子研究。

综合以上论述知,清近代荀学以全面发展为主要特征,主要表现在《荀子》的中外传播与文本内容的详致考证;荀子理论性研究的全面展开和深层化发展;荀子应用性研究逐渐向政治性与实务性研究结合的方面发展等。清近代的荀学成就既是两千年荀学的积淀,又奠基了 20 世纪荀学的新发展。

二、20 世纪的荀学

20 世纪的荀学进一步发展了古代的荀子研究。受西学东渐、中西文化交融的影响,特别是新文化运动以后,荀学界普遍以新观点、新方法研究荀子的系列问题,出现系列新成果。目前,学界综合研究 20 世纪荀学的主要有:江心力《20 世纪前期的荀学研究》、刘君花的《二十世纪后半期的荀学研究》、廖名春的《20 世纪后期大陆的荀子文献整理研究》、张铮的《试论 20 世纪 20——40 年代的"荀学"研究》、朱洪涛的《学术抑或政治——以建国后 30 年间的荀学研究为考察》、范红军的《15 年来荀学研究综述》及惠吉星的《四十年来荀子研究述评》等①。综观学界 20 世纪的荀子研究,在各方面均有不同于古代的新发展。

(一)《荀子》文本的整理以量丰、形制新与传播广为主要特点

江心力统计"二十世纪前期《荀子》整理的成就",其专著主要有梁启雄《荀子柬释》、钟泰的《荀子订补》、于省吾的《双剑誃〈荀子〉新证》、叶玉麟的《白话译解〈荀子〉》与刘念亲的《荀子·正名》篇诠释;刘延福在此基础上补充了刘师培的《荀子补释》《荀子斠补》《荀子词例举例》三部;廖名春统计 20 世纪后期大陆的《荀子》文本注释、翻译与考释共有四十二部。综合 20 世纪以大陆为主的《荀子》文本整理的专著至少有五十部,百年间取得的成果总量,等同于清代自顺治元年(1644 年)至宣统三年(1911 年)的 260 余年间的总和。

20 世纪《荀子》的文本整理不仅量丰,其形式亦有新制,表现在传统的注释形

① 廖名春.二十世纪后期大陆的荀子文献整理研究.邯郸学院学报,2007(4):20 - 28;张铮.试论 20 世纪 20 - 40 年代的"荀学"研究.才智,2012(6):202 - 204;朱洪涛.学术抑或政治——以建国后 30 年间的荀学研究为考察.导师:张世保.中南民族大学硕士论文,2010;范红军.15 年来荀学研究综述.邯郸学院学报,2004(1):21 - 27;惠吉星.四十年来荀子研究述评.河北学刊,1996(5).

式之外又出现《荀子》文本的翻译著作。根据学界研究,较早翻译《荀子》的是叶玉麟的《白话译解〈荀子〉》二十三篇,其注释体例不同于其前的方面,主要表现于增加译文、译文用白话且加新式标点等;"最根本的特点便是通俗易懂""明白如话、要言不烦",属普及性读本;翻译新制的出现与"五四新文化运动中的'文化普及''平民教育'观念的提倡,白话文运动的深入展开"等有直接关系①。此后翻译的新制与传统的注释体例合三为一,成为《荀子》文本整理的主要形式。廖名春统计的大陆20世纪后期的四十一部《荀子》文本,皆属于合注释译三类体例于一书的形式,其中选译选注的十七部、全译注的二十四部,全译注是主要形式。不同于早期普及性翻译的力求通俗,张觉的《荀子译注》(1995年)"虽以通俗普及为用,但仍以学术考校为体""译文以直译为主,辅之以意译,与注释互为补充呼应""在现今诸多的荀子今译今注中,张书应是最佳的"②。以翻译形式论,张书自然发展了早期的多直译法;但以内容的价值论,则由早期多单一的普及性内容而发展为兼有普及与学术性等的当代多重性,从而启示其后的《荀子》文本翻译的发展。

20世纪《荀子》由海内广为传播至海外,其文本整理亦扩展至海外学界。高正考察北宋概已有朝鲜、韩国的《荀子》传播;清代日本已有久保爱的《荀子增注》与豬饲彦博撰的《荀子补遗》(1825—1827年间刊刻),当是海外较早的《荀子》文本的整理。《荀子》文本在欧美世界的传播、整理概始自晚清近代,"从文本转换来看,《荀子》最早被翻译成英文是在1893年,JamesLegge翻译出《性恶篇》;1924年,Duyvendak翻译了荀子的《正名》篇;1928年,HomerDubs作《荀子选译》,翻译了现行《荀子》版本三十二篇中的十九篇及《尧问》篇的最后一段;从1951年开始,Y. P. Mei相继翻译了《正名》篇、《劝学》篇、《王制》篇;1963年,Burton Watson翻译了《荀子》中的十一篇;1967年,HermannKster出版了《荀子》的德文全译注;1987年,《荀子》法译本在巴黎出版;1988年,美国的JohnKnoblock连续出版《荀子》英译三卷本,从而使《荀子》的文本转换在英文世界从局部性翻译,走向全面系统的译介。JohnKnoblock的英译本附录了详细的历史背景、考订说明,以及众多的中、西、日文参考资料,为西方学人研究荀子提供了不可多得的文本。到目前为止,

---

① 江心力.20世纪前期的荀学研究.北京:中国社会科学出版社,2005:174.
② 廖名春.《荀子》新探.北京:中国人民大学出版社,2014:262.

JohnKnoblock 的英译本在西方汉学界依然很受欢迎"①。

综观 20 世纪《荀子》文本的整理,自形制至思想内容、自传播地域至接受对象,皆呈现全面开放且深层化发展的态势。

(二)荀子的理论性研究

江心力统计 20 世纪前期的 50 多年内,荀学的专门著作十多部;刘君花统计后期大陆的专著主要有四十九部,港台理论性研究专著从 70 年代末到 90 年代初,约有四十三部;廖名春统计 1950—2005 年大陆学者在海内外的荀学专著一百零一部,除了文献整理研究的四十一部,则理论性等的研究专著至少达六十部。综合以上学贤统计,总计 20 世纪中国的荀学理论性研究专著至少有一百一十三部。学界通常以郭志坤《荀学论稿》、惠吉星《荀子与中国文化》、孔繁《荀子评传》与牟宗三《荀学大略》等为代表。其中《荀学论稿》的内容分为上下两编,上编主要介绍荀子的人、书与学术学派的属性等,下编主要论述荀子的政治、经济、军事、伦理与心理学诸多思想,以及荀学自汉至近代的发展历史,总体上基本是对 20 世纪及其前荀学理论性研究的综合论述。综观 20 世纪的理论性研究概可分作前期、中期与后期三个时段。

1. 以 20 世纪三四十年代为限的前期

荀子理论性研究在方法上主要表现为继承传统的实证式义理研究法向西学影响下的理论分析特别是哲学分析法的发展。主要代表有章太炎、胡适、陶师承与陈登原等;主要专著有陶师承《荀子研究》、陈登原《荀子哲学》、熊公哲《荀卿学案》、杨大膺《荀子学说的研究》、杨筠如《荀子研究》等。综合诸作内容,涉及荀子评传、性恶论及荀子的政治、哲学、教育、心理、宗教、经济等思想研究;其哲学研究主要涉及教育哲学、论理学、荀子的人格与荀子的名学、辩学、社会国家之起源等。诸作中若说《荀卿学案》以儒学系表、荀子传略、荀子考略与荀学源流的内容,显示了传统的义理研究法为主,则《荀子研究》以清晰的哲学、宗教、政治与经济分类体现了西学分科研究法的影响。总括前期的荀子研究,"体现了荀学义理研究传统与现代视角的交融"②。

① 胡可涛. 国外荀子研究述评. 社会研究评论,2008(3):125.
② 江心力. 20 世纪前期的荀学研究. 北京:中国社会科学出版社,2005:122.

2. 40～80 年代的 20 纪中期

此时段马克思主义已经发展至学术层面的广泛接受,表现在荀子研究领域,根据江心力等学贤研究,郭沫若等马克思主义者对荀子进行了不同角度的研究。其中郭沫若《十批判书·荀子的批判》主要对荀子的宇宙观、人性论、社会理论与政治理论等作了马克思主义史学家角度的解析。杜国祥于《先秦诸子思想概要》一书的荀子思想学说的研究里,对荀子的礼、礼法关系和《成相》篇等的内容与特点等作了深刻系统的分析,认为荀子是儒家,学问涉及哲学、政治、经济以至文学各类,其宇宙观属唯物论。杜国祥主要对荀子作了学术角度的深刻研究。侯外庐《中国思想通史》等书,分析了荀子社会主张方面体现出的唯心论特点,而其论理学、认识论与人性论等方面,则是唯物论者。侯外庐不仅以马克思主义历史唯物论的方法释荀,对比较方法、矛盾分析方法亦赋予了新的内容,从而开拓了荀学研究崭新的路径。总之郭沫若等先生虽没有荀子研究专著,却较早地引马克思主义的实践唯物辩证法进荀学领域,客观促进 20 纪中期荀学研究的深入发展。但是由于受政治中心论影响,刘君花称此时是大陆荀学的“薄弱研究期”(1945—1976),义理研究只有李德永的《荀子——公元前三世纪的唯物主义思想家》一书。

此时段港台研究视角主要关注荀子思想的人性论、价值观、宇宙观等义理方面,兼及荀子教育、军事、经济与礼乐等思想研究,其研究内容比较全面,主要侧重于哲学思想层面的研究。主要代表有牟宗三《荀学大略》、韦政通《荀子与古代哲学》等。

总之,虽然中期罕有重要成果,但自方法论的角度说,经此时马克思主义的实践唯物辩证法的模式化施用,大陆学界对实践唯物辩证法,由初期的被动接受终达自觉的灵活运用之境,并与第三时段兴起的文化学方法结合,共同促动 20 纪大陆荀学的成熟。

3. 80 代开始的 20 纪后期的荀子研究

80 年代开始,荀学领域以科学的方法和理念为指导,呈现全面发展的特征,刘君花统计 1977—1999 年大陆理论性研究专著至少四十八部,其主要代表有夏甄陶的《论荀子的哲学思想》、惠吉星的《荀子与中国文化》、孔繁的《荀子评传》、杨鸿铭的《荀子文论研究》与郭志坤的《荀学论稿》等,其内容涉及荀子传记、荀子哲学、文学、法律等的研究;其方法既有考证,又有唯物论的反映法,文化学方法亦多采用。《荀学论稿》是大陆第一部关于荀学的专门研究著作,自研究内容至研究方法皆有集成20世纪及其前的荀子研究之功,其研究方法既有传统的归纳实证法,又有现代的唯物论反映法,而其中的"荀子与稷下学宫"(第三章)、"富民的经济思想"(第八章)及"'制天命而用之'的自然科学观"(第十五章)等,当属于文化学方法的范畴,对系统研究荀学的发展历史有毋庸置疑的启迪作用。2000年出版的马积高先生的《荀学源流》,于荀学发展历史的内容部分,便增加了先秦荀学的研究部分(第九章)。

综观20世纪荀子理论性研究知,其内容主要由荀子传记、思想、学术、历代研究等的荀学本体研究,发展至荀学与孟学等、荀子的伦理思想与政治、经济等思想的交叉综合研究等;其方法则以多元化为主要特征。

(三)荀子的应用性研究

承晚清近代荀子实用性研究之传统,20世纪荀子应用性研究继续发展。刘君花考察60年代台湾兴起的"中华文化复兴运动"中的学习经典内容中,战国后期的荀子因与孔、孟、老、庄、墨及韩非的或浅或深的关系,客观便捷了研究先秦诸子的路径,荀子此时具有教育的实用性。有的学者甚至从荀子正名思想中追寻三民主义的理论来源,例张铁君的《三民主义与儒墨正名思想》等,多属于政治功用的研究。

大陆荀子的应用性研究较晚地出现于20世纪后期,其中山东临沂的"楚兰陵令荀卿之墓",1977年定为山东省第一批重点文物保护单位,碑刻"兰陵古墓";1990年10月在此召开的首届荀子学术研讨会,其宗旨当与配合中央以学术研究带动地方经济发展的总设计相关。1993年中、韩、日、越"孔孟荀学术思想国际研讨会"在山东威海召开,在提高荀学研究的国际性的同时,客观促动中韩等国经贸关系的发展,推动威海地方经济及东北亚地区的发展。诸多荀子研究的学术行为,当蕴含学界自觉地进行荀子应用性研究的旨意。20世纪大陆荀子的应用性研究虽薄弱,却揭开了新世纪荀子的应用性研究崭新的一页。

综合以上论述知,20世纪的荀学以全方位的开放性研究为主要特征,表现在研究内容的全面性,由荀学内涵至荀学外延的全面性研究;方法的多元性,由传统的注释发展为注释译结合、由汉译发展至多种外国语译、由传统的归纳实证法发展至马克思主义实践唯物辩证法和文化学等多元方法的使用;荀学研究空间的全面开放,已由海内远播海外,昭示荀学所具有的世界性研究价值。总之,20世纪的荀学实际上已经为新世纪的荀学构建了全面而深化发展的框架。

三、新世纪的荀学

新世纪的荀学自《荀子》文本整理、荀子理论性研究至荀子的应用性研究等方面皆有重要发展。目前,学界对该时期成就作系统研究的时贤尚不多见,其代表主要有刘又铭《一个当代、大众的儒学——当代新儒学》一文,于概括汉唐荀学、宋明孟学与清以来孟外荀里的学术理路的基础上,介绍了荀学在当代新儒学视阈里的研究情况。王施懿《21世纪荀子"礼论"研究综述》一文,通过对21世纪荀子"礼论"研究现状的考察与梳理,认为礼法关系研究是当前荀子"礼论"研究中的"显学";概括出两个显著的研究特点:荀子"礼论"研究进入一个回顾、总结的阶段,探讨荀子"礼论"现代价值的文献大量出现;提出当前研究存在的问题是尚未突破传统,缺乏问题意识。总之对目前学界有关荀子礼论的研究情况作了综合性论述。陈迎年《十年来荀子政治哲学研究的回顾与展望》一文,认为2000—2010年的十年间,荀子政治哲学研究渐成荀学研究的一个中心,从荀子礼学、孟荀异同与荀子思想内在张力的政治哲学内涵三个重心层面,论述了目前荀子政治哲学的研究情况、存在问题与前景展望等①。综合目前的研究特点,以荀子的分类研究为主;其研究视阈多导向于所研究课题的现实意义的界面。以王施懿的礼论研究为例,作者概括了21世纪荀子礼论研究的新特点,是学界共同认为"荀子对中国文化的贡献,首先集中表现为奠定了从秦汉到晚清的礼治模式的思想基础",同时指出了荀子礼论思想对历代政治实践的作用,从而将荀子理论性的研究课题实际导向其应用性研究之境。

初步统计21世纪的《荀子》文本整理,2000—2015年大陆的全译本至少有22部;量丰的同时,有重要影响的主要是李中生的《荀子校诂丛稿》与王天海的《荀子校释》,廖名春先生称李中生"与骆瑞鹤,可以说是大陆50多年间《荀子》训诂考释

---

① 刘又铭.一个当代、大众的儒学——当代新儒学.国学学刊,2012(4):71-72;王施懿.21世纪荀子"礼论"研究综述.教师教育学报,2013(1):43-47;陈迎年.十年来荀子政治哲学研究的回顾与展望.华东理工大学学报(社会科学版),2011(6):98-104.

工作的双子星座"、王天海在"《荀子》的《劝学》《修身》《不苟》《荣辱》4篇上有校释文27条,大多言之有理,堪称一家之言"①。《荀子》的外译文本不再是散在的状态,"2000年《大中华文库》出版了美国迈阿密大学哲学教授诺布洛克(knoblock)分别在1988、1990、1994年英译《荀子》的3个卷本"②,意谓《荀子》文本的外译整理也逐渐朝着正规化的方向发展。

21世纪的荀子理论性研究,专著量丰,2000—2015年大陆至少有45部。其中,江心力的《20世纪前期的荀学研究》、廖名春的《〈荀子〉新探》与高正的《荀子版本源流考》等皆有填补荀学研究空白之功。廖名春以"《荀子》版本学研究最有名"之论,评价了高正之作。综观21世纪《荀子》理论性研究著作以分类研究为主,多呈细化、深化和具体问题的系统化研究特点,例陈光莲的《荀子"分"义研究》,以荀子的"分"为特定概念,厘清其在荀子思想天人、人性、伦理、教化等不同语境中的不同道德哲学含义;以"分"为经脉厘清荀子思想和儒道两家的学术关联及其与黑格尔道德哲学在致思路径上的相似性;挖掘《荀子》关于"分"的道德哲学内涵、伦理意蕴、教化特色、成人路径等,从而构建荀子以"分"为中心的道德哲学体系。周炽成《荀子韩非子的社会历史哲学》,上篇专门以《性恶》篇是荀子后学所作立论,认为荀子主张性善从而对荀子的人性论予以新的解释,并在此基础上论述了荀子的社会建构、社会精英与君子、为君之道和历史情怀等,其论证角度已经由哲学的全面性研究界面进至哲学系统内部具体问题的深层区域诸如社会的结构、社会组织成员的人格等哲学核心层问题的研究③。人性论问题是荀子研究不可规避的问题,古今或从学派、道统与人格等角度讨论,或以伦理、论理与哲学的方法说明,可谓极尽研究之路径,但廖名春《〈荀子〉新探》另辟蹊径以"'性'概念的意义结构"为题,采用列宁《哲学笔记》的有关事物本质的多级分层法研究荀子的人性,使荀子的人性论研究再现新路径;其研究方法则由其前的多注重荀子伦理思想研究的表象层面,而关注以哲学的结构分析法进至其关涉事物本质的

---

① 廖名春.《荀子》新探.北京:中国人民大学出版社,2014:268,271.
② 王红超.《荀子·劝学》英译文本中的语言转换与文化传达——诺布洛克英译本中国文化意象的译介.邯郸学院学报,2014(6):51.
③ 陈光莲.荀子"分"义研究.南京:东南大学出版社,2013;周炽成.荀子韩非子的社会历史哲学.广州:中山大学出版社,2002.

核心层研究。综观新世纪的荀子理论性研究知,于继承其前学界研究的同时更多地显示了全面关注基础上的纵深研究的新发展特征。

新世纪荀子应用性研究处于有组织、有目的、有计划的发展状态。大陆形成荀子研究的三级组织;有序地组织召开不同性质、不同地域的荀子学术会议;有目的、有计划地将荀子学术性研讨会与实业经济发展联系,例有组织地设立荀子文化节,以普及荀子文化促成荀子经济链的形成;设立中国荀子网,以利于荀子研究信息的交流,增加荀子研究的现实意义,客观推动荀子应用性研究的发展。港台主要表现在经学的应用研究与应用伦理方面的研究。整个新世纪荀子研究的详情,在前已叙,此不赘述。

综合以上论述知,新世纪的荀学以著述丰富、内容全面、方法多元等为主要特征;其中多集中于分类研究;其研究逐渐向细化、深化与系统化、实务化方面发展。

第三节　荀学的特征

《荀子·儒效》篇以荀子对秦昭王问,阐释儒家的政治思想等;《强国》篇再以说齐相、答应候问等形式,进一步论说为相之道与儒家的治政等现实价值问题;《尧问》篇则以荀子弟子答时议说明荀子学派的特征;《韩非子·显学》直接以"孙氏之儒"分列荀子于儒家八派之中。综合先秦文献记载知,以荀子为代表的儒家以明确而醇厚的思想理论,于荀子生活的战国时代已经产生重要影响,目前学界多认为荀学业已形成于此时。此后由秦迄今,荀学由海内远播海外,逐渐发展为世界性的学术研究门类。随着荀学的发展,荀学的特征亦不断显现且与时更变,主要表现在荀子研究内容、研究方法与研究视阈等方面。

一、荀子研究内容的不断丰厚
考察荀学发展大致经历了 20 世纪以前、20 世纪与新世纪三个时期,其间荀子研究内容随之不断丰富。

(一)20 世纪以前的荀学内容
根据《荀子》及其中的《儒效》《强国》《议兵》《尧问》等篇涉及的荀子时政思

想的论述,荀子思想体系的建立和对荀子的学派特点、政治思想与军事思想等关联时政问题的说明,是先秦荀学的主要内容。时代更迭,荀学发展,先秦荀学在秦代以主要研究其政治、法律等时政问题为主要内容;在汉至唐则主要侧重于其学派属性、学统道统的归属、人性论等思想与文本整理及沿革说明等学术界面等问题的研究,西汉刘德以后的少部分执政者和部分文学界学人还关注到荀子刑法、经济、文学等实用价值的研究。可见,荀子研究内容自汉以后便主要集中于荀子思想、与荀子相关的学术问题与荀子的应用性研究及《荀子》的文本整理等方面,自是丰富于秦以前较为单薄的荀子思想、学派与时政性研究等内容。宋以后延及明清近代,荀学主要在学术和应用两个界面运行,以学术的界面论,尊贬荀始终是荀子研究的重要问题之一,其中以程朱理学、陆王心学为代表的理学家等,主要围绕荀子的性恶论、王霸理论和礼法思想等,说明其前韩愈等质疑的荀子的儒家道统问题,同时进行尊孔孟以贬荀的理论性说明;与贬荀相抗衡的是宋明两代学界《荀子》文本整理的空前繁荣,而以李贽、焦竑、傅山等为代表的明清学界,则明确从情性论角度新释荀子的人性论等学说以尊荀,中经清乾嘉学派的致力《荀子》的研究,荀子儒家道统的地位正式得到《四库全书总目》的钦定,荀学复兴;此后学界对荀子的生平事迹、学派属性、传经之功与师承、人性论等思想、荀子的评价与历代研究等问题,皆给予较系统而详致的说明;宋代产生的实学,客观影响着历代实学思想家的尊荀倾向,亦助动了荀学发展。应用界面的研究则主要表现在宋以后官方认可的孔庙"从祀""罢祀"之举,科考内容的制定与经济措施的制定研究等,其中特别是晚清近代的洋务实业运动,当与荀子求实思想的影响有关,此举既代表了荀子伦理等学术性的虚泛研究与政治的实用性研究的结合,又象征着古典荀学向现代的转型。综观 20 世纪前的荀子研究内容知,大致经历了由现实政治性而学术性、终至学术性为主导的学术、现实性综合研究的发展路径,其特点由单一而逐渐丰富、醇厚。

(二)20 世纪的荀学内容

20 世纪随时代的发展,荀子研究已经成为专门的学科,其现实意义也逐渐受到重视。此一时期的荀学内容,既有传统的文本整理、荀子的生平事迹与学派属性、学术研究沿革等的系统而科学的研究,又有荀子思想的分科研究,其中尤为关注荀子哲学的研究,但诸如尊贬荀等问题则逐渐淡出学界视阈。20 世纪荀子研究还出现了海外学人研究荀子的新界面,体现出荀子研究的世界性学术价值。综合20世纪的荀子研究内容,已经以荀学的框架式设置、系统性论述、荀子思想的深层探索及跨地域性研究等主要特点,彰显其丰厚性。

（三）新世纪的荀学内容

新世纪,荀学研究内容在继承前代基础上呈现文本整理、理论性研究和应用性研究等方面综合发展的特点,其理论性研究主要以分类研究为主,研究领域侧重在具体问题的系统化、细化与深化的方面,显示研究内容的深厚性。

综合而论荀学的研究内容,主要表现出由单一发展至综合的特点,即以学术研究为主,综合多学科、多地域、多领域等的研究;以理论性研究为主,综合文本整理与应用性研究等其他类别的研究,整体上以其丰厚性代表了荀学发展的主要特征。

二、荀子研究方法的因时更新

内容与形式的关系原理,说明荀子研究方法亦随荀学内容的丰富而不断更新。学界通常认为,20世纪以前的荀子研究,汉学的章句训诂法、宋学的义理研究法和清学的考据法是荀学方法的主流;晚清近代,中西学交融背景下出现的分科理论分析法特别是马克思主义的实践唯物辩证法,于辅助荀子研究的同时,昭示着荀学方法由传统而现代的更新。

20世纪,是荀子研究的整体发展、成熟和转型期,其方法亦客观处于发展、更新与综合使用之境。概括其形式主要有传统的考证注释法更新出的注释译综合法,传统的归纳实证法更新出的马克思主义的实践唯物辩证法和文化学方法等的综合运用,其间个案的系统的比较分析法虽不是主流,却也有新变的特征。

新世纪,荀学出现跨学科、跨地域的全方位开放性研究特征,其内容前所未有的丰厚,荀学方法因之发展。概括此一时期的方法主要可归古今传统式的研究法、各类中国式研究法与国际性研究方法等,诸多方法中以哲学方法为重心;多数学人采用中国式方法为主的中西结合法等。以注释为例,若解读一字之义,当全面搜证以古今中外的释义;以说明一个理论性问题为例,若解释一个问题,当全面采用古今中外的实证与引用古今中外的理论观点论述之;其间多用比较研究的方法等。由于此时荀子的研究内容主要有综合研究与分类研究等形式,其分类研究又主要以思想的分科研究为主,因此不同的研究内容又决定了不同的研究方法的使用。概括此时期的研究方法,灵活多变是主要特点,所以因事更新研究方法是荀子研究的基本要求。

综合以上论述知,荀学的研究方法因内容的不断丰厚多样而逐渐由古代的章句义理考证法,更新至现当代的实践唯物辩证法、文化学方法与中西比较法等的综合运用,当今则主要依研究内容之需要而更新研究方法。因此,研究方法的因时更新是荀学发展的主要特征。

三、荀子研究视阈的逐渐开放

思想的产生源于一定的现实基础,而思想主体的视阈亦随现实的发展而变化。荀学的研究视阈主要随时代的更迭、荀学的发展而变化。考察 20 世纪前的中国现实主要限于疆域之内,其间的学术研究亦主要随家国同构的现实发展而浮沉,其间虽也有相对独立的纯粹学术学科的发展,但荀学却处于相对孤立的发展状态。由荀学的研究内容特点分析可知,此一时期的荀学视阈主要关注荀子、《荀子》的研究界面,荀子的研究主要限于以人性论等思想为主的理论性研究界面,荀子的人性论研究又主要归旨于尊贬孔孟荀等狭窄界面。所以此一时期的荀子研究视阈主要限于荀学本体的研究。

20 世纪的中国发展逐渐进至世界场域,其文化发展亦不唯有形的疆域之限,学术研究已经形成专门的领域,荀学也逐渐成为独立的研究门类,荀学的研究视阈亦随之渐次开放。以研究内容论,由 20 世纪前主要聚焦于荀子、《荀子》的研究界面而逐渐展开至荀学的研究界面;以荀子思想研究论,由古代的综合研究为主而逐渐进至分科研究为主的界面;以研究地域论,则由海内发展至关注海外研究的界面。学界通常以开放的视阈概括此一时期的学术研究特点,表现在荀学则主要以逐渐开放为主要特征。

21 世纪,中国文化已发展为世界文化的组成部分,荀学视阈完全在一个全面开放的国际性界面里。仅以研究内容方面为例,荀学的研究视阈既关注于荀子、《荀子》与荀学相关内容的主体性研究,又观照跨学科、跨地域的荀学整体性的比较研究,而尤以聚焦于具体问题的研究为主要特点。概括当今荀子研究视阈的特点,以既开放又灵动的多元化为主。

综合荀学的研究视阈知,由古代至当今,由相对狭窄而逐渐展开,整体呈现逐渐开放的特点。因此,研究视阈的逐渐开放亦是荀学的主要发展特征。

综合荀学的发展知,研究内容的不断丰厚、研究方法的因时更新与研究视阈的逐渐开放是其主要特征。

结　语

　　科学发展的时代,荀子研究领域不断发展于科学理念的指导,上述各章的论证业已展现前修时贤不断求索的荀学发展之路。概而论之:

　　学术发展客观推动荀学领域诸多结论的歧义性问题的出现,荀学界熟稔以科学的理念更新研究方法以解决不断出现的新问题。20世纪70年代后,中外考古学界取得系列重大发现,其中新疆持续发现的与祆教有关的地下藏品,一新了祆教在中亚、中国流传的系列问题研究。王国维先生有二重证据研究法的理论,李进新先生等根据丰富的祆教之地下资料,证明祆教至迟于公元前4世纪传进中国新疆;文化学视阈的研究方法已为20世纪文化热后的学界熟稔,祆教在中西文化交流中的问题因之逐渐全面展开,祆教于公元前4世纪传进中国的意见,目前学界有相对丰富而系统的论述。中国纪事典籍的发达向为世界瞩目,祆教作为人类历史上产生最早的宗教之一,自然留迹于流传中国后的典籍文献。经考证《墨子》《楚辞》《荀子》《战国策》等典籍皆有记载,因之祆教东进中原的时间,因先秦典籍的记载,再可佐证于荀学界至迟是公元前4世纪至公元前3世纪之间传进中国的意见。

　　祆教又名琐罗亚斯德教,产生于中亚大夏古国,属于外来宗教。作为西方思想文化,该教传进中国后与中国文化、中国思想文化等碰撞而形成的轨迹,部分地留存于当时中国的文献典籍,主要表现于《墨子·天志中》与《墨子·节葬下》的"胡"字、《荀子·天论》篇的"祆"字、《荀子·非十二子》篇的"琐"字等,诸多至今尚存歧义的释义,由于当代诸多与祆教有关的地下资料的发现,可进一步有确切的释义,当皆可确指祆教或琐罗亚斯德教。

　　荀子作为集成先秦哲学及诸子百家学说的思想家,其思想研究历来是荀学的重要内容,其中荀子思想渊源、结构、表现等问题向为古今中外学界关注。地下考古资料的发现,证明荀书存在诸多的域外文化因子,则一方面可证明荀子思想的渊源除了中国的思想文化之外,西方思想文化特别是琐罗亚斯德教的影响亦是荀子思想渊源之一;另一方面,传统的荀子的中国思想研究为主的形式,客观需要发展以古今中外的经纬交织的模式。

　　荀子思想结构研究历来丰富而全备,概有政治、伦理、哲学、教育、社会历史、经济、军事、心理与逻辑等领域;当代结构主义认识理论方法逐渐影响荀学界研究,于传统的荀子思想结构的平面而静态的研究基础上,自觉地探求立体的、动态的荀子研究方式。根据结构主义理论,荀子思想的建构主要以辩证唯物的整体性,以"礼"为中心,以"礼法并重"的道统为主体的转换性和以理想人格为思想主体而进行结构的自身调整等特性为基本特征。

　　话语系统是当今学界逐渐关注的理论,主要涵盖意识形态及其表现形式的内容,目前,荀学界亦出现话语系统的角度研究荀子的学人。概括《荀子》的话语系统,主要形成于对中国话语系统与西方话语系统的综合研究的基础上,体现在天人关系论、中西文化融合论与性恶论诸方面,其"性恶"的人性命辞当源自琐罗亚斯德教善恶的神性命辞。荀子思想的建构则主要通过《荀子》的话语系统完成,《荀子》的话语系统主要含有荀子的辩证唯物主义思想与精湛的文学表现艺术等内容。

　　学界共识先秦文献典籍多以文史哲政综合一体的形态为主,而文学是诸多思想内容表现的主要形式。荀子向有集成先秦哲学与诸子百家学说等思想之称,其独特的文学表现通常概括作文体艺术、说理艺术、语言艺术等方面。其中文体方面主要有以《劝学》篇为代表的 24 篇专题议论的散文文体、韵散结合的《赋》篇的赋体、以《成相》篇为代表的诗歌体制等,荀子最擅长专题议论的说理散文体制,但《儒效》等篇行文中又综合运用诸多文体。先秦诸子开中国说理散文的传统,擅长说理亦是诸子散文的基本特征,荀子综合其前诸子的说理艺术,《天论》篇运用丰富的艺术形象说明天人关系的道理,《正名》篇既是荀子逻辑思想的诠释,又是其概念、判断、推理的逻辑形式的运用,《性恶》篇等独擅以归纳、演绎、类比等逻辑形式诠释其人性论思想;语言方面则主要运用铺陈、修辞、语法等形式加强思想的表达,《礼论》等篇可窥一斑。

荀子思想体系的建立,对后世产生重要影响,前修时贤研讨不已,谭嗣同《仁学》"荀学"专称的出现,象征独立的荀子研究学科于晚清近代的正式形成。根据荀子研究内容、方法、视阈等表现的特征,荀学发展概可分为 20 世纪以前、20 世纪与新世纪三个时期;目前学界对 20 世纪以前的漫长时期,通常分为先秦、秦汉、六朝、唐、宋、元、明及清近代等不同的荀子研究时期,其研究时代相对侧重于汉代、唐代、宋代、明代与清近代,研究内容集中表现在《荀子》的文本整理问题、荀孟比较基础上的荀子地位问题、荀子人性论问题、荀子的学派问题与荀子的经世致用问题等。20 世纪的荀子研究于求实的理念下呈全面开放的发展状态,研究成果多出现在其后半期,其中研究内容与时变易,荀孟比较以贬荀的目的论问题渐代替以荀孟等比较以确定荀子地位的学术问题,天人论、人性论、荀子学派属性论与荀子生平时代论等成为研究的重心问题,研究方法则综合中国的传统法、马克思主义的实践唯物辩证法与西方分科分析法等。继承其前的研究,新世纪的荀子研究内容主要向深化、细化、系统化与实务化的方向发展,表现在"天人之分"中人的职分问题研究,陈光莲专著研究"分"在荀子道德体系中的意义问题;传统的荀子人性论问题已逐渐渗透至其核心层的研究,廖名春先生以结构分析法条分出荀子的"性"概念作二层结构,其第二层再作二元组成论,细致而深层化的研究代表当今荀子人性论研究的新径;荀子的"虚壹而静""制名以指实""明分使群""富国裕民"等涉及认识论、经济论、社会组织论等思想,逐渐成为学界研究的焦点问题。概括各时期的研究特征,总体表现在《荀子》的文本整理、荀子的理论性研究与荀子的应用性研究等方面。

综观荀子研究知,荀学以其丰富的内容、不断更新的方法、开放的研究视阈等特征,成为当今先秦子学研究、传统儒学研究与当代新道统研究等的重要组成部分,展现着荀学科学发展的新走向。

后 记

　　《中国文学史·先秦诸子散文》的授课之间,疑惑于王先谦集解的《荀子·天论》篇"人袄"的释义,虽辞书多释"祆教",然《中国文化辞典》的"祆教"条,有该教南北朝时传进西域等内容;《宗教词典》的"祆"字条,则有"'祆'字最早见于梁大同九年(543年)所写的《玉篇》"等释义;《说文解字》亦有"祆"字条,释义"胡神也"。疑窦于"祆"字最早出现的时间问题:若最早是梁朝,则其代表的祆教传至中国的时间是南北朝;若许慎所记为真,则时间当在东汉,学界关于祆教传至中国的时间问题存在不统一的意见。查证相关资料,《辞海》"祆"字条后有形似的"袄"字条,条意有"同'妖',《荀子·天论》'袄怪不能使之凶'"等内容;考察《天论》篇的"袄"字释义,古今有"祆""袄"等异义。疑念渐深于二字的取舍:若《荀子·天论》的"袄"字为真,则祆教传至中国的时间问题确乎有待于商榷。斯芬克斯之谜诱惑着学浅才疏之心,望荀子研究之殿堂而不识进退,遂有《祆教东进中原时间考》稚文的求指正于学界,而《荀子浅绎》至今终汗颜于学界之门。

　　稚文不敢言窥学术之门径,唯心悸于当代考古学的系列重大发现:1973年长沙马王堆出土汉墓等、1993年郭店楚简等、2000年上博简与2009年清华简等,不断为专家学贤释读。执念于王国维等先生之二重证据法等理论,因时而重地下之考古资料佐证法的运用,祆教之在新疆等地的系列重要考古发现,因之渐进《荀子》的"袄"字考证之视阈;祆教的西学东进性质,引带着近现代之交的章太炎先生中西学结合视阈下的研荀方法的使用;唯物辩证法则始终是迷径疑津时的关键。而今荀子集成先秦唯物主义哲学,集成战国诸子百家思想的前提、表现、特征与价值等问题的诸多不成熟论述,终可归旨于前修时贤的指正。

　　稚字成文非己之功,家兄机臣力助发表以示劝勉之志;威海党校曲庚校长悉心指导发表事宜;《威海社会科学》隋书卿、李薇同志的细细校对,已是手足之谊。承蒙青州市政协张韫女士、莱芜市机编办孟凡东先生、《莱芜学刊》赵学斌先生、《威海日报》杨春瑞女士、《黄海学术论坛》左峰先生、山东大学威海马列部吴文新主任、山东大学威海文化传播学院张红军院长等鼎力相助。诸考证文字的正式发表,则仰依《赤峰学院学报》姜黎梅执行主编的精审详核。《荀子浅绎》的最后得以出版,功唯中联华文图书有限公司的张金良、樊景良、范晓辉等先生的关照呵护、范晓虹女士的精心校对。友揄朋扬,请恕不一一致谢。

　　谨以稚字,引前修时贤的指正之玉。

二〇一六年六月二十九日

于山东大学威海园